트라우마 치료 초기 단계에서의 집단상담

안전과 자기돌봄을 위하여

Judith Lewis Herman · Diya Kallivayalil 공저

남지은 · 남지혜 공역

역자 서문

커뮤니케이션 기술의 발전으로 사람들은 서로 더욱 긴밀하게 연결되었고, 이로 인해 트라우마를 둘러싼 대화들이 주류 담론에도 점차 스며들기 시작했다. 이러한 변화에는 무엇보다 마땅히 관심이 주어져야 할 곳에 정당한 관심이 주어지기를 옹호하는 Z세대의 강인한 의지와 소셜 미디어의 역할이 크게 이바지를 했다고 생각한다. 이러한 사회적 인식 변화는 세대를 넘어 전해지는 트라우마가 우리 젊은이들과 어르신들, 국외로 입양된 한국인들, 북한이탈주민들, 과거 전쟁 생존자들 등의 삶에 어떻게 영향을 미치는지를 이해하고 대처하는 과정에서 매우 중요하다. 우크라이나와 팔레스타인에서 계속되는 전쟁 상황을 지켜보며, 우리는 미래 세대들에게 심각한 영향을 미칠 트라우마의 여파에 대비해야 할 필요성을 깨닫는다. 개인과 사회가 미해결 트라우마의 역사로 형성된 비뚤어진 세계관에 사로잡혀 지대한 영향을 받는 것을 볼 때마다 참담한 마음이 든다. 치유를 위해 관심과 자원을 투자하기보다 고통과 역기능의 순환을 영속화하고 고착화하는 데 기여하며 살아가고 있지는 않은지 우리 자신을 돌아볼 필요가 있다.

이 지침서를 한국어로 옮기며, 우리는 트라우마라는 무거운 주제를 보다 희망적으로 다룰 수 있는 방법을 소개하게 되었음을 영광스럽게 생각한다. 본문에서 제시되는 매우 구조화된 집단 트라우마 치료 접근은, 겉으로 보기에는 깊은 주제로의 진입을 제한하는 것처럼 보일 수 있지만, 실은 그 안에서 감동적이고 깊이 있는 이야기들을 발견할 수 있다.

필자가 Cambridge Health Alliance의 폭력 피해자 프로그램 (Victims of Violence; VOV Program)에서 보낸 귀중한 한 해가 이 방법론을 이해하는 데 결정적인 역할을 했었다. 그곳에서 Judy Herman 박사님을 비롯하여 Linda Hamm, Diya Kallivayalil, and Lois Glass 등 여러 트라우마 전문가들로부터 배운 지식과 경험은, 이 지침서에 담긴 방법론이 단지 이론적 틀에 그치지 않고 실제적이고 실질적인 도움을 줄 수 있음을 확신시켜주었다. 특히 매주 진행된 구조화된 팀 회의가 기억에 남는다. 이 주간 팀 회의에서 우리는 세계 곳곳에서 발생하고 있는 트라우마를 일으키는 사건들을 인정하고, 연민을 기반으로 서로 지지하며, 팀 내외의 상호작용 속에서 권력을 나누고 배려하는 분위기를 조성하는 데 중점을 두었다. VOV의 트라우마에 대한 포괄적인 치료법이 성공을 거둔 것은 연구, 옹호, 그리고 임상 작업에 각각 균형 잡힌 중점을 두었기 때문이다. 이로써 팀의 단결력과 트라우마 회복 과정에 대한 경험 중심의 이해를 향한 변함없는 헌신이 가능했다. 이 매뉴얼은 그러한 통합적 접근 방식의 정수를 담고 있다.

우리는 이 지침서가 독자 여러분에게 트라우마 작업 여정에 길잡이가 되기를 기도한다. 트라우마 상담은 단순한 기술 습득을 넘어서서 삶 속에서 자기 발견의 여정이 요구되는 작업이다. 달리 말해, 트라우마 상담자들은 개인의 선입견과 편견을 성찰하고, 세계관을 재조명하며, 개인적이고 공동체적인 성장을 향한 끊임없는 헌신이 있어야 한다. 트라우마 치료의 복잡한 이면을 탐구하고자 하는 우리 모두에게 겸허함과 내적 성찰, 그리고 개인과 집단의 성장에 대한 변함없는 헌신이 주어지길 기도한다. 다시 강조하지만 트라우마 상담은 개별 상담자의 노력만으로 이루어지는 것이 아니라, 지지적인 동료들이 존재하는 팀과 공동체 안에서 번성한다. 우리가 트라우마로 고통받는 이들의 삶에 가져오고자 하는 변화는 동료들과의 협력을 통해서만 이루어질 수 있다. 이 매뉴얼이 바로 지속적인 변화가 고립된 노력이 아닌, 정보에 기반한 노력과 공동체의 집단적 헌신으로 이루어짐을 보여주는 증거다.

　　마지막으로, 우리에게 소중한 가르침을 주신 멘토분들과, 우리에게 교훈을 주고 상담 분야에서 확고한 목적의식을 심어준 회복력 있는 내담자분들에게 진심으로 존경과 감사의 마음을 표한다.

감사한 마음으로,
남지은, 남지혜

서 문

이 책을 쓰게 된 계기: 집단 과정에 관한 이야기

이것은 일종의 고백이다. 내가 개발하지 않은 집단치료 모델의 지침서를 주저자로서 집필하게 된 경위, 또 실제로 이 집단을 개발하고 다양한 형태로 집단을 오랫동안 이끌어온 동료들이 나에게 그 역할을 기꺼이 허락해 준 경위 등을 설명할 필요가 있다고 생각한다. 그렇게 하기 위해 우선 이 집단이 개발되고 실시되고 가르쳐진 본거지인 VOV 프로그램의 30년 역사를 간략하게 설명해야 한다.

1984년도에 심리학자 Mary Harey와 내가 이 프로그램을 함께 시작했을 때 우리가 속했던 Camrbidge 병원 정신과 또한 비교적 새롭고 창의적인 부서였다. Camrbidge 병원은 가난한 사람들을 돌보는 미션을 가진 공공 "안전망" 병원이었으며, 동시에 Harvard 의과대학의 부속 병원이기도 했다. 정신과를 설립한 사람들은 매우 똑똑하고 자유분방한 젊은 남성들(그렇다, 그 당시에는 모두 남성이었다)이었다. 그들은 공중 정신건강에 영향을 미치는 모든 일들로 정신의학의 영역을 넓히는 데 관심이 있는 혁신가들이었다. 케임브리지시가 범죄 피해자들을 위한 치료 프로그램을 개발하기 위해 소액을 정신과에 배정했을 때, 그 당시 과장을 맡았던 분은 두 명의 공언한 페미니스트를 고용하여 이 프로젝트를 맡겼다. 그렇게

VOV 프로그램이 시작되었다.

소규모 집단 모임은 여성들의 해방 운동의 체계를 잡아준 수단이었다. 의식 고취 이론에 따르면, 여성들은 우리 삶의 현실에 대한 개인적인 간증을 공유함으로써 정치적 종속이라는 공통점을 발견할 수 있었다. 비록 의식함양 집단은 공언한 치료적 목적을 가지고 있지 않았지만, 그럼에도 불구하고 그러한 집단이 인기를 끌었던 이유는 많은 여성들이 집단을 매우 치유적이라고 생각했기 때문이다. 정치적 통찰의 순간과 개인적 통찰의 순간은 종종 떼려야 뗄 수 없는 것이었기에 "개인적인 것은 정치적"이라는 슬로건이 등장했을 것이다.

그렇기 때문에 우리는 치료 서비스 형태 중 하나로 집단을 개발하고 싶었다. 그렇지만 구체적으로 어떤 집단을 만들지에 대한 고민이 남았다. 남성들이 전쟁 트라우마 이야기를 나누는 참전용사들의 "토의 집단" 모델이 존재하고 있었다. 이 비슷한 것이 범죄 피해자들에게도 유용할까? 아니면 개인적인 고통을 가진 사람들이 다른 사람들이 겪은 끔찍한 내용들을 세세하게 듣기에는 너무 벅찰까? 대조적으로, 행동 심리학은 "스트레스 관리" 집단 모델을 제시하면서 외상성 스트레스 증상에 대처하는 데 도움이 되는 호흡 기술과 같은 기술을 가르치는 교육적인 집단이었다. 이런 유형의 집단이 더 적합할까? 기술을 배우는 것은 도움이 될 수 있지만, 자신에게 일어난 일에 대해 말하는 것을 못하게 한다면 피해자들은 자신의 목소리를 억압한다고 느끼지 않을까? 이러한 고민들을 안고 우리는 집단치료의 다양한 형태로 VOV 프로그램을 실험해 보기 시작했다.

Mary와 나는 성폭력 위기 센터와 같은 풀뿌리 페미니스트 피해자 지원 서비스로부터 얻어진 지혜를 고상한 정신의학계로 들여

와 적용하고 싶었다. 그 당시 정신의학계는 대체로 트라우마의 중
요성에 대해 무지하였고, 특히 여성에 대한 일상적인 폭력의 영향
에 대해 무감각했다. 우리가 처음 고용한 직원은 보스턴 지역의 성
폭력 위기 센터에서 근무하던 두 명의 사회복지사였다. 두 명 다
지금까지도 VOV 프로그램 팀에서 일하고 있으며, 이제는 팀의 현
명한 선임 여성들이다. 이 중 한 명인 Lois Glass는 이 책의 공동
저자이다.

또한 우리는 대학 병원의 기본 임무인 교육 및 임상 수련이
VOV 프로그램의 미션에도 포함될 것이라는 것도 처음부터 알고
있었다. 우리의 초기 박사 후 펠로우 중 한 명은 젊은 심리학자
Barbara Hamm이었다. Barbara는 수련을 마친 후 점점 커져가는
우리 팀에 스태프로 합류했다. 그리고는 결국 Mary가 은퇴하면서
프로그램 책임자가 되었다. Lois와 Barbara는 함께 트라우마 정보
집단(Trauma Information Group; TIG)을 창설했다.

1990년대 초에 Lois와 Barbara는 병원의 정신과 입원병동으로
부터 자문을 요청받았다. 많은 환자들이 트라우마 병력이 있었지
만, 트라우마가 자신의 삶에 미치는 영향에 대해 알고 있는 사람은
거의 없었다. 사실 스태프들조차도 그 문제에 관해서 무지해 보였
다. 이 무렵 미국 내 진행된 여러 연구에서 대부분의 정신과 입원
환자가 중요한 트라우마 이력을 가지고 있다고 보고하였지만, 입
원환자에게 트라우마에 대해 묻는 것은 일반적인 정신병력 조사과
정에 포함되어 있지 않았고, 스태프들은 그런 질문을 하는 것을 심
히 주저하고 있었다.

그래서 Barbara와 Lois는 입원병동에서 시간을 보내면서 환자
들에게 교육 집단 모임을 제공하겠다고 제안했고, 어쩌다가 스태
프들도 교육하기 시작했다. 초반에는 입원 서비스라는 특정 상황

에 의해 TIG의 구조가 결정되었다. 매주 집단원 구성이 달라졌기 때문에 각 회기는 비교적 독립적이어야 했다. 집단은 가장 취약한 시점에 살고 있는 환자들이 정서적으로 견딜 수 있도록 세심하게 구조화되어야 했다. 또, 집단은 어린 시절과 성인의 삶에서 나타날 수 있는 트라우마에 대한 일반적인 반응에 대한 기본적인 정보들을 전달해야만 했다.

　　Lois는 집단 내에서 활용할 수 있는 몇 가지 주제에 대한 여러 교육용 활동지를 제작하였다. 아동심리학을 전공한 Barbara는 발달적 틀을 만드는 데에 기여했다. 각 주제마다, 활동지는 먼저 안전한 관계 속에서 아동이 어떻게 발달하는지에 대한 설명으로 시작한 후 폭력과 학대가 발달에 미치는 영향에 대한 설명으로 넘어갔다. 요점은 트라우마 반응을 정상화하고 더 큰 사회적 맥락 속에서 이해해 보는 것이었다. 즉, 환자들은 자신의 외상 스트레스 증상이 개인의 결함에 대한 징후가 아니라, 인간이 가질 수 있는 위험과 잔인함에 대한 일반적인 반응이라는 것을 알게 되었다.

　　집단리더는 활동지를 배포한 후 내용을 큰 소리로 읽고 환자들에게 의견을 구했다. 그때를 회상하며, Lois는 "사람들 사이에서 새로운 통찰이 번득이는 것을 볼 수 있었어요! 몇몇 환자들은 수년간 정신과 치료를 받아왔어도 지금까지 이러한 설명을 들어본 적이 없었던 거죠." 환자들은 다른 주제들도 제안해주기 시작했다. 예를 들어, "분노"는 원래 있었던 주제가 아니었다. Lois와 Barbara는 자신들이 분노라는 주제를 누락했던 것을 여성 사회화로 인한 현상으로 보았다. Lois는 "우리는 그 주제를 회피한 것에 대해 책임을 졌습니다."라고 말한다. "우리는 환자들에게 분노 활동지를 제작해볼 것을 권했고, 그들은 해냈지요!" 이러한 작업을 통해 환자들에게 전달하고자 했던 것은 존중과 임파워먼트에 대한 메시지였다. 환자들은 새로운 형태의 심리치료를 개발하는 과정에서 전문가와 협력할 수 있었다.

입원병동은 환자가 자신의 트라우마 이력을 어느 정도까지 공유하도록 권장하는 것이 좋을지를 파악하는 데 비교적 안전한 환경이 되어주었다. Lois는 초기 집단 중 "가장 무서웠던 순간"이 아직도 생생하게 기억난다고 했다. 어린 시절 학대를 받았던 한 남성 집단원이 자신이 어떻게 동물들을 고문했는지 생생하게 묘사하였던 순간이었다. "모든 집단원들이 해리 상태로 빠지기 시작했고, 그 집단원은 사과하고 방을 뛰쳐나갔어요. Barbara가 그를 쫓아갔고, 우리는 회기가 끝날 때까지 사람들을 그라운딩 시키는 데 시간을 다 보냈죠. 최악의 순간이었어요." 이러한 사건들을 통해 우리는 초기 회복 집단(1단계 집단이라고 명명함)의 주된 초점은 과거가 아닌 현재에 있어야 한다고 결론을 내렸다.

Lois와 Barbara는 이렇게 먼저 병원에서 입원환자 서비스 모델로 개척한 후 VOV 프로그램의 본거지인 외래 서비스에 TIG를 가져왔다. 곧 TIG는 가장 인기 있는 프로그램 중 하나가 되었다. 1990년대 후반에 들어서는 매년 여러 차례 TIG를 실시하였다. 공동리더 모델은 수련생들을 교육하기에 아주 적합한 환경이 되었다. 모델을 설명하는 짧은 세미나를 실시한 후, Lois와 Barbara는 각자 한 명의 수련생과 함께 집단을 이끌었고, 그 수련생은 선배 공동리더로서 다시 또 다른 수련생과 함께 새 집단을 이끌었다. 집단 매뉴얼의 초안은 그 당시 수련생 훈련 목적으로 작성되었던 것이었다.

점차 Lois는 VOV 프로그램에서 제공되는 TIG를 위한 기본 훈련을 담당하게 되었다. 지난 10년 동안, Lois는 매년 세미나를 열어 정신과 수련생들과 직원들에게 자신이 한 명의 수련생과 함께 이

끄는 집단을 관찰할 기회를 제공했다. 그녀는 자신이 만든 TIG 모델을 꾸준히 실천하면서 수많은 학생들에게 가르쳤다. Lois가 없었더라면 이 책 또한 없었을 것이다. 이 책에 실린 많은 임상 삽화와 성찰은 Lois로부터 온 것이다.

또한 Lois와 Barbara는 여러 학회와 다수의 보스턴 지역 정신건강 기관들에서 TIG 모델을 가르쳤다. TIG는 각 기관이 서비스를 제공하는 특정 대상자들에게 적합한 형태로 변형되어 성공적으로 적용되었다. TIG 모델을 시도한 첫 번째 기관 중 하나는 우리의 자매 프로그램인 보스턴 지역 성폭력 위기 센터였는데, 나중에 Lois는 이 센터의 임상 책임자가 되었다. 한편, Barbara는 VOV 프로그램을 위한 기본 TIG 모델에 예술, 음악 등을 가미하여 새로운 모습의 집단을 운영하였다. Barbara는 이 책에서 6장 "TIG의 변형"을 집중 저술하였다.

Phil Brown은 1998년에 사회복지사로 VOV 프로그램에 참여했고, TIG를 위한 기본 훈련에 참여했다. 훈련을 마치고는 스태프로 팀에 합류하였고, 그는 곧 우리 환자의 약 15%를 차지하는 남성 트라우마 생존자들을 위해 기존 집단 모델을 변형시키는 작업을 시작했다. 초반에 Phil은 여성 스태프와 함께 남성 생존자 집단을 이끌었다. 하지만 그 여성 공동리더가 휴가를 떠난 기간 동안 집단원들은 여성이 함께 참여하고 있을 때에는 차마 부끄러워 꺼내지 못했던 "친밀감"이나 "성생활" 같은 주제를 꺼내놓았다. 그때부터 남성 생존자 집단는 남성 공동리더들로 구성되었다.[1] Phil은

---

1) 우리는 이것을 일반적인 원칙이라고 제안하는 것은 아니다. Lois에 의하면 보스턴 지역 성폭력 위기 센터에서는 남성과 여성 공동리더 체제로도 남성 생존자 집단을 성공적으로 실시한 바 있다. 실제로 일부 남성들은 여성 치료자와 함께 있으면 더 안전하다고 느끼기도 하며, 이것은 대부분의 경우 그들의 가해자가 남성이었다는 사실을 고려하면 이해가 되는 부분이다.

여전히 VOV 프로그램 스태프로서 집단치료 서비스의 코디네이터
를 맡고 있으며, 최근 CHA 정신과의 사회복지부장으로 승진했다.
　　Tal Astrachan은 2008－2010년 심리학 박사 후 연구원으로
VOV 프로그램에 참여하였다. 그녀는 기본 TIG 훈련에 참가한 후
Lois와 함께 두 개의 집단을 이끌었다. 사실, 그녀는 대학을 졸업한
후, 보스턴 지역 성폭력 위기 센터의 직원으로 2년 동안 일하면서
이미 TIG를 경험한 바 있었다. Tal은 "임상 훈련을 많이 받지 못했
던 저였지만, 더 경험이 많은 스태프들과 함께 집단을 운영할 수
있는 기회가 주어진 것은 저와 집단원들에게 매우 긍정적인 경험
이었어요."라고 회상하며 "생존자들을 진정으로 존중하는 마음이
있다면 초심 치료사들도 해낼 수 있답니다."라고 하였다.
　　그 후, Tal은 기존의 TIG 매뉴얼을 확장하는 프로젝트를 시작
하였다. 그녀가 Lois와 함께 이끌었던 집단들 중 하나는 녹음이 되
었고, 그것이 축어록으로 만들어졌다. Tal은 축어록을 검토하면서
몇 가지 기본적인 주제들과 개입 유형들을 도출하였다. 그리고는
Lois, Barbara, Phil과 함께 축어록을 코딩하면서 이 주제와 개입이
집단 과정에서 얼마나 자주 나타났는지 살펴보았다. Tal은 TIG에
관한 논문 초안을 작성했지만, 그 후에 벌어진 일들로 인해 논문
작업은 시들해졌다. Tal은 박사 후 연구원 과정을 마치고 다른 도
시에서 일자리를 얻었던 것이다. 모두 최선을 다했지만, 장거리 협
업은 너무 어려웠다.
　　그동안 또 다른 전직 심리학 박사 후 연구원이었던 Diya
Kallivayalil은 Cambridge 병원의 일반 외래 정신과에 심리학자로
고용되었다. 2006년부터 2008년까지 VOV 프로그램에서 펠로우십
을 하는 동안, Diya는 나와 함께 트라우마 회복 집단(Trauma Recovery
Group; TRG)이라는 우리의 또 다른 성공적인 집단 모델을 위한 치

료 지침서를 만드는 작업을 함께했다. TRG 집단은 2단계 트라우마 집중 집단(a Stage 2, trauma-focused group)으로, 나와 내 동료 Emily Schatzow가 1980년대 초에 근친상간 생존자들을 위해 처음 개발한 모델이다. 개발 이후 우리는 TRG를 VOV 프로그램으로 가져와 여러 종류의 트라우마 생존자들에게 적용하였다. Diya는 VOV 프로그램에서의 훈련이 끝난 후에도 이 지침서 작업에 계속 참여했고, 2011년 The Guilford Press에서 출판된 책 The Trauma Recovery Group: A Guide for Practicians(역서 『외상 회복 집단: 실무자를 위한 가이드』)를 공동 집필했다.

　　이 책이 출판되자, TIG에 대한 책이 자매판으로 나올 필요가 더욱 뚜렷해졌다. 우리가 TRG에 대한 모델을 가르친 곳마다, 2단계 집단에 대한 준비가 된 환자들보다 TIG와 같은 1단계 집단이 더 적합해 보이는 환자들이 더 많았다. 나는 TIG 매뉴얼을 완성해서 출판하자고 Lois와 Barbara를 가차 없이 재촉했지만, 둘 다 현실적으로 작업을 끌고 나갈 여유나 의향이 없었다. 결국 그들은 짜증을 내며 이렇게 선언했다. "보세요, 우리는 글 쓰는 사람들이 아닙니다. 정말 이 일을 하고 싶다면, 당신이든 다른 누군가가 하세요!"

　　나는 이 상황에 대해 Diya와 이야기를 나누었다. 내가 VOV 프로그램의 훈련 감독직에서 물러난 후 그녀는 2015년 당시 일반 외래 정신과에서 트라우마 훈련을 담당하고 있었다. Diya와 나는 이미 한 권의 책을 함께 작업하면서 임상에서의 결실을 글로 풀어내는 경험을 해낸 바 있었다. 또, 우리는 몇 편의 논문도 함께 썼기에 우리는 우리가 함께 즐겁게 일할 수 있다는 것을 알고 있었다. 은퇴 후 조금의 여유가 생긴 나는, Diya만 함께해 준다면 내가 TIG 프로젝트를 완성해 볼 수 있을 것 같았다. Diya는 기꺼이 함께해 주기로 하였다. Lois와 Barbara도 동의함에 따라 Phil과 Tal도

동참하기로 합의했고, 그렇게 우리 집필진이 완성되었다.

집필 과정에서 Lois는 TIG 경험의 목소리가 되어주었다. Diya는 Lois를 반복적으로 인터뷰하면서 모든 챕터에 대해 그녀의 의견을 구했다. Barbara, Phil, 그리고 Tal은 5장과 6장의 초안을 썼고, 나머지는 모두 Diya가 맡았다. 그리고 나서 나의 임무는 원고 전체를 수정하는 것이었는데, 책 전반에 걸친 통일감을 주면서도 각각의 목소리를 최대한 보존하려고 노력하였다. 그렇게 초기 회복 단계에 있는 트라우마 생존자들을 위한 단기(10회기) 집단치료 지침서가 만들어졌다.

이 짧은 역사를 통해, 나는 상상력과 창의성을 함양하고 세대를 초월한 협업을 가능하게 한 VOV 프로그램의 정신을 전하고 싶었다. Mary와 내가 반평생 전에 시작한 일이 완전히 자리 잡고 번창하는 것을 보는 것은 정말 기쁨이자 영광이었다. 이 책은 VOV 프로그램의 여러 결실 중 하나일 뿐이다. 우리 중 누구도 혼자 이 책을 쓸 수 없었을 것이다. 함께였기에 우리는 어떻게든 이 책을 완성할 수 있었다. 이 집필 과정은 소규모 집단의 힘에 대한 또 다른 증거가 되었다고 생각한다.

Judith Lewis Herman

차 례

지침서 사용 방법

    이 집단의 리더는 트라우마를 경험한 내담자들과 작업한 경험과 치료집단을 운영한 경험이 있는 정신건강 전문가(예: 심리학자, 사회복지사, 정신과 의사 및 정신과 간호사)여야 한다. 수련생 및 초심자는 숙련된 전문가와 함께 집단을 이끌 수 있다.

    집단을 시작하기 전에 이 치료 지침서를 처음부터 끝까지 꼼꼼히 읽어볼 것을 권장한다. 그래야만 당신이 대상으로 하는 환자 집단에 맞게 TIG를 적용해 볼 방법을 고안해낼 수 있는 자리로 갈 수 있게 된다. 1장은 대인 간 폭력에 대한 집단치료 문헌들을 개관한다. 2-4장에서는 지지적인 집단 과정을 촉진하는 동시에 집단의 교육적인 형식을 어떻게 유지할 수 있는지에 대해 구체적인 회기별 지침과 함께 설명한다. TIG의 10개 회기는 각각 활동지를 중심으로 구성되는데, 활동지는 집단에서 소리 내어 읽어지고 해설이 곁들여진다. 활동지는 필요에 따라 각색되거나 타 언어로 번역될 수 있는 매우 융통성 있는 도구다. 5장에서는 집단리더들이 마주할 수 있는 구체적인 어려움에 초점을 맞춘다. 마지막으로, 6장에서는 다양한 대상을 위해 TIG를 조정하는 방법에 대한 일반적인 지침을 몇 가지 구체적인 예시와 함께 제공한다.

    이 치료 지침서에는 집단리더의 개입 중 사용되었던 언어가 그대로 포함되어 있지만, 이것들은 예시로 활용하길 바란다. 치료 지침서를 회기에 가져가서 그대로 읽는 것은 권장하지 않는다. 우리는 초심 및 숙련된 집단리더들이 폭력 트라우마와 회복 과정을 목격하는 엄청난 일을 해낼 때 여기에 제공된 집단의 구조에 기대어 자신만의 목소리와 스타일을 사용할 수 있게 되기를 바란다.

제 1 장

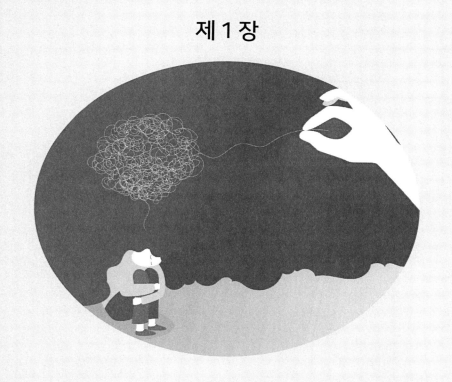

대인 간 폭력에 대한 집단치료

대인 간 폭력에 대한 집단치료

트라우마 치료의 대표적인 책 *Trauma and Recovery*(Herman, 1992/2015; 역서 「트라우마: 가정폭력에서 정치적 테러까지」)가 출판된 이후 26년 동안, 외상 및 폭력 사건의 영향 — 뇌, 아동, 애착, 건강, 사회에 미치는 영향 — 에 대한 종합적인 이해가 확장되었다. Kaiser-Permanente에서 질병관리예방센터(Centers for Disease Control and Prevention)와 협력하여 수행된 아동기 부정적 경험(Adverse Childhood Experiences) 연구들(Felitti et al., 1998)로 인해 대인 간 외상의 영향에 대한 인식이 폐쇄된 정신의학 영역에서 벗어나 의학, 공중보건, 그리고 공공의 영역으로 확장되었다. 참전 용사들과 대학생들이 보고한 내용들은 만연해 있는 대인 간 폭력 문제에 대해 고심하게 만들었고, 동시에 이를 영속시키는 제도상의 실패를 조명하였다 (Armeni, 2014; Sinozich & Langton, 2014).

*Trauma and Recovery*는 복합 외상후 스트레스장애(CPTSD)의 개념을 장기간 지속되고 반복되는 학대, 특히 어린 시절에 시작되는 학대에 대한 적응으로 규정하였다. 복합 PTSD는 신체화, 해

리, 정서조절곤란(van der Kolk et al., 1996)이라는 세 가지 증상을 나타내며, 만성적이고, 대체로 치료가 힘들며, 상당한 기능적 손상을 초래한다(Courtois & Ford, 2009). 특히 장기간의 대인관계 트라우마는 피해자의 삶에서 사회적 혼란과 소외를 야기하면서 상당히 파괴적인 영향을 미친다(Sewell & Williams, 2001). 만성적인 트라우마를 경험한 사람들이 불안정한 관계, 혼란스러운 애착, 반복 피해에 대한 취약성과 같은 관계의 어려움을 보인다는 사실은 다수의 연구에서 입증되었다(Brown, 2009; Brown, Kalivayalil, & Harvey, 2012; Classen, Palesh, & Aggarwal, 2005; Liotti, 2004). 장기간 지속되어 온 트라우마는 정서적 고통을 유발하는 동시에 이를 조절하는 능력을 약화시킨다. 대인관계 폭력은 다른 사람들에 대한 불신을 일으키고 세상이 안전하다는 가정을 깨뜨려 피해자로 하여금 사회적 지원에 접근하는 것을 어렵게 만든다(Charuvastra & Cloitre, 2008). 또한 회피 및 과민 반응과 같은 외상후 장애의 전형적인 증상은 생존자가 새로운 상호 유익한 관계를 형성하는 것을 어렵게 만든다(Briere & Rickards, 2007; Cloitre, Miranda, Stovall—McClough, & Han, 2005; van der Kolk, Roth, Pelcovitz, Sunday, & Spinazzola, 2005).

교정적인 관계 경험을 줄 수 있는 심리치료는 심각한 복합 트라우마에 적합한 치료법이다(Cloitre et al., 2012). 회복을 위해서는 증상이 감소되어야 할 뿐만 아니라 자기조절 능력이 향상되어야 하고 대인관계 기반 또한 강화되어야 한다. 장기적인 개인 상담은 치료의 기초이기는 하지만, 환자와 치료사 사이의 불평등한 힘의 역동은 특정한 제한들을 만들어낸다. 더 힘이 있는 사람에게 종속되어 굴욕을 당한 경험은 미래의 모든 관계에 깊은 영향을 미치는데, 여기에 치료 관계 또한 포함된다. 반면, 집단치료는 폭력 생존자들이 평등한 수준에서 집단원들과 종속의 경험에 함께 대항하는 이례적인 기회를 제공할 수 있다. 집단원들은 다 같이 사회적 고립과 두려움에 맞서 싸우고, 수치심을 완화하고, 소속감을 함양하고, 회복력과 자아존중감의 원천과 연결되고, 트라우마 경험으로 인해 손상된 대인관계 능력을 회복하기 위해 노력한다.

집단치료가 트라우마 생존자의 자아감, 기분 및 일상 기능에 영향을 미치는 여러 외상후 증상들을 해결하는 데 도움이 될 수 있다는 증거는 이미 상당히 축적되어 있다(e.g., Foy et al., 2000; Shea, McDevitt-Murphy, Ready, & Schnurr, 2009). 집단치료의 중요성은 국제트라우마 스트레스학회(International Society for Traumatic Stress Studies; ISTSS)의 전문가 합의 지침에서도 강조되었다. 실제로 복합 PTSD에 대한 ISTSS 모범 사례 지침에 인용된 9개 연구 중 6개는 집단치료 모델을 사용하였다(이 중 하나는 집단치료와 개인치료를 함께 사용하였고, 다른 하나는 집단치료와 함께 사례관리를 사용하였다; Cloitre et al., 2012).

이 치료 지침서는 트라우마 정보 집단(TIG)이라는 시간 제한적인 집단치료 방식에 관한 것이다. 이 집단 모델은 1990년대 초 Cambridge Health Alliance에서 복합 트라우마 생존자 대상 외래 서비스인 VOV(Victims of Violence) 프로그램의 일환으로 개발되었다. 그 후 500명이 넘는 트라우마 생존자들과 함께 60여 개의 집단이 실시되었다. 우리 클리닉에서 수행된 연구 결과, TIG에 참여한 대부분의 환자들이 우울증, 외상후 스트레스, 해리 및 자아존중감에서 상당한 향상을 보였다(Mendelsohn et al., 2011).

TIG 모델은 여러 다른 치료 환경에서도 사용되었으며, 회복 초기 단계에 있는 트라우마 생존자들에게 내구성과 적용이 뛰어난 집단 모델이라는 것이 입증되었다. 이 집단은 그라운딩(grounding), 심리 교육 및 인지적 틀을 초기 단계 트라우마 치료에 특히 적합한 지지적인 관계적 집단 과정과 결합한다는 점에서 독특하다. 일부 다른 집단 모델과 마찬가지로, 이 집단은 집단 구조화를 위해 트라우마 및 회복에 대한 정보를 제공하는 교육용 활동지를 활용하고 환자가 트라우마를 이해하고 새로운 대처 기술을 배울 수 있도록 돕는 숙제 유인물들을 사용한다. 그러나 기존의 다른 모델들과 달리 TIG 매뉴얼에는 집단리더가 집단원들의 수치심을 완화하고 소속감을 함양하는 대인관계 과정을 통해 집단의 고유한 치료적 잠재력을 확장시키는 방법에 대한 구체적인 지침도 포함되어 있다. 이러한 이유로 우리는 이 TIG 치료 지침서가 다양한 치료 환경에 있는 트라우마 치료사들이 적용할 수 있는 모델이며, 트라우마 치료 분야에 독창적이고 유용한 기여를 할 것이라고 생각한다.

트라우마 정보 집단(TIG)

TIG에 대한 개념적 틀은 책 *Trauma and Recovery*(Herman, 1992/2015)에 소개된 복합 트라우마의 단계적 치료 모델에서 파생된다. 트라우마 치료의 메타모델로 널리 인정받고 활용되고 있는 단계적 모델은 ISTSS의 전문가 합의 지침에 의해 권장되고 있다 (Cloitre et al., 2012). 단계적 회복모델은 시작 단계에서부터 트라우마 경험을 이야기하는 치료방식과는 대조적이다. 단계적 회복모델 1단계의 초기 초점은 안전을 확립하는 것이다. 이 단계에서 개인치료 또는 집단치료의 개입은 증상 통제(symptom mastery), 안정화 및 기본적인 자기돌봄에 초점을 둔다. 치료는 신체(수면 및 섭식의 일상 리듬 확립, PTSD의 침투증상 관리, 자해행동 완화), 환경(안전한 생활 환경과 직업 및 경제적 안정 확립) 그리고 안전한 대인관계(비착취적이고 상호적인 관계를 통해 신뢰할 수 있는 사회적 지원체계 구축)에 중점을 둔다. 이러한 치료 초기 단계는 가장 많은 작업과 오랜 시간을 요구한다.

　단계적 회복모델은 현재에 안전이 확립되지 않은 채 과거의 트라우마를 탐색하는 것이 또 다른 트라우마 경험이 된다는 사실을 근거로 하고 있다. 현재에 안전이 확립되면 그제야 생존자는 과거의 트라우마를 단순히 반복 경험하는 것이 아니라 트라우마에 대해 고찰하는 것이 가능해진다. 치료의 2단계에서는 트라우마 기억을 조심스럽게 심층적으로 탐색하고 처리하여 그것이 환자들의 다채로운 삶의 내러티브에 일관성 있게 통합될 수 있도록 한다. 2단계가 끝나면 생존자는 미래에 대해 상상할 수 있게 되고, 비로소 과거에 대한 집착에서 벗어나 자연스럽게 삶을 재건하는 데 집중할 수 있게 된다. 따라서 회복의 3단계는 생존자가 자신이 속한 공동체와 다시 연결될 수 있도록 하는 것을 포함한다(Herman, 1992/2015).

　1단계 집단은 안전과 안정 그리고 자기돌봄을 목표로 한다. 1단계는 현재에 집중하고, 교훈적인 요소를 포함하고 있으며, 집단원이 압도되는 것을 방지하기 위해서 트라우마 사건에 대한 세세한 개방은 지양한다(Courtois, Ford, & Cloitre, 2009). TIG는 1단계 집단으로 개념화된다. 이 단계의 과제는 극도의 각성상태에서 조절 능력 키우기, 트라우마와 관련된 회피 감소하기, 트라우마의 영향을 심도 있게 이해하기, 그리고 기본적인 주체성과 동료의 지지에 대한 감각 높이기를 포함하고 있다(Courtois, Ford, & Cloitre, 2009). TIG는 초기 회복주제에 초점을 두고, 상대적으로 짧은 기간(보통 10-14회기) 동안 진행되며, 구조화된 교육적이고 인지적인 틀과 지지적인 관계적 집단 과정을 갖추고 있어 최근 치료를 시작한 환자를 위한 "초보자" 집단으로 적합하다.

개인치료와 집단치료를 병행하는 것은 종종 매우 효과적이지만, 개인치료가 TIG에 반드시 필수조건일 필요는 없다. 지난 몇 년 동안 TIG는 입원병동, 동성애자 대상 상담 프로그램, 성폭력 위기센터, 스페인어로 번역된 활동지를 사용한 라틴계 정신건강 프로그램 등을 포함한 다양한 세팅에서 활용되었다. 가장 최근에는 캐나다 원주민 트라우마 생존자, 그라운드 제로에서 사망자의 유해를 수습한 불법 이민 노동자, 심각한 트라우마를 경험한 여성 에이즈 환자들을 대상으로 적용되기도 하였다. 활동지는 집단에 맞게 확장되거나 축약될 수 있고, 치료자는 자신의 내담자 집단에 맞게 추가적인 활동지를 고안할 수 있다(6장 참조).

TIG는 트라우마 사건이 자신의 삶에 어떠한 영향을 미쳐왔는지 잘 이해하지 못하고 있는 사람들을 위해 고안되었다. 이 집단에 적합한 대상자는 자신의 과거 트라우마와 현재 삶의 패턴 사이의 연관성에 대해 이제 막 탐색을 시작하였거나 사회적으로 고립된 모습으로 살아가고 있는 생존자들이다. 이 집단에 참여하는 많은 사람들은 트라우마 경험에 대해 아무에게도 말해 본 적이 없거나 자신에게 중요한 사람들에게 트라우마에 대해 나누었지만 트라우마의 영향을 축소, 부정 또는 무효화당하는 경험을 하였다. 따라서 많은 이들은 이 집단에서 처음으로 자신의 트라우마가 얼마나 심각하고 해로운 영향을 미치는지 알고, 자신이 겪은 학대가 자신 탓이 아니라는 것을 이해하는 다른 사람들을 만나게 된다.

TIG는 여러 복잡한 기능을 수행하지만 굉장히 단순한 구조를 가지고 있다. 다른 1단계 집단치료와 마찬가지로 TIG 또한 인지적 및 심리교육적 접근을 지향한다. 그러나 TIG에서는 집단 맥락("집단의 집단성(the groupness of the group)")의 대인관계적 또는 관계적 특성이 강조된다. TIG는 단순히 트라우마와 회복에 관한 수업이나 집단 맥락에서 수행되는 인지 행동 치료가 아니다. 집단원은 트라우마가 관계에 미친 영향을 나누도록 격려 받게 되며, 이러한 나눔은 소속감을 느끼게 하고 수치심에서 벗어날 수 있도록 한다. TIG의 구조는 트라우마 경험 개방을 최소화하고 소속감 및 숙달감을 극대화하면서 관계적 교류를 촉진할 수 있도록 설계되었다. 이러한 방식으로 집단은 안전 원리를 준수하면서 회복 과정을 시작할 수 있는 기회를 제공하게 된다.

한 집단은 보통 6−10명의 집단원을 포함하고, 이상적으로 두 명의 공동리더가 이끌게 된다. 집단은 일반적으로 10−14주 동안 진행되며, 한 회기는 보통 1시간이다. 집단의 주 목적이 트라우마 경험을 탐색하는 것이 아니라 담아내는(containing) 것이기 때문에 이렇게 비교적 짧은 집단 회기로도 충분하다. 집단의 구조는 2장에 더 자세히 설명되어 있으며, 일반적인 구조를 조정하는 방법은 6장에서 검토되었다.

각 집단 회기는 트라우마의 영향과 관련된 하나의 주제(예: 안전과 자기돌봄, 신뢰, 분노, 기억하기, 수치심)를 다룬다. 주제별 활동지는 집단원들이 자신의 현재 삶에서 나타나는 트라우마의 영향을 이해하기 위한 인지적인 틀을 형성할 수 있도록 돕는다. 활동지는 집단 내 유대를 촉진하는 주제로 시작해서 점차 더 도전적인 주제로 심화된다.

VOV 프로그램에 참여하는 대부분의 환자들은 아동기 트라우마 생존자들이다. 따라서 우리의 기본 활동지들은 먼저 안전하고 지지적인 환경에서 아이들이 경험하게 되는 최적의 발달 과정은 어떤 모습인지를 설명한다. 그리고 나서 아동기 트라우마가 그 과정에 어떤 영향을 줄 수 있는지에 대해 설명한다. 각 활동지는 또한 당시에는 적응적이었을 수 있지만 나중에는 상당한 괴로움을 야기시킨 트라우마 생존자들의 여러 감정적, 인지적, 행동적 대처 방식들을 보여준다. 예를 들면, 신뢰를 다루는 회기에서 다수의 집단원들이 아주 어렸을 때부터 다른 사람을 믿을 수 없다는 걸 깨달았다는 식의 나눔을 할 수 있다. 어떤 이는 다른 사람들이 자신에게 상처를 줄 거라 생각하고 평생 동안 그 누구도 자신의 삶에 들어오게 하지 않았다고 이야기할 수 있다. 그런 후, 자신이 현재 겪고 있는 불신과 관련된 어려움에 대해 나누면서 과거와 현재를 연결시킬 수 있고, 이로써 다른 집단원들 또한 과거로부터 벗어나는 것이 얼마나 힘든지에 대해 성찰할 수 있도록 이끌 수 있다.

집단원들은 돌아가며 하나 또는 두 개의 문단씩 소리 내어 읽는다. 또, 각 문단과 관련된 코멘트나 경험담을 공유한다. 집단리더들은 공감적인 피드백을 모델링하고, 집단원들이 서로에게 연민 어린 이해심을 보여줄 수 있도록 격려한다. 이러한 과정을 경험한 집단원들은 자신에게 괴로움을 주는 많은 경험들이 자신의 결함에 대한 증거가 아니라 트라우마의 결과라는 것을 이해할 수 있게 되어서 안도감을 느끼게 되었다고 말한다.

트라우마 역사에 대한 세부내용이 아닌 트라우마의 영향에 초점을 두는 것은 집단원들이 자신의 감정을 살펴보고 조절할 수 있게 하여 트라우마와 관련된 사안들을 효과적으로 다룰 수 있게 한다. 또한, 이는 집단원들이 모든 세부사항을 무절제하게 개방하지 않고도 트라우마 역사에 대해 언급하고 논할 수 있는 법을 배울 수 있게 한다. 이것은 생존자들에게 대단히 중요한 대인관계 기술이다. 많은 생존자들은 자신의 트라우마 역사를 다른 사람들로부터 꽁꽁 숨기거나 무비판적으로 공개하는 것 중에서만 선택할 수 있다고 생각한다.

집단원들은 다른 트라우마 생존자들의 어려움과 강점을 모두 목격하면서 점점 혼자라는 느낌으로부터 벗어나게 된다. 자신이 다른 사람에게 도움이 될 수 있음을 발견하면서 유능감과 자부심을 얻게 된다. 또, 다른 사람들에게 연민과 공감을 제공하면서 스스로에 대한 연민과 공감 또한 증가시킬 수 있게 된다.

THE "EVIDENCE BASE"("증거 기반")

성과 연구들은 대체로 PTSD 환자들에게 집단치료를 제공하는 것을 지지하지만, 특정 유형의 집단이 더 낫다는 결과를 제시하지 않는다. 경험적 연구들을 종합적으로 검토한 Foy와 동료들(2000)은 집단 심리치료가 치료 접근이나 모델과 관계없이 다양한 증상에 대한 긍정적인 성과와 연관이 있다고 보고하였고, 그중에는 PTSD 증상들, 해리, 전반적인 고통, 자아존중감에서의 개선 또한 포함되었다. 더 최근에는 Fritch와 Lynch(2008)가 유사한 검토를 통해 여러 연구들이 대인관계 기능 개선뿐만 아니라 증상 감소를 보고했다고 밝혔다. 집단치료적 접근법의 범위에는 정서 관리(Zlotnick et al., 1997), 변증법적 행동치료(DBT) 기술 및 쓰기 기반 노출(Bradley & Follingstad, 2003), 심리교육(Lubin, Loris, Burt, & Johnson, 1998), 인지적 처리 치료(Chard, 2005), 트라우마 집중 치료(Classen, Koopman, Nevill – Manning, & Spiegel, 2001), 대인관계 치료(Cloitre & Koenen, 2001; Ray & Webster, 2010) 및 과정집단(Hazzard, Rogers, & Angert, 1993)이 포함되어 있었다.

집단치료 모델들 중 특정 모델이 다른 것들보다 더 우수하다는 증거는 없다(Sloan, Feinstein, Gallagher, Beck, & Keane, 2013). 사실 대인 간 트라우마 생존자를 대상으로 두 개의 다른 집단치료 유형의 효과성을 직접적으로 비교한 연구는 거의 없다. Dunn과 동료들(2007)은 PTSD와 우울증을 함께 가지고 있는 참전용사 집단을 대상으로 자기관리 집단과 심리교육의 효과성을 비교하였다. 자기관리 중재는 초기에 우울 증상을 더욱 감소시키는 것으로 보였지만, 이러한 차이는 오래 지속되지 않았다. Classen과 동료들(2001)이 아동기 성적 학대 생존자인 성인 여성을 대상으로 진행한 무작위 대조 연구에서는 참여자들을 트라우마 집중 집단치료, 인간 중심 집단치료, 또는 대기자 집단에 배정하였다. 두 치료조건에 배정된 참여자들은 대기자 집단에 배정된 참여자들과 달리 트라우마와 관련된 증상이 상당히 개선되었다. 마지막으로, 전투와 관련된 만성 PTSD를 가진 360명의 남성 참전용사들은 25주 동안 트라우마 집중 또는 인간 중심 집단치료에 무작위로 배정되었다(Schnurr et al., 2003). PTSD와 다른 증상들은 두 가지 조건에서 모두 상당히 개선되었지만 두 유형의 집단치료 사이에는 전반적으로 성과 차이가 나타나지 않았다.

이렇게 무작위로 통제된 실험에서 연구자들이 회복 단계를 고려했더라면 두 종류의 집단치료의 효과성에서 차이를 발견할 수 있었을까 하는 궁금증이 남아있다. 우리의 생각에는 1단계 환자들은 인간 중심 치료에서 성과가 더 좋았을 거고, 2단계 작업을 할 준비가 된 환자들은 트라우마 집중 집단에서 성과가 더 좋았을 것 같다. 치료 중단 사례가 트라우마 집중 집단에서 더 많이 발생하였다는 점에 주목할 필요가 있다. 이는 초기 회복 단계에 있는 환자가 준비되지 않은 상태에서 아직 자신에게 맞지 않는 집단유형에 배정된 경우에 예상될 수 있는 결과이다.

유사 집단 매뉴얼(Comparable Group Manuals)

초기 회복기 트라우마 생존자를 위한 집단 모델이 치료 매뉴얼로 공식 출판된 것은 거의 없다. 하나의 예외를 제외하고, 기존의 매뉴얼들은 개인 또는 집단 심리치료를 위해 고안되었으며, 집단치료의 잠재력과 특정한 요구에 대한 논의는 거의 다루지 않고 있다. TIG와 가장 비슷한 치료법에는 트라우마 회복 및 임파워먼트(Trauma Recovery and Empowerment; TREM), 안전 추구(Seeking Safety; SS), 트라우마 중심 집단 심리치료(Trauma-Centered Group Psychotherapy; TCGP)라고 불리는 것들이 있다. TREM 모델(Fallot & Harris, 2002; Harris, 1998)은 원래 가난과 낙인의 누적된 영향을 안고 사는 아동학대 피해 이력을 가진 빈곤 여성들을 위해 개발되었다. TREM은 인지 재구성, 기술 개발 및 심리교육의 원리에 기반을 두고 있으며, 여성의 임파워먼트, 트라우마 교육, 그리고 기술 개발이라는 세 가지 주요한 파트로 이루어져 있다. 이 집단 모델은 주로 도시 지역에서 입원 및 외래 약물 남용 및 정신건강 프로그램, 교정 시설, 건강 클리닉, 실업자 프로그램 등 다양한 기관에서 시행되었다. 매주 75분 동안 진행되는 모임에서는 24-29개의 주제들을 다룬다. 각 주제는 간략한 임상적 근거, 일련의 목표들, 집단에서 던져지는 질문들 및 체험 활동을 통해 다루어진다. 라틴계 여성을 위한 집단 버전도 개발되었으며 이를 위한 별도의 매뉴얼도 출간되었다. 한 연구는 이 모델이 트라우마 증상을 완화시키고 대처력을 향상시키며 일반적인 약물 남용을 줄이는 데 효과가 있다고 보고하였다(Fallot, McHugo, Harris, & Xie, 2011). 또 다른 연구는 TREM에 참여한 여성들이 일반적인 치료를 받은 여성들보다 트라우마와 관련된 증상이 훨씬 완화되었다는 결과는 보여줬지만, 알코올과 약물 사용에 있어서는 더 나은 성과가 보고되지 않았다.

SS 모델은 Najavits(2002)가 PTSD와 약물 남용으로 이중 진단을 받은 환자들을 위해 개발한 것이다. 이 모델은 12단계 프로그램과 다른 자조적 전통의 영향을 받은 인지 행동 치료로 알려져 있다. SS는 구체적인 트라우마 기억을 논하지 않는 1단계 치료로 간주된다. 이 모델은 개인 또는 집단치료의 형태로 실시될 수 있으며, 25개의 주제를 통해 내담자들은 안전한 대처 기술을 개발하게 된다. 80개 이상의 "안전한 대처" 기술들은 미리 정해진 주제들과 구조화된 활동들로 구성된 커리큘럼을 통해 학습된다. 여러 연구에서 SS가 PTSD와 약물 남용을 줄이는 데 효과가 있다고 밝혔다 (Desai, Harpaz−Rotem, Najavits, & Rosenheck, 2008; Hien, Cohen, Miele, Litt, & Capstick, 2004; Najavits, Weiss, Shaw, & Muenz, 1998). 그러나 최근 들어 SS가 심리교육과 같은 다른 적극적인 치료보다 더 우수한 것은 아니라고 주장하는 연구도 있다(Sloan & Beck, 2016).

TCGP(Lubin & Johnson, 2008)는 심리적 트라우마가 대인관계에 미치는 영향을 다루기 위해 특별히 고안되었다. 이 집단에는 교육 요소와 노출 요소 둘 다 포함되어 있기 때문에 1단계와 2단계 집단의 혼합형으로 간주된다. 매주 진행되는 16개의 회기로 구성되어 있고, 각 회기는 강의 주제, 유인물 및 숙제를 포함하며, 집단은 "졸업식"으로 마무리된다. 이 집단은 원래 여성들을 위해 만들어졌지만, 남성, 참전용사, 그리고 PTSD와 약물 남용으로 이중 진단받은 여성들에게도 적용된 바 있다. 한 무작위 성과 연구는 이 모델이 PTSD와 우울 증상을 줄이는 데 효과적이고, 그러한 성과가 6개월 이후까지 유지되었다고 보고하였지만(Lubin et al., 1998), 이 치료법에 대한 보다 최신 연구는 찾을 수 없다.

다른 매뉴얼화된 치료들도 어느 정도 유사한 측면이 있다. 이 중 가장 잘 알려진 DBT는 원래 만성적으로 자살 경향이 있는 경계선 성격장애를 위해 개발된 인지 행동 치료이며, 행동기술 훈련을 포함하고, 정서조절 장애가 주 특징인 다양한 질환들을 치료하기 위해 사용되고 있다(DBT에 대한 개관은 Lynch, Trost, Salsman, & Linehan, 2007 참조; Salsman & Linehan, 2006). 경계선 성격장애를 가진 사람들 사이에서 아동학대 경험 비율이 높다는 것을 감안하면(75% 이상이 아동학대를 경험하였고[Herman, Perry, & van der Kolk, 1989; Zanarini, Williams, Lewis, & Reich, 1997] 최대 90%가 성인 트라우마를 경험하였음[Zanarini, Frankenburg, Reich, Hennen, & Silk, 2005]), DBT는 명시적으로 트라우마의 영향을 다루지는 않지만 트라우마 생존자들을 대상으로 빈번하게 실시된다. DBT의 토대가 되는 행동 분석과 기술 작업은 복합 외상성 스트레스장애의 특징인 자기돌봄과 자기위안에서의 결핍을 다루는 데 도움이 된다. DBT 학자들과 실무자들 사이에서는 복합 트라우마를 위한 중재들을 통합하고 연결지으려는 시도가 증가하고 있다(Harned & Linehan, 2008; Swenson, 2000; Wagner, Rizvi, & Harned, 2007). DBT는 개인 또는 집단 형태 또는 개인과 집단의 조합으로도 실시될 수 있다.

　　TARGET(Ford & Russo, 2006)은 트라우마 기억에 대한 처리과정 없이 감정조절을 향상시키고자 고안된 또 다른 인지 행동 치료이다. 이 치료는 트라우마에서 살아남기 위한 생물학적 적응의 결과로서 PTSD 증상과 정서조절 장애를 설명하는 심리교육을 제공한다. (TCGP를 제외한) 지금까지 논의된 모든 다른 모델과 마찬가지로, TARGET은 개별적으로 진행될 수도 있고 집단 환경에서도 시행될 수 있다. 정서조절을 회복하는 것은 "FREEDOM"이라는 약자로 요약된 7가지 실질적인 단계 또는 기술을 요구한다고 설명된다(F=한 번에 한 가지 생각에 마음을 집중하기, R=특정 스트레스 유발요인

알기, E=자기감정 확인과 생각 평가하기, D=목표 정하기, O=선택지, M=기여하기). TARGET 매뉴얼의 각 장마다 수업의 핵심 포인트, 수업 예시, 회기 스크립트 및 활동들이 기술되어 있으며, 치료는 12주 또는 그 이상으로 늘려서 제공될 수 있다. 연구들은 다양한 환경에서 개인치료나 집단치료 형태로 진행되는 TARGET 모델의 가능성을 보여주었다(Ford, Steinberg, & Zhang, 2011; Frisman, Ford, Lin, Mallon, & Chang, 2008).

트라우마 정보 집단의 고유한 특징

TIG는 앞서 설명한 다른 매뉴얼화된 모델들과 공통점이 많다. 예컨대, TIG도 원래는 여성 아동학대 생존자들을 위해 개발된 후 여러 다른 대상자들에게 확장 적용되었다는 점, 시간 제한적이라는 점, 그리고 초기 회복 단계에 있는 생존자들에게 가장 적합하다는 점이 그러하다. 또한 TIG도 교육 형태를 활용하고 매주 새로운 주제와 활동지를 다룬다. 반면, TIG는 다른 모델들과 여러 면에서 다르기도 하다. SS와 TREM에 비해 TIG는 더 짧은 기간(10−14주) 동안 진행되는데, 이는 회복 초기에 있는 구성원들이 감당할 만한 수준의 집단 경험을 제공하기 위함이다. 이렇게 단기로 진행하기 때문에 TIG 집단은 실천이 비교적 더 쉽고, 더 자주 실시될 수 있다.

TIG는 또한 집단 맥락이 주는 치료효과를 노골적으로 이용한다. 집단원들 사이에서 이루어지는 사려 깊은 상호작용과 목격하기(witnessing)는 트라우마 경험을 정상화하고, 수치심과 고립을 감소시키고 자기자비를 증진시키는 효과적인 기제가 될 수 있다. TIG 매뉴얼은 집단리더에게 집단원들 사이에서 일어날 수 있는 파괴적인 상호작용을 관리하고, 공감적이면서도 담아주는(empathic but containing) 피드백을 모델링하는 구체적인 방법을 알려준다. 놀랍게도 현존하는 다른 매뉴얼에는 치료적인 대인 간 분위기를 조성하는 방법에 대한 지침이 거의 없다. 집단치료와 개인치료가 모두 가능한 치료들임에도 불구하고 집단치료로 시행했을 때 개인치료와 비교하여 어떻게 달라지는지에 대해 큰 관심을 기울이지 않으며 집단원들 사이에서 형성되는 유대감이 주는 치료적 효과를 논의하지 않는다. 반면, TIG 매뉴얼은 집단치료 양식의 효과를 극대화하기 위한 명확한 지침을 집단리더에게 제공한다.

이 TIG 치료 지침서에 사용되는 대명사에 대해 언급하고 넘어가고자 한다. 우리는 주로 이 집단치료 접근을 대인 간 트라우마를 경험한 여성 생존자들을 대상으로 시행하였다. 그렇기 때문에 이 책은 여성 집단을 기반으로 하며, 집단원들과 리더들을 지칭할 때 여성 대명사를 사용하였다. 하지만 2장, 4장, 6장에서 논의되듯, TIG 모델은 남녀 혼성 집단, 남성 집단 및 트렌스젠더 환자들에게도 성공적으로 적용되어 왔다.

또한 이 책에 나오는 임상적 예시에 대해서도 잠시 언급하고 싶다. 임상 자료는 실제 환자들로부터 얻어진 사례 설명과 수정된 축어록뿐만 아니라 집단리더들의 기록에 기반한 혼합 예시들도 포함한다. 우리는 익명성을 유지하기 위해 인구통계학적 정보와 특정인을 식별할 수 있게 하는 세부내용들을 수정하였다. 매뉴얼에서 사용된 이름들은 모두 가명이며, 관찰집단에 참여한 환자들은 자신의 집단이 관찰되는 것에 동의하였다.

결 론

우리는 이 집단 모델이 다양한 환경에서 다양한 환자들에게 실제로 적용되고 사용되어 왔기 때문에 다양한 대상자들에게 적합한 융통성 있는 모델이라고 확신한다. 활동지는 그 자체로 트라우마와 트라우마 회복에 관한 여러 기본 지식을 요약해주는 종합적인 교육 도구로 쓰일 수 있다. 활동지는 환자와 치료사 모두에게 회복에 대한 여러 유용한 지침을 제공한다. TIG 집단은 여러 임상 환경에서 유용하게 적용될 수 있다. 본 매뉴얼은 어떻게 집단을 운영하고, 문제들을 처리하고, 잠재 집단원들을 사전심사해야 하는지에 대한 구체적인 지침을 제공하면서 치료사가 성공적으로 TIG 집단을 이끌기 위해 필요한 훈련을 직접적으로 다룬다. 이 모델은 복합 PTSD를 관계적인 방식으로 복구되어야 하는 관계적 손상의 결과로서 이해하고 있다는 점에서 유일무이하다. TIG는 교육적이면서 동시에 관계적인 초기 회복 집단으로서 오랜 시간에 걸쳐 그 효과가 검증되었다.

제 2 장

TIG의 개요

TIG의 개요

    1단계 집단으로서 TIG의 최우선 목표는 안전과 안정화의 원리에 준수하면서 집단원들이 서로 교류하고 트라우마 경험이 자신의 삶에 미치는 영향에 있어서 힘을 가지게 되는 안전한 환경을 제공하는 것이다. 생존자들은 트라우마 경험과 관련된 자신의 중요한 부분을 숨긴 채 살아온 경우가 많다. 이들은 "사회적 가면"을 쓴 채로 그 이면에 있는 자신의 모습을 다른 사람들에게 보여주지 않는다. 이들에게 집단은 자신과 비슷한 경험들을 공유하는 다른 사람들과 진솔한 모습으로 교류할 첫 기회를 제공한다.

    많은 경우, 트라우마 생존자는 자기개방 수준의 양 극단에서 기능한다. 한편으로 그들은 자신들의 역사에 대해 세세하게 말해야 한다는 부담을 느끼면서 스스로 난처해하며 다른 사람들을 겁먹게 할 정도로 과한 자기개방을 한다. 또 한편으로는 그 누구와 아무것도 공유하지 않으며 스스로 완전히 고립시키기도 한다. 이러한 경향성은 그들의 사회적 참여에 큰 영향을 미칠 수 있고, 집단은 이들이 피상적이지 않은 방식으로 다른 사람들과 접촉하는 유일한 환경이 될 가능성이 있다. 이 집단은 생존자에게 과거의 트라우마가 오늘날 자신에게 어떠한 영향을 미치고 있는지 이해하고 이러한 이해를 다른 사람에게 전달하는 방법을 배울 수 있는 기회를 제공한다. 언제 어떻게 누구에게 얼마나 개방할지 등의 문제를 모두 다룬다. 또한 집단원들은 자신의 자기개방이 다른 사람에게 어떠한 영향을 주는지에 대해 현실적으로 생각해보도록 격려 받는다. 많은 생존자들은 너무나도 큰 불안과 자의식을 가지고 살기 때문에 자신이 다른 사람들에게 어떤 영향을 미치는지에 대한 고려를 못 하는 경우가 많고, 만약 고려를 한다 해도 다른 사람들이 어떻게 반응할 것인지에 대해 왜곡되고 파멸적인 환상을 가지고 있을 수 있다.

집단리더들이나 다른 집단원들은 자기개방에 관한 전략들을 모델링 해준다. 초반부터 리더들은 다른 사람과 교류하는 것이 얼마나 어려운지, 집단 내에서 안전감을 느끼고 이해받기까지 얼마나 많은 시간이 필요한지에 대해 논한다. 이때, 자기개방의 영향이 강조된다. 개방되는 내용은 듣기 힘들 수 있으며, 말하는 사람을 과도하게 노출시킬 수 있다. 리더는 집단원들이 자신의 이야기를 어느 정도까지 나눌지 가늠해보면서 자기개방의 속도를 조절할 것을 장려한다. TIG 집단에 이미 한번 참여한 경험이 있는 한 집단원은 새로운 집단에 함께 참여하는 집단원들에게 "진실된 모습으로 있을 수 있는 여러 방법들을 고려해보면서 동시에 상황을 살필 수 있게 한" 집단의 이러한 측면이 자신에게 가장 도움이 되었다고 나누어 주었다. 그는 "이제 나는 사람들을 만나면 조금씩 이야기를 해요. 그리고 나서 언제 어떻게 더 이야기를 할지 선택합니다."라고 말했다.

정의상, 대인 간 트라우마 생존자들은 권력 행사가 특징적이었던 관계들을 경험해온 사람들이기에 이들은 불평등한 권력 계층의 미묘한 측면들에 대해서는 전문가들이다. 서로 존중하고 힘이 평등하게 공유되는 리더십 모델은 집단에서 처음 접하는 경우가 많다. 따라서 집단리더들은 자신이 책임을 공유하고 관계를 관리하는 방식을 인식하고 있어야 한다. 리더들은 연령이나 전문성 수준에서 동격일 필요는 없다. 예컨대 VOV 프로그램에서 진행되는 집단들은 주로 스태프와 수련생 공동리더 체제로 운영이 되기 때문에 공동리더들 사이에는 힘의 차이가 분명 존재한다. 중요한 것은 리더들이 이러한 힘의 차이를 인식하고 인정하면서 서로 존중하며 대하는 것이다.

서로 존중하는 평등한 관계들을 촉진하기 위한 두 번째 단계는 집단 구조를 통해 이루어진다. 집단원들 사이에 존재하는 차이점들을 존중하고 귀하게 여기는 건설적인 교류가 장려된다. 많은 트라우마 생존자들은 다름이 처벌받게 되는 환경에서 자랐다. 이 집단에서는 사람들이 학대에 어떻게 다르게 대처해 왔는지에 대한 호기심과 존중이 하나의 주제가 된다. 예를 들어, 집단의 신체상 회기에서 어떤 집단원은 큰 사이즈 옷으로 자신의 몸을 가리는 식으로 대처했다고 말할 때, 또 다른 집단원은 미친듯이 운동을 했다고 이야기할 수 있다.

TIG 모델은 "아는 것이 힘이다"라는 신념을 기반으로 한다. 많은 트라우마 생존자들은 자신의 현재 고통이 자신이 살아온 역사와 어떻게 관련되는지를 완전히 이해하지 못한다. 생존자들이 자신을 더 잘 이해하고, 자신의 역사가 현재의 기능에 어떤 영향을 주는지 또한 더 잘 이해하도록 돕는 것이 TIG 집단의 가장 중요한 가르침 중 하나이다. 이러한 이유로 "트라우마의 영향: 트라우마 후 스트레스 반응들"이라는 주제는 TIG 집단의 첫 주제가 되며, 이는 집단의 구조를 잡아주는 개념적 틀을 제공한다.

집단원들은 집단의 구조와 내용에 대해서도 충분히 안내받는다. 첫 번째 집단 모임에서 집단원들은 집단에서 매주 다루어질 주제 목록(부록 A 참조)을 받는다. 이 구체적인 정보는 집단을 이해하기 쉽게 해주고, 회기들을 더 예측 가능하게 한다. 자아통제력은 예측 가능성에서 비롯된다. 우리의 경험에 의하면, 회기가 더 예측 가능할수록 집단원들의 불안이 줄어든다.

정보는 집단리더들에게서만 나오는 것이 아니라 집단원들 사이에서도 나온다. 다른 사람에게 도움이 되는 트라우마 대처법에 대한 이야기는 모두 하나씩은 가지고 있다. 대체로 생존자들은 자신이 가지고 있는 회복탄력성과 강점은 제대로 보지 못한 채 기여할 것이 아무것도 없다고 느낄 수 있다. 하지만 여기까지 오기까지 모든 생존자는 어떤 식으로든 탄력성이 있어야 했다는 것이 우리의 생각이다. 집단원들은 다른 사람을 도움으로써 자신의 탄력성과 강점을 보기 시작한다. 그들은 자신이 어떻게 적응하고 살아남았는지를 깨닫기 시작한다. 이 집단에서는 성공적인 대처법에 대한 신중한 나눔을 장려한다.

개인치료를 병행하는 집단원은 자신의 집단 경험에 대해 개인치료 안에서 이야기하도록 권장된다. 집단원들은 각 집단 회기에서 하게 되는 활동지(부록 B 참조)뿐만 아니라, 집단치료 회기 밖에서 해결해볼 수 있는 질문들을 선택적인 숙제로 가져갈 수 있다. 이러한 활동지와 숙제 질문들을 개인치료 회기에서 다루도록 격려된다. 물론 필수사항은 아니지만, 이러한 과제는 회복에 대한 대화를 지속적으로 촉진하는 역할을 하기도 한다. 일반적으로 집단리더들은 집단이 만들려고 하는 경계들을 존중하고 또 숙제를 하지 않은 집단원이 자책하는 것을 방지하기 위해 이렇게 집단 밖에서 이루어지는 활동 과정에 대해서는 묻지 않는다.

　지난 세월 동안 만나온 많은 집단원들은 TIG 유인물과 활동지만큼 트라우마 노출 및 회복에 대한 정보를 설득력 있게 정리한 것을 본 적이 없다고 말해주었다. 유인물과 활동지에 나와있는 정보를 통해 생존자들은 자신의 회복에 적극적인 역할을 하도록 격려받는다. 또한 내담자들은 집단에 참여하면서 개인적인 편안함의 수준에 주의를 기울이고 존중하는 것을 배우게 된다. 예를 들어, 내담자는 어떤 질문을 받았을 때 그 순간 참여가 힘들다고 느껴진다면 질문에 대답하고 싶지 않다고 말할 수 있다.

일반적인 목표들

　집단 활동지에서 볼 수 있듯이, TIG는 트라우마의 맥락에서 제대로 이루어지지 않았던 서로 연관된 여러 발달적 과제들을 다룬다. TIG는 다음 주요 목표들을 포함한다.

1. 트라우마가 미치는 영향에 대한 이해 증진
2. 고립감과 외로움 감소
3. 수치심, 자기비난 및 결함감 감소
4. 자기자비 능력 증진
5. 트라우마와 관련된 감정을 살펴보고 조절하는 능력 증진
6. 대처기술 향상
7. 안전한 관계를 위한 능력 증진
8. 자기통제감(sense of mastery)과 임파워먼트(empowerment) 증진

집단 개입들은 이러한 목표들을 달성하고, 또 이러한 목표를 향한 작업을 방해하는 개인 및 집단 과정들을 다루기 위해 구성된다. 우리는 이 부분을 설명하기 위해 집단 회기 축어록에서 각색된 대화 예시를 활용하였다.

트라우마가 미치는 영향에 대한 이해 증진

트라우마가 발달 및 자기(self)의 다양한 측면에 미치는 영향에 대한 심리교육은 TIG 집단의 토대가 된다. 이를 위해 활동지는 트라우마의 영향에 대해 집단의 이해를 지속적으로 심화시켜주는 핵심역할을 한다. 집단원들의 경험들을 표면적으로 반영하고 그러한 경험들을 트라우마의 영향과 연관 지어주는 이러한 문서(활동지)가 실재한다는 사실은 집단원들에게 종종 놀라움을 선사한다. "귀신같아요." 또는 "절 모르실 텐데 마치 저를 생각하면서 이걸 쓰신 것 같네요." 또는 "정말 정곡을 찌르셨어요."와 같은 말을 한다. 또한 집단원들은 함께 활동지의 내용을 읽고 이해받는 느낌을 받으면서 더욱 깊은 유대감을 갖게 된다. 최근 집단에서 한 집단원은 "우리가 이미 집단에서 나눈 내용들을 문서에서 읽으면 정말 나뿐만이 아니라는 것을 깨닫게 돼요! 많은 사람들이 같은 종류의 어려움을 겪고 있네요."라고 말했다. 주제들은 그 자체로 트라우마의 복잡하고 밀접하게 엮여있는 영향들에 대한 이해를 높여준다. 각 주제는 최적의 발달에 대한 정보뿐만 아니라 트라우마가 그 최적의 발달을 어떻게 저해하는지에 대한 정보와 함께 상세하게 논의된다.

집단리더들은 집단원들에게 기본적인 질문을 하면서 주제에 대한 논의를 시작한다. 예컨대, 활동지 내용 중 한 단락을 소리 내어 읽은 후, 방금 읽은 단락의 어떤 문장이 각자에게 가장 와닿는지와 그 이유에 대해 물어 볼 수 있다. 집단원들이 자신의 경험을 보다 명확하게 표현할 수 있도록 하는 구조를 갖는 것이 도움 되기 때문에 폐쇄형 질문은 되도록 하지 않는 게 좋다. 또한 집단리더들은 집단에서 논의되고 있는 내용과 관련 있는 한, 집단 회기 전반에 걸쳐 트라우마의 영향과 치유 과정에 대한 심리교육적인 코멘트를 자주 제공한다. 이러한 논의들을 촉진하는 방법에 대한 지침은 3장과 4장에 제시되었다.

신체상(Body Image)에 대해 다루는 집단 회기는 심리교육을 효과적으로 사용하는 예시가 된다. 집단원들이 활동지를 읽는 동안, 집단리더들은 신체상과 관련된 문제는 트라우마 생존자들뿐만 아니라 다른 이들도 경험하는 문제라는 것을 언급한다. 대인 간 폭력 생존자들은 자신이 다른 사람들보다 근본적으로 더 손상된 존재라고 생각한다는 점에 대해 토론을 촉진할 수 있으며, 이를 통해 집단원들은 자신의 고통이 보다 보편적인 현상의 일부라는 것을 인식하는 새로운 경험을 하게 된다. 다 그런 건 아니지만 대부분의 여성들이 자신의 몸에 대해 부정적으로 생각한다는 걸 깨닫는 것이 집단원들에게 도움이 될 수 있다.

고립감과 외로움 감소

사회적 고립과 강렬한 고독은 대인 간 트라우마의 전형적인 특징 중 대표적이다. 시간이 지날수록, 지속적인 수치심과 자신이 남과 다르다는 느낌은 스스로를 거의 완전히 고립시키도록 하거나 강요된 역동(예: 늙어가는 가해 부모의 보호자가 되는 것)을 가진 매우 제한된 대인관계를 맺게 할 수 있다. 비슷한 어려움을 겪은 다른 집단원들과 교류를 하는 것은 이러한 고립감과 싸울 수 있는 강력한 수단이 되며, 집단 밖의 삶에서도 다른 사람들과 교류하는 것을 가능케 하는 기반이 될 수 있다. 처음으로 다른 트라우마 생존자들과 같은 공간에 함께 앉아있는 것만으로도 목표 달성을 위한 아주 큰일을 한 셈이 된다. 집단원들은 지금까지 자신과 비슷한 경험을 한 누군가와 이야기한 적이 전혀 없었다고 말하거나 다른 집단원들이 너무나도 "정상적"으로 보여서 놀랐다는 이야기를 자주 하곤 한다.

특정 집단원이 자신의 증상, 감정 또는 행동이 이상하고 창피하다는 식의 이야기를 하는 경우, 리더들은 그런 비슷한 감정을 느낀 적이 있는 다른 집단원이 있는지 물어볼 수 있다. 집단원들에게 자신도 그런 경험이 있었다면 손을 들어달라고 요청한 후, 주위를 둘러보며 유대를 인지하도록 한다. 많은 트라우마 생존자들은 자신을 학대하는 부모의 눈을 피하며 어린 시절을 보내어 성인이 되어서도 눈맞춤을 회피하는 경향이 남아 있을 수 있는데, 이는 친밀감을 방해할 가능성이 있다. 집단리더의 개입은 이 회피성 행동에 직접 도전한다. 또한, 집단리더들은 얼핏 달라 보이는 집단원들의 행동들이 사실 동일한 문제를 해결하기 위한 다양한 방법임을 강조하면서 연결 짓는 개입을 할 수 있다. 예를 들어, 한 집단원은 통제감을 잃지 않으려 친밀한 관계를 피하고, 짧고 비인격적인 성적 관계를 많이 맺는 방식을 택했을 수 있다. 반면, 다른 집단원은 동일한 두려움을 피하기 위해 아예 성적인 상황을 전혀 만들지 않는 방식으로 살고 있을 수 있다. TIG 집단은 집단원들 간의 상호작용 자체를 다루지는 않지만, 집단리더들은 다음의 예시와 같이 정기적으로 집단원들 사이에 존재하는 공통점들에 대해 성찰해볼 것을 요청한다.

28 | 트라우마 치료 초기 단계에서의 집단상담

집단리더: 여기 앉아서 다른 집단원들의 이야기를 들으니 어떤
　　　　가요?

집단원 1: 저는 집단원 2가 방금 말한 것이 매우 용감했다고
　　　　생각해요.

집단리더: 당신은 자신에 대해 그렇게 생각한 적이 있나요?

집단원 1: 전혀요.

다른 집단원들: (모두 고개를 끄덕이며, 몇몇은 "정말로 이해된다."라
　　　　고 중얼거린다.)

　　집단리더들이 고립감을 줄이며 공통점을 찾기 위해 노력하는
또 다른 예시를 다음 "분노" 회기에서도 볼 수 있다.

집단원 1: 지금의 저는 그 어떤 것에 대해서도 화를 내지 않는
　　　　사람인데, 제가 늘 이랬던 건 아니에요. 화를 내면 그에 대
　　　　한 보복을 많이 당했기 때문에 저는 그냥 화가 나도 제 안
　　　　에 그 화를 꽁꽁 가두고 무시하는 법을 배웠어요. 그래서
　　　　저는 제 안에 화가 어딘가에 있다는 것은 알고 있지만, 들
　　　　여다보고 싶지는 않아요. 제가 그걸 감당할 수 있을지 모
　　　　르겠어요.

집단리더: 머리로 이해하게 되면 분노를 더 잘 통제하고 감당
　　　　할 수 있다는 느낌을 가질 수 있어요. 그래야지 여러분이
　　　　당한 것들에 대해서 조금이나마 분노할 수 있는 여지가
　　　　생길 수 있습니다. 할 수 있다 없다로 갈리는 문제가 아니
　　　　에요.

　　여기서 집단리더가 집단원의 경험을 정상화하고 재구성하여

분노의 감정을 표현하는 것이 집단 안에서 그를 고립시키거나 낙인 찍히지 않도록 하는 것을 볼 수 있다. 그러고 나서 집단은 계속된다.

> 집단원 2: 저는 너무 오랜 시간 동안 억압당했던 것에 대해 정말 화가 나요. 그러면서 저는 정말 다양한 방식으로 저 자신을 못살게 굴었지요. 그렇게 허비한 시간들을 통해 제 인생이 얼마나 망가졌는지 생각하면 너무 화가 나요.
>
> 집단리더: 이런 비슷한 감정을 가지고 있는 또 다른 분 있나요? (집단원 모두가 손을 든다.) 네, 이렇게 자신에게 일어난 일들에 대해서 분노와 슬픔을 느끼는 것은 절대 이상하지 않아요.
>
> 집단원 2: 어떻게 대처해야 할까요?
>
> 집단리더: 지금 하신 것처럼 그 경험에 대해 이야기하시면 돼요. 이야기한다고 있었던 일이 없어지는 것은 아니지만, 적어도 이제는 혼자라고 느끼지는 않을 거예요.
>
> 집단원 2: 사실 정말 혼자라고 느껴져요.
>
> 집단리더: 그렇지만 여기 있는 모두가 손을 든 것을 보셨죠?
>
> 집단원 2: 맞아요. 사실 굉장히 도움이 되었어요.

수치심, 자기비난 및 결함감 감소

수치심은 만성적인 대인 간 트라우마가 초래하는 가장 고질적인 결과 중 하나이다. 문헌들을 살펴보면 자신이 "근본적으로 손상되었다"고 묘사하는 트라우마 생존자들에 대한 연구들이 가득하다. 이 결함 있는 자아상은 자기혐오와 자기증오라는 강렬한 감정을 동반한다(Fonagy, Target, Gergely, Allen, & Bateman, 2003). 생존자 집단에 참여하고, 안전하고 구조화된 환경에서 천천히 자신을 드러내면서 자신과 집단과의 공통점을 깨닫는 것은 수치심과 낙인에 대한 강력한 해독제가 된다.

TIG는 수치심과 자기비난 주제를 직접적으로 다루기 위해 한 회기 전체를 할애한다. 사회적 고립을 감소시키기 위해 고안된 TIG의 다양한 개입들 또한 집단원의 수치심, 자기비난 및 결함감을 줄이는 데에도 도움이 되는 것을 목표로 한다. 활동지들은 약물 남용이나 자해와 같이 생존자가 가장 수치스러워하는 행동들을 트라우마의 정서적 영향을 관리하기 위한 시도들로 설명하도록 돕는다. 집단리더는 이러한 행동들을 무섭고 무관심한 환경 내에서 어떻게든 대처해보려는 노력들로서 성찰할 수 있도록 이끌고 격려한다. 집단원들은 이러한 토론을 통해 더 이상 적응적이지 않은 행동일지라도 자신의 행동의 기원에 대해 조금이나마 이해할 수 있게 된다. 집단원들은 이 관점을 이해할 수 있도록 서로 도우면서 각자 서로를 위해 할 수 있는 무언가가 있다는 것을 느끼게 된다. 다른 사람들에게 설명하는 과정을 통해 집단원은 자신에 대해 더욱 깊이 이해하게 되고, 다른 집단원들로부터 연민이 녹아있는 수용을 받으면서 각 생존자는 망가진 자아감을 변화시키기 시작한다.

다음은 수치심에 관한 회기에서 이루어진 대화 예시이다.

집단리더 1: 사람들이 자신이 경험한 학대에 대해서 수치심을 느끼는 또 다른 이유는 뭘까요?

집단원 1: 성적 학대와 같은 일부 유형의 학대는 일종의 방임과 함께 진행된다고 봐요. 제가 날씨에 맞지 않는 낡아빠진 옷을 입고 학교에 갔다면 사실 부끄러워해야 할 사람은 부모님이지만, 그 자리에 있는 사람은 바로 저인 거예요. 그래서 제가 그것에 대해 선생님과 친구들로부터 판단을 받겠죠.

집단리더 1: 집단원 1은 또 다른 중요한 부분을 언급해주었어요. 학대받은 아이는 너무 어려서 그것이 자신의 잘못이 아니라는 것을 알지 못하지요. 학교에 흐트러진 모습으로 서있던 사람은 바로 여러분이었던 거죠.

집단원 2: 학대 가해자는 그게 너의 잘못이라고도 말해요.

집단리더 1: 맞아요. 이 집단에서 몇 명이나 가해자로부터 이게 당신의 잘못이라는 말을 들어봤나요? 보세요. 이 방에 있는 거의 모두가 들어봤네요. 이런 말을 듣는 게 연약한 어린이나 성인에게 어떠한 영향을 미칠까요?

집단원 3: 큰 죄책감을 느끼게 하고 그런 학대가 정말 자기 자신의 잘못이거나 자초한 것처럼 느껴지게 만들어요.

집단원 1: 성인이 되었어도 여전히 무언가를 잘못하면 활동지에 있는 내용처럼 정신적으로 스스로를 처벌해야 할 것 같은 느낌이 들고, 혼자 동굴로 들어가 버려야 할 거 같은 느낌이 들어요. '죄송합니다. 다음엔 더 잘할게요' 이러면서 굽신거리게 돼요.

집단리더 2: 다들 공감하시나요? 일상에서 무언가를 잊어버리는 것처럼 평범한 실수를 했을 때에도 그렇게 느끼시나요?

집단원 4: 네, 실수를 하면 다른 사람이 나를 어떻게 생각할지 너무 신경이 쓰이고 상식적인 수준을 넘어설 정도로 겁이 나요.

집단리더 1: 생존자들은 다른 사람이 어떻게 생각하는지에 대해 왜 그렇게까지 걱정할까요?

집단원 5: 왜냐하면 자신이 다칠 거라고 예상하기 때문이죠. 상대방을 화나게 하면 상대방이 나를 다치게 하거나 나에게서 무언가를 빼앗아 갈 거라 예상해요.

집단리더 1: 오늘 별로 이야기를 하지 않은 분들도 한번 말씀해 주세요. 집단원 6, 집단원 5가 한 말 중에서 공감할 수 있는 부분이 있나요?

집단원 6: 특정 상황에서 어떤 행동을 하게 된다는 말에 공감해요. 예를 들면, 제가 이런 말을 하고 있다는 게 믿기 어렵지만, 저도 늘 헝크러진 머리를 하고 지저분한 모습으로 학교를 가곤 했어요. 그런데 그런 저의 모습이 제가 아닌 다른 사람의 탓일 거라는 생각을 전혀 할 수 없었어요. 특히 저를 혐오스럽게 생각하는 친구들에 둘러싸여 있었기 때문에 더 그랬죠. 거기에서 내릴 수 있었던 유일한 결론은 "나는 쓰레기다"라는 거였어요.

집단리더 2: 맞아요. 그럼 혹시 지금 여기에서는 다른 결론을 내릴 수 있나요?

집단원 6: 노력 중이에요.

집단리더 1: 여러분을 돌봐줘야 했지만 그러지 않았던 사람들에게 두려움이나 분노를 느끼는 것보다 자신에 대해 수치심을 느끼는 것이 더 쉬울 수 있어요. 때로는 수치심이 어떤 면에서는 감정적으로 더 안전하다고 느껴질 수 있어요. 여기에 대해 공감하실 수 있나요?

또 다른 예로, 최근 집단에서 수치심과 자기비난에 관한 회기가 끝날 무렵 집단원 마리아가 다른 집단원이 이야기를 하고 있는 도중 울기 시작했다. 마리아는 집단의 다른 여성들에 비해 자신이 실패자처럼 느껴진다고 말했다. 이유인즉슨 다른 집단원들은 모두 가해자에 맞서 싸웠지만 자신은 그러지 못했다는 것이다. 마리아는 대학시절 남자친구에게 강간을 당했을 때 "저항"하지 않았다고 했다. 너무 취해서이기도 했지만 기본적으로 너무 충격을 받아 무슨 일이 벌어지고 있는지 믿을 수 없었기 때문이라고 했다. 매주 집단에서 다른 생존자들의 이야기들을 세세하게 접하면서 마리아는 오랫동안 자신 내면에 있던 죄책감, 수치심, 자기비난이라는 감정들을 느꼈다. 만약 자신이 물리적으로 저항을 했더라면 그 상황에서 도망칠 수 있었지 않았을까 생각했다. 마리아는 "저는 오늘도 제가 여전히 겁쟁이처럼 느껴져요."라고 말했다.

이에 다른 집단원은 마리아에게 이렇게 반응해주었다. "왜 그렇게 생각하게 됐는지 이해는 하지만 당신에게 일어난 일을 그런 식으로 정리해 버리는 것은 정말 아닌 거 같아요. 제가 볼 때에는 당신은 그 순간 최선을 다했어요. 그리고 무엇을 했든 하지 않았든 당신은 옳은 일을 한 거예요. 왜냐하면 그렇게 해서 당신은 살아남았고 계속해서 삶을 살아 갈 수 있었으니까요. 만약 당신이 저항을 했다면 더 크게 다쳤을 수도 있고, 그랬다면 이 집단에서 이렇게 이야기하지 못하고 있을 수도 있잖아요."

이 시점에서 또 다른 집단원도 죄책감과 수치심을 안고 자기비난을 하며 자신의 인생 대부분을 살아왔다고 했다. "저도 가해자에게 저항을 하지 않았어요. 왜냐하면 그 가해자가 제 아버지이기도 했고, 어머니가 저를 믿지 않을 것이고, 결국 제 잘못이라는 말을 듣게 될 것이라는 걸 마음속 깊이 알고 있었기 때문이에요." 그녀는 예전 심리치료사가 어린 소녀였던 자신에 대해 연민을 갖도록 도왔고, 그로 인해서 스스로를 덜 판단하고 연민을 가지게 되었다고 했다. "요즘 여중생이나 여고생들을 볼 때마다 정말 어리구나, 그냥 정말 어린아이들이구나 싶어서 놀라요."라고 말했다. 그녀는 어린아이였던 자신에 대해 연민을 갖고, 폭력이 만연한 가정에서 자신에게 일어났던 일들을 멈추기에는 너무 힘이 없었던 것을 받아들이려 노력한다고 하였다.

마리아는 이러한 이야기들을 듣고 더 많이 울었고, 집단원들이 자신에게 따뜻하게 대해주어서 고맙다고 말했다. 집단리더는 마리아에게 다른 집단원들의 연민과 이해를 최대한 많이 자기의 것으로 가져갈 것을 격려하면서, 결국 자기자비가 마리아 자신의 이야기에도 스며들어 점차 죄책감과 자기비난이 줄어든 자리에 자기자비가 채워질 수 있으면 좋겠다고 말해주었다.

자기자비 능력 증진

자기자비 능력 증진이라는 목표는 이전 수치심 감소 목표와 밀접한 관련이 있다. 집단원들은 대체로 서로에게 큰 유대감을 느끼고 연민을 느낀다. 이러한 역동은 집단원들이 점차 자신에 대한 연민을 느낄 수 있도록 돕는 집단 형태에 맞는 고유한 개입들을 고안할 수 있게끔 한다. 집단리더는 집단원이 특별히 자기비판적이거나 왜곡된 자아상을 표현하는 것을 발견했을 때 "다른 집단원이 자신에 대해 그런 말을 한다면 뭐라고 말해주고 싶을까요?"와 같은 질문을 할 수 있다. 대부분의 집단원들은 다른 집단원들에게라면 상당히 연민 어린 반응을 보일 것이라는 것을 깨닫게 되며, 그들 자신에게도 비슷한 연민 어린 반응을 하는 연습을 시작할 수 있도록 격려 받게 된다. 이러한 과정은 특히 대인관계 상황에서 자신의 "마음을 염두에 두면서" 무의식적인 왜곡된 자기비판을 깨닫는 정신화의 연습으로 볼 수 있다(Bateman & Fonagy, 2004; Fonagy &

Target, 2002). 그들은 또한 다른 사람의 마음을 염두에 두고, 집단 환경에서 직접적인 피드백을 통해 타인의 감정과 생각에 대한 견해를 확장하도록 격려 받는다. 이 접근 방식은 복합 트라우마 생존자들이 자기 자신과 맺고 있는 병리적으로 부정적인 관계를 서서히 변화시킬 수 있다. 또한 집단리더는 집단원의 노력을 자주 강화하고 칭찬하면서, 집단원이 성공을 내면화할 수 있도록 명시적인 개입을 한다.

다음은 수치심에 관한 회기의 마무리 단계에서 일어난 집단 상호작용의 예시이다.

집단원: 전 조금 혼란스러워요. 집단을 쭉 둘러보면 여기 있는 모든 사람들에게 큰 존경심이 느껴지고, 동시에 동질감도 느껴져요. 그래서 제 자신에 대해 수치심을 느끼는 건 정말 바보같아요. 그러니까, 정말 비논리적이라는 거죠.

집단리더: 비논리적인 수치심을 극복하는 첫걸음이 바로 이런 게 아닐까 싶네요. 집단에 참여한 모두가 너그러운 시선으로 이해받을 자격이 있다는 것. 그렇다면 나 스스로도 자신을 너그럽게 봐줘야 하겠다고 깨닫는 것.

전부 남성 집단원들으로 구성된 TIG에서 나온 다음 임상 삽화는 트라우마 생존자들의 자기자비를 증진시켜주는 집단의 힘을 보여준다. 션이라는 집단원은 어린 시절 자신을 학대했던 아버지와 함께 사는 경험을 설명하며, 직업을 얻어 독립하기 위해 간호사 시험을 여러 번 시도했지만 실패했다고 하였다. "저는 아버지와 함께 사는 게 싫어요. 하지만 보복이 무섭기도 하고, 아직 홀로서기할 자신이 없어서 계속 함께 살고 있어요." 분노를 다룬 회기에서 션은 아버지와 말다툼을 하는 동안 아버지가 "넌 내가 아니었으면 길바닥에 나앉았을 거야. 넌 나 없이는 아무것도 아니야. 너는 내가 필요해."라며 수치심을 주어 방에 돌아와 "분노에 몸을 떨었다"고 설명했다. 집단은 션이 아버지의 재정적인 지원이 과도하게 큰 대가를 치르게 하고 있다는 관점으로 볼 수 있도록 도왔다.

　관계에 대한 다음 집단 회기에서 션은 지난주에 집단이 보여준 지지가 고마웠지만 아버지로부터 독립을 하는 것은 아직 너무 위험하게 느껴진다고 말했다. 왜냐하면 션은 과거에 여러 차례 독립을 시도했지만 매번 약물에 의존하게 되었고, 결국 아버지에게로 돌아간 경험이 있었기 때문이다. 션은 인지적으로는 집단이 이야기해 준 관점을 이해했지만 본능적으로는 온전히 아버지로부터 분리하여 스스로 독립하는 생각을 하는 것이 너무 무섭다고 말했다. 집단리더는 비용/편익 비율을 계산해보고, 그에 따라 아버지의 지속적인 학대가 참아낼 가치가 있는지 판단하려는 션의 노력을 높이 샀다. 하지만 션이 매일 일상에서 겪는 고통 또한 그의 계산에 포함되었는가? 일에 있어 단절된 경력은 어떠한가? 집단리더는 션이 간호사 시험을 통과하지 못하는 이유가 무엇인지 질문했다. 간호대학 시절 이미 여러 시험에 합격한 이력이 있는데도 불구하고, 그가 새로운 커리어를 시작하기 위해 필요한 이 한 가지 시험을 통과하지 못하는 건 어떤 장애물이 있어서일까? 집단원 한 명은 션에게 "이 집단에서 다른 집단원들에게 침착하고 친절하게 대응하는 모습을 보면 당신은 훌륭한 간호사가 될 것 같다는 생각이 들어요. 스스로를 성공하도록 내버려두면 어떨까요?"라고 말했다. 또 다른 집단원도 말하기를, "저도 동의해요. 따뜻한 성격을 가진 당신은 좋은 간호사가 될 거라고 생각해요. 당신은 매우 치유적인 태도를 가지고 있어요. 당신이 자신의 성공을 방해하는 일을 멈추고 간호사로 일한다면, 백만장자가 되지는 않겠지만 지금보다 훨씬 행복할 거라고 생각해요." 집단 회기가 끝나갈 때 집단리더는 션에게 방 안을 둘러보며 다른 집단원들의 눈에서 관심과 연민을 볼 수 있는지를 물었다. 션은 다른 집단원들에게서 연민과 관심을 느낄 수 있다며 그들의 친절에 감사하다고 말했다. 집단리더는 이 주제는 션에게 매우 중요하기 때문에 앞으로도 션이 개인 상담자와 함께 작업을 계속해 나가기를 바랐고, 또한 션이 약물중독 재발에 대한 두려움을 다루기 위한 12단계 프로그램의 도움을 받으면서 독립적으로 살아가는 법을 배우기를 권했다.

감정 적정(titrate) 및 조절 능력 증진

생존자들은 종종 트라우마 기억이 일으키는 강렬한 감정에 대한 두려움 때문에 자신의 트라우마 기억에 접근하기를 피하곤 한다. 트라우마의 영향을 이해하는 데 중점을 둔 집단은 세부적인 트라우마 기억이 탐색되지 않을 것이라는 보장에도 불구하고 종종 강력한 정서적 반응을 이끌어 낼 수 있다. 이 집단이 불러일으키는 정서를 견디는 법을 배우는 것은 생존자들이 이후의 회복 단계에서 트라우마 기억을 명시적으로 다루게 될 때 정서를 견딜 수 있게 한다는 점에서 아주 중요할 수 있다.

TIG에서 집단원들은 구체적인 트라우마 기억에 대해 말하지 않는다. TIG의 이러한 현재 중심적인 특성은 일부 트라우마 관련 정서를 보다 적정화된 수준에서 덜 압도되는 방식으로 표현하고 통합하는 기회를 제공한다. 정서조절을 연습하는 것은 각 회기 초반에 진행되는 체크인(check-in)과 그라운딩(grounding) 활동과 함께 시작되며, 마무리 단계에서도 반복된다. 이러한 연습은 집단원들이 자신과 몸에 집중할 수 있도록 돕고, 의식적인 마음챙김의 태도로 집단 회기에 임할 수 있도록 장려한다.

집단 과정 동안 트라우마 기억을 지나치게 상세히 공유하려는 집단원이 있다면, 리더들은 연민 어린 태도로 적극적인 개입을 하여 방향을 틀어줘야 한다. 더 많은 것을 이야기하고 싶은 욕구는 정상화해주면서도, 집단원들에게 집단의 지침과 그 목적을 부드럽게 상기시켜야 한다. 떠오르는 상세한 기억들을 처리하기 위해서 개인 상담이 유용할 수 있다고 제안해줄 수도 있다.

집단원들이 집단 내내 현재에 머물도록 돕는 데 목표를 둔 개입들은 집단원들이 트라우마 관련 감정을 조절할 수 있는 능력을 키우는 데도 필수적이다. 집단리더들은 집단원들이 현재에 집중하지 못하고 있다는 조짐을 보이는지 살펴보고 현 순간으로 돌아올 수 있도록 개입해야 한다. 집단의 내용이나 감정의 정도가 다수의 집단원들이 압도되거나 분리될 정도로 고조될 때, 리더가 회기 중 체크인을 진행해 보는 것 또한 도움이 될 수 있는데, 이때 집단원들은 각자 어떤 상태인지 간략히 표현하고, 현재에 다시 집중하기 위해 집단리더나 다른 집단원들에게 도움을 받을 수 있다.

예를 들자면, 집단이 전개되면서 메리는 가해자를 지지하는 문화에 대해 자신이 얼마나 분노하고 있는지 나누기 시작한다. 그의 목소리는 점점 더 커질 것이고, 다른 집단원들도 어떻게 아무도 희생자에 신경을 안 쓰는 것 같다며 덩달아 화를 낸다. 이 와중에 집단리더는 카렌이 혼자 동떨어져 있는 것처럼 보인다는 것을 알아차린다. 이에 리더는 우선 토론을 중단하고, 스스로 분노를 느끼도록 허용하는 것은 정말 좋지만, 집단을 둘러보면 모두가 분노 표현에 대해 안전하게 느끼는 건 아닌 것 같다고 짚어 줄 수도 있다. 이러한 개입은 표현의 강도와 감정에 대한 대화로 이어질 수도 있

고, 개개인이 다양한 감정에 대해 견뎌낼 수 있는 수준이 각자 다
르다는 사실에 대한 이야기가 진행될 수도 있다.

　감당할 수 있을 만한 감정 수준에서 효과적인 자기개방을 할
수 있도록 모델링 한 또 다른 예를 살펴보자. 최근 어떤 집단에서
한 구성원이 "저는 아주 오랫동안 정말 심각한 마약 중독자였어
요. 코카인도 하고, 헤로인도 하고, 당신이 뭘 생각해내든 아마
제가 다 시도해 본 걸 거예요. 그 고조된 기분과 마약을 하기 위
해 준비하는 모든 과정들이 좋았어요."라고 말했다. 집단리더는
이러한 생생한 묘사가 다른 집단원들에게 불편한 기억을 불러일
으키거나 약물 사용을 매력적으로 보이게 할까 봐 다소 걱정이
되었다. 한 그룹 리더가 이렇게 말하며 개입했다. "제 생각엔 리
스베스가 많은 생존자들이 음식, TV, 또는 다른 무언가이건 스스
로 안정을 찾기 위해 하는 행동들에 대해 공감할 수 있을 거라 말
하는 것 같아요. 이 부분에 대해 이야기 나누어 볼까요?" 리더의
목표는 내담자를 담아내고, 지지하고, 공감하려고 노력하는 동시
에 내담자가 과도하게 자세한 내용을 개방하지 않도록 하는 것이
다. 이렇게 함으로써 집단원들이 감당하기 어려울 정도의 정서에
노출되는 것을 방지하고, 집단원들 사이에서 각자 트라우마와 관
련된 감정을 나름대로 관리해 왔다는 점에 대한 공감대를 만들어
낼 수 있다.

대처기술 향상

　복식 호흡, 짧은 점진적 근육 이완요법, 또는 간단한 요가 동
작 등 집단에서 가르치는 이완 또는 그라운딩 활동은 집단 밖에서
도 사용될 수 있다. 이 외에도 매 회기 집단원들이 자신의 회복 과

정에 도움이 되었던 전략들에 대해 나눌 때마다 다양한 건강한 대처기술 예시들이 자주 공유되고 집단원들은 종종 다른 집단원들이 제안한 기술들을 시도해 보게 된다. 때때로 치료사가 비슷한 것을 제안할 때보다 집단원들이 제안할 때 더 열린 태도를 보인다. 다른 집단원으로부터 특정 기술이나 전략이 도움이 되었다는 간증을 들으면 더 믿을 만하다고 느끼고, 힘든 상황이 생기면 나도 그 대처기술을 써봐야겠다는 다짐을 하게 되기 때문이다. 집단원들은 종종 서로의 대처기술을 "빌리면서" 연결감을 느끼며, 집단 내 관계들을 내면화하면서 "X가 이런 일이 일어날 때 Y를 한다고 말했던 것이 기억나서 저도 그것을 시도해보았고 도움이 되었습니다"라고 보고하기도 한다.

다음은 자아상/신체상에 대한 회기에서의 예시이다. 집단은 합의된 성관계 동안 발생하는 침투 증상에 대한 문제를 논의하고 있었다.

> 집단원 1: 누가 절 만지는 게 싫어요. 그 사건이 떠오르거든요.
> 집단리더 1: 혹시 다른 분들도 이러한 침투 증상을 겪어본 적이 있나요? (집단원들이 그렇다고 웅성거린다.) 여러분 중에는 지금 누가 당신을 만지는 것이 싫어서 아예 성생활을 금기시하는 사람도 있을 수 있어요. 사람들은 각자 자신에게 맞는 방식으로 성생활을 할 수 있어야 해요. 어떤 사람들은 섹스를 일시적으로 하지 않기로 결정할 수도 있고, 또 어떤 사람들은 어떤 행위가 괜찮은지 아주 명확한 경계를 정할 수도 있지요. 중요한 것은 합의란 어떤 것에도 당신이 'yes'나 'no'를 말할 수 있어야 한다는 것이에요. 이건 누구에게나 정말 하기 힘든 일이지만, 자신의 경계를 침범

당한 경험이 있는 사람에게는 특히나 더 어려운 일이죠.
우리는 모두 그만하고 싶다고 말할 권리가 있습니다.

집단원 1: 만일 그만하고 싶지는 않은데, 단지 침투적인 생각
만 멈추고 싶다면요?

집단리더 2: 일단 멈추고 침투 증상에 대해서 이야기를 해보는
것이 도움이 되는지 볼 수 있어요. 이게 때로는 도움이 되
는 때도 있고 도움이 되지 않는 때도 있지만 일단 멈추고,
이렇게 멈추고 싶지 않지만 지금 힘들다는 것을 상대방에
게 말해보는 거예요. 당신이 아끼고 또 당신을 아끼는 사
람이라면, 이러한 것들을 옷을 입은 채로 미리 다른 장소,
다른 시간에 상의해보는 것이 도움이 될 수 있어요.

집단원 3: 저는 그런 상황일 때면 잠시 동안 멈추고 싶다고 해
요. 어떨 때는 떠오른 이미지에 대해서 이야기를 하기도
하지만, 많은 경우에는 그냥 안아달라고, 기분이 좀 더 좋
아질 때까지 다른 이야기를 하자고 말해요.

집단리더 2: 맞아요. 여러 방법이 있지요. 그렇지만 가장 중요
한 건 그저 고통을 견디면서 침투가 끝나기를 기다리는
것이 유일한 방법이 아니라는 것을 알고, 내 기분이 좀 더
나아질 수 있는 선택들을 할 수 있다고 느끼는 것이라 생
각합니다. 잠시 멈추는 것이든, 완전히 멈추는 것이든, 환
경을 좀 더 편안하게 바꾸는 것이든, 파트너와 함께 극복
할 수 있게 파트너에게 도움을 요청하는 것이든, 당신에게
선택권이 있다고 느끼게 만드는 어떤 것이든 하세요.

안전한 관계를 위한 능력 증진

만성 대인관계 트라우마의 결정적인 특징 중 하나는 무너진 관계와 애착 능력이다. 대인관계에서의 폭력은 정서적 고통을 유발하고, 그 고통을 조절하는 능력을 약화시키며, 타인에 대한 불신을 심어주고 안전한 세상에 대한 신념을 뒤집음으로써 사회적 지지를 받아들이려는 의지를 감소시킨다(Charuvastra & Cloitre, 2008). 회피와 소외감과 같은 PTSD의 많은 증상들은 본질적으로 대인관계에서 나타나는 것들이며(Pearlman & Courtois, 2005), 바로 이러한 증상들은 트라우마의 영향을 완화시켜줄 수 있는 사회적 지지를 받는 것을 어렵게 만든다.

이러한 문제는 주요 애착 대상으로부터 장기적인 학대를 견뎌온 생존자들에게 특히 더 오래 지속된다. 아동학대를 겪었던 성인 생존자들은 흔히 거절에 대한 민감성, 버림받음에 대한 두려움, 그리고 신뢰와 친밀감에 대한 양가감정을 경험한다(Briere & Jordan, 2009). 많은 연구들은 복합 트라우마를 경험한 사람들이 불안정하고 혼란스러운 관계를 맺고 다시 트라우마의 피해를 입는 경향이 있음을 보고하고 있다.

안전한 애착은 회복의 중요한 지표이자 목표로 확인되어 왔다 (Tummala-Narra, Liang, & Harvey, 2007). 그러나 많은 생존자들에게 이를 달성하기 위한 안전한 관계를 찾기란 쉽지 않다. 직장이나 약물 남용 치료집단 같은 곳에서 새로운 친구를 사귀려다 결국 피해자−가해자 역동을 반복하는 경우가 많다(Cloitre et al., 2006). 이들은 "저도 저의 상태를 이해할 수 있는 사람들과 천천히 시작해야 한다는 것을 알아요. 그런데 그렇게 할 수 있는 곳이 어디 있을까요?"라고 질문한다. TIG에서는 매우 구조화된 또래 상호작용으로 집단원들이 상호지지와 호혜성에 기반하여 서로 안전한 유대감과 애착을 형성하도록 한다. 또한 집단에서 안전감과 담아내기 (containment)를 향상시키기 위해 고안된 많은 개입들을 통해 집단 원들이 타인과 관계를 맺는 새로운 방법들을 실험해볼 수 있도록 한다.

좋은 관계 능력이 있어야 집단에 참여할 수 있는 것은 아니지 만, 집단은 관계를 발전시킬 수 있는 기회들을 지속적으로 제공하 고 집단이 진행됨에 따라 집단원들은 이 기회를 활용하게 된다. 집 단원들은 자기 자신에게는 주지 못했던 공감과 연민의 마음으로 다른 집단원들과 더욱 직접적으로 관계를 맺고자 하는 동기를 가 지고 있다. 자신이 가지고 있는 관계 능력, 통찰 및 경험들이 다른 사람들에게 도움이 되고, 자신이 집단에게 기여를 하기도 하고 도 움을 받기도 할 수 있다는 것을 보고 놀라기도 한다. 이러한 연결 감은 흔히 마지막 집단 회기에서 더 견고해지는데, 이때 집단원들 은 자신이 집단에서 보여준 개인적인 발전뿐만 아니라 다른 사람 들에게 의미 있고 유익하게 기여했던 과정에 대해 리더와 집단원 들로부터 피드백을 받는다.

공동리더들 간의 관계는 건강한 관계 맺기에 대한 모델이 되 어준다. 리더들은 힘을 동등하게 공유하면서 서로를 지지하고, 동 시에 집단원들이 모두의 안전과 성장을 촉진하기 위해 협력하는 따뜻하고 공손한 권위자를 경험할 수 있도록 하면서 집단 전체를 지지한다. 이런 식으로 집단 경험은 집단원들이 집단 밖에서도 안 전하면서 상호 지지적인 관계들을 발견하고 발전시킬 수 있도록 대안적인 관계 예시를 제공한다.

자기통제감과 임파워먼트 증진

오랫동안 반복적으로 지속되어온 대인관계 트라우마는 만연한 무력감과 절망감을 야기할 수 있다. 생존자들은 종종 주체의식 부족과 자신의 환경, 개인적 상황 및 미래 앞에서 느끼는 무력감으로 인해 허무감을 토로한다. 이러한 상태가 계속되면 PTSD 증상들보다 더 끈질기게 지속될 수 있는 만성 우울증으로 이어질 수 있다. 실제로 많은 생존자들은 자신이 과연 회복할 수 있을지에 대해 회의적이다.

TIG는 자기통제감을 위한 첫걸음(트라우마 중심 치료집단을 견뎌내고 끝마친 것에 대한 자부심)을 제공한다. 집단에서 얻은 성공 경험은 결과적으로 자기 효능감을 향상시키며 이것은 피해 경험에 수반되는 무력감에 대항할 수 있게 하는 강력한 해독제가 된다. 삶의 다른 영역에서 목표를 달성하는 데 필요한 기술과 자신감으로 무장하고 집단을 떠나는 생존자들을 우리는 수없이 보아왔다.

TIG는 본질적으로 임파워먼트 원리에 기반을 두고 있다. TIG는 생존자들이 고립과 적막에서 벗어나 서로 연결되도록 한다. 집단원들에게 선택권을 주고, 서서히 자신의 아픈 과거에 대해 얼마만큼 개방할지 조절할 수 있는 능력을 키워준다. 모든 사람이 말할 동등한 권리를 가지고 있다는 생각이 전달되도록 상호작용을 구조화한다. 집단원들에게 다른 사람들의 치유에 기여할 수 있는 기회를 준다. 대인관계에서의 폭력에 대해 사회적, 정치적으로 분석을 함으로써 집단원들은 자신에게 무슨 일이 일어났는지 보다 폭넓게 이해를 할 수 있게 되며, 대단히 수치스러운 개인적인 비밀이라고 생각했던 경험을 부당한 집단적 경험으로 탈바꿈해준다. 집단 개입과 읽기 활동을 통해 폭력에 대한 책임은 전적으로 가해자에게 있다는 명확한 입장을 견고히 하고, 그러한 폭력에 대처하는 아동의 능력은 제한적일 수밖에 없다는 점을 적극적이고 연민 어린 태도로 인정하게 된다. 우리는 집단원들이 자신의 회복을 주도할 수 있다고 느끼면서 집단을 떠나는 것을 목격하였다. 집단리더는 집단에서 자기통제감을 획득하는 것에 대해 집단원들과 다음과 같은 구체적인 방식으로 이야기를 나눌 수 있다.

- 전에는 다른 사람들에게 결코 드러낼 수 없었던 것들, 심지어 때로는 자신에게도 드러낼 수 없었던 것들을 드러낼 수 있음을 깨닫는 것
- 당신의 회복에 도움이 되었던 전략이 다른 사람에게도 제안해줄 수 있는 좋은 전략이 되는 것
- 다른 사람들이 어떻게 치료를 활용했는지 들으며 자신도 성공적으로 활용하고 있음을 깨닫는 것
- 집단에 머무는 것을 참아내고 타인에게 도움이 되는 것
- 다른 사람들로부터 긍정적인 관심을 받는 것
- 집단에서 자신의 피드백과 존재가 다른 사람들에게 의미 있음을 보는 것

최근 집단 말미에 한 집단원은 이렇게 말했다. "이제 좀 더 잘 이해할 수 있는 것 같아요. 일어난 일은 바꿀 수 없지만, 여기에서 일어나는 일은 바꿀 수 있다는 것을요. 올해 대학 공부를 시작할 때 제가 잘 해낼 수 있다고 믿는 것은 제 몫이에요. 저보다 15살이나 어린 사람들이 저보다 10보 앞서 있다고 느끼지 않도록 노력할 거예요."

트라우마 정보 집단의 개관과 설명

집단 구성

TGI는 보통 8-10명의 집단원으로 구성되며, 이상적으로는 2명의 심리치료사가 공동으로 이끈다. 그러나 한 명의 심리치료사가 혼자 리더 역할을 할 수도 있다. 집단은 아직 회복 초기 단계에 있는 사람들을 위해 설계되어 있기 때문에, 상대적으로 제외 기준이 적은 편이다. 집단원들은 안전한 환경에서 거주하고 있는 상태여야 하고, 극심한 정신병적 상태여서는 안 된다. 금주가 필수는 아니지만, 집단원들은 취한 상태에서 집단에 나타나지 않겠다고 약속해야 한다. 또한, 집단원들은 회기가 진행되는 동안 자살 충동에 의해 행동하지 않겠다는 약속을 해야 하고 확고한 안전 수칙을 숙지하고 있어야 한다. 일부 집단은 동시에 개별 심리치료를 받도록 권고하지만 이 요구 사항은 집단원들의 일반적인 안정성과 다른 사회적 지지에 따라 유연하게 운영될 수 있다. 마지막으로, 집단원들은 비록 개인 심리치료에서만이었을지라도 트라우마 경험과 그 영향에 대해 이야기를 해 본 기본적인 경험을 가지고 있어야 한다.

접수면접 과정

현재 표준 접수면접 과정은 내담자가 집단에 적합한 경우, 간단한 초기 전화 면접과 후속 대면 인터뷰가 진행된다. 대면 인터뷰 후, 집단리더는 내담자의 동의하에 치료팀과 상의하는 과정을 거친다. 사전심사(Screening) 과정의 각 단계에 대해서는 아래에 자세히 설명하였다. 이 절차는 환경과 환자에 맞게 변경 가능하다.

전화 사전심사

각 예비 집단원과 사전 전화 심사를 실시하면서 그의 관심사에 대해 이야기하고 집단과 집단원으로서의 요건에 대한 전반적인 정보를 제공하는 것이 좋다. 내담자가 집단에 적합하지 않는 경우, 사전심사에서 이를 발견하여 시간과 자원을 절약할 수 있다. 이러한 전화 면접은 보통 매우 짧게 진행되지만, 다음과 같은 특정한 중요한 주제를 다룰 것을 권장한다.

1. 집단리더는 내담자가 트라우마 집단에 참여하는 것에 관심이 있다는 것을 확인하고, 집단 시간과 기간에 대한 정보를 알려주고, 어떻게 집단에 신청하게 되었는지를 확인한다.
2. 집단리더는 집단에 대한 몇 가지 기본적인 정보를 제공한다. 특히 이 집단은 외상 경험을 자세하게 드러내는 게 아니라 외상 사건의 영향에 대해 논의하는 것에 초점을 둔다는 점을 설명한다. 처음부터 집단의 이러한 측면에 대해 설명하는 것이 중요하다. 그렇지 않으면 내담자는 추후 집단에서 외상 경험에 대해 자유롭게 말할 수 없다는 사실에 속았다는 느낌 또는 저지당하는 느낌을 받을 수 있다. 리더는 다음과 같이 설명할 수 있다.

   "집단에 관심을 가져주셔서 감사합니다. 집단에 대해 조금 설명드리자면, 이 집단은 트라우마를 경험한 사람들이 그러한 경험이 계속해서 자신의 삶에 어떠한 영향을 주고 있는지 알아보고 그에 대해 도움을 받을 수 있는 장이에요. 매주 우리는 트라우마가 생존자에게 미치는 다양한 영향에 대해 이야기할 것입니다. 각 사람에게 일어난 사건 자체에 대해 자세하게 이야기하지는 않아요. 그 경험이 현재 우리에게 어떤 영향을 미치고 있는지에 초점을 둡니다. 예를 들어, '신뢰'라는 주제로 진행되는 회기에서 누군가 삼촌과 아버지에게 성적 학대를 받은 경험 때문에 누군가를 신뢰하는 것이 어렵다고 말할 수 있지만 '제가 6살 때에는 어떠어떠한 일이 있었고, 8살 때에는 어떠어떠한 일이 있었어요. 이런 제가 어떻게 누군가를 신뢰할 수 있겠어요?'라는 식으로 나누지 않지요. 집단에 있는 모두가 감당할 만한 수준의 나눔을 유지하기 위해서 세세한 사항까지 나누는 것은 제한될 거예요. 혹시 여기에 대해 질문이 있으신가요?"

3. 내담자가 여전히 집단에 참여하길 원한다면, 리더는 이제 참여를 위한 기준에 대해 이야기를 이어간다. 만약 치료자와 내담자가 이 집단이 내담자에게 적절해 보인다고 동의하는 경우, 치료자는 내담자를 대면 사전심사 단계로 이끈다. 만약 내담자가 명백하게 집단에 적합하지 않다고 판단되면, 이 내담자는 지역사회의 다른 기관으로 의뢰될 수 있다.

대면 사전심사

집단치료에 대한 관심

집단리더는 후보 집단원에게 어떻게 집단에 관심을 갖게 되었는지, 집단에 참여함으로써 얻고 싶은 것이 무엇인지 물어본다. 예를 들어, 많은 내담자들은 "저는 덜 외롭고 싶어요. 아무도 믿지 못할 가능성이 높지만, 그래도 관계 맺는 일을 시도해 보고 싶어요."라고 말하거나 "제 목표는 트라우마가 저에게 어떤 영향을 주고 있는지 이해하는 것입니다."라고 말한다.

만약 후보 집단원이 소수자일 경우 —예를 들어, 집단에서 유일한 유색 인종일 경우— 집단에 참여하는 것에 동의하기 전에 이 사실을 인지하는 것이 중요하다. 리더는 "당신이 이 집단에서 유일한 유색 인종일 것이라는 사실을 미리 알려드리고 싶어요. 과거에도 비슷한 상황에 있던 분들이 계셨는데, 한 측면에서 소수자라는 것이 집단으로부터 도움을 받는 것을 방해하진 않았어요. 하지만 이건 당신의 선택입니다. 이 점에 대해 어떻게 생각하세요?"라고 말할 수 있다.

개인 상담

TIG에 참여하기 위한 조건으로 개인 상담을 반드시 받고 있을 필요는 없지만, 받고 있는 경우 도움이 된다. 개인 상담을 받고 있어야 한다는 조건을 내세우는 것은 대부분의 치료적 환경에서 실용적이지 않다. 집단리더는 몇 가지 중요한 질문을 염두에 두고 잠재 집단원에게 상담 및 치료 경험에 대해 물어본다. 만약 내담자가 현재 개인 상담을 받고 있는 중이라면, 상담에 대해 좀 더 자세히 물어볼 필요가 있다. 상담을 받는 기간, 상담 주기, 상담에서 다루고 있는 주제들에 대해 물어본다. 만약 내담자가 현재 개인 상담을 받고 있지 않은 경우, 내담자가 필요시 도움을 요청할 수 있는 사람이 있는지 물어본다. 비슷한 문제로 고민하는 사람들의 모임이 이러한 사회적 지지 역할을 할 수도 있다. 개인 상담을 받고 있지 않고, 사회적 지지원 또한 전혀 없는 사람은 집단에 참여시키지 않는 것이 좋다.

이 단계에서 중요하게 평가할 부분은 해당 잠재 집단원이 상담자 또는 다른 지지적인 사람들과 어느 정도의 유대감을 느끼고 있는지다. 이것은 내담자가 애착을 형성하고 궁극적으로 집단으로부터 도움을 받을 수 있는 능력을 나타내기 때문이다. 또, 자신이 집단으로부터 도움을 얻기 위해 어떤 능력을 갖고 있다고 생각하는지 내담자에게 직접 물어보기도 한다. 이에 잠재 집단원은 "기회가 주어진다면 저는 1시간 동안 계속 이야기할 수 있어요."라고 말할 수 있다. 그렇다면 리더는 이렇게 반응해주는 것이 좋다. "그 점에 대해 잘 언급해 주셨어요. 왜냐하면 쉴 틈 없이 말하고 있다는 느낌은 집단뿐만 아니라 당신에게도 도움이 되지 않아요. 제가 당신을 저지한다는 느낌을 주지 않으면서 당신이 쉴 틈 없이 이야기하는 걸 방지할 수 있는 방법에 대해 함께 이야기해 볼까요?"

트라우마 이력

내담자의 과거 외상 경험에 대한 기본적인 질문을 한다. 이때 수집하는 정보는 어린 시절의 신체적 또는 성적 학대, 성매매, 가정폭력이나 성인폭행의 목격이나 경험이 포함될 수 있다. 이런 정보를 모으는 것은 다음 몇 가지 이유로 중요하다. 초기 회복 단계에 있는 많은 내담자들은 자신의 트라우마 경험에 대해 어떻게 이야기해야 하는지 모를 수 있기 때문에, 집단리더는 면접을 하는 동안 내담자가 트라우마 경험에 대해 어떤 식으로 이야기하는지에 대해 감을 잡아야 한다. 내담자의 트라우마 이력 정보는 집단리더들이 집단 구성에 대한 결정을 할 때에도 중요하다.

안전한 환경

내담자들의 현재 거주 환경은 물리적으로나 정신적으로 안전해야 한다. (예: 파트너나 아이들에 의해 학대당하고 있거나 가해하는 부모를 돌보는 상황이 아니어야 함.) 다음과 같은 질문들을 할 수 있다.

"현재 누구랑 살고 있나요? 그 사람(들)과의 관계가 안전하다고 생각하나요?"
"파트너에게 신체적으로나 정서적으로 피해를 입는 것에 대해 걱정하고 있나요?"

약물 남용

심각한 물질남용 문제나 일차 물질남용 장애를 가진 내담자는 집단에 참여하기 위해 집단 회기가 진행되는 동안 음주 또는 약물 사용을 모니터링할 것을 약속해야 한다. 또한 모든 집단원은 집단에 참여할 때 맨정신의 상태일 것을 약속해야 한다. 집단리더는 비록 TIG가 구조화되어 있고 잘 구분되어 있지만, 트라우마 집단에 참여하는 것은 강렬한 감정을 불러일으키고 기존의 문제들을 악화시킬 수 있다는 것을 강조할 수 있다. 내담자가 이미 약물이나 술을 자가 치료용으로 사용하는 경우, 집단에 참여하는 동안 약물 사용량이 증가할 수도 있다. 물질남용에 대한 질문을 하는 목적은 내담자에게 약물문제가 얼마나 심각한지, 일상생활의 다른 영역에서는 얼마나 효과적이고 기능적으로 살고 있는지, 그리고 물질 사용이 얼마나 큰 위험을 초래하는지에 대해 평가하는 것이다. 보통 "약물이나 술을 사용하는 것이 고통을 극복하려는 노력으로 생각되나요?"라고 질문하며, 약물 남용 문제가 간헐적으로 있는 내담자라면, 이 집단에 참여하는 것이 얼마나 현실적으로 가능한 일인지를 물어본다. TIG가 초기 회복 집단이라는 점을 고려하여 약물을 사용한다는 이유로 집단원을 배제시키지는 않는다. 예를 들어, 어떤 집단원이 대체로 일상에서 잘 기능하고, 일하러 다니고, 자신에게 주어진 일들을 잘 이행하고 있지만, 밤에 수면을 위해 대마초를 사용하는 경우, 집단에 참여하는 것을 허락할 수 있을 것이다. 이 지침서를 읽고 있는 독자들은 이러한 사안에 대해 각자의 상황에서 현명한 임상적 판단을 내리기를 바란다. 예를 들어, 한 내담자는 자신의 약물 남용에 대해 이렇게 말했다.

> "저는 몇 년 동안 술을 끊으려고 노력하고 있지만, 12개월 동안 꾸준하게 금주에 성공한 적은 없어요. 항상 거의 1년을 채워 갈 때즈음 아버지가 저한테 연락을 하거나 언니나 오빠에게 연락이 와서 어머니가 저와 연락하고 싶어 한다고 말해요. 그러면 저는 바로 그만 자제력을 잃고 말죠. 절대 성공할 수 없을 것 같아요. 이 일에서도 그렇고 다른 어떤 것도."

이 경우, 집단리더는 내담자가 알코올 중독자 모임에 더 자주 참여하는 등의 노력을 하면서 TIG 집단에 참여할 것을 제안하였다. 내담자는 집단이 진행되는 동안 금주할 것을 약속했고, 성공했다.

안정성 평가

많은 트라우마 생존자들은 자살 사고나 자해 충동을 경험한다. TIG 참여 자격을 얻기 위해, 후보 집단원들은 그러한 충동에 따라 행동하지 않겠다고 약속해야 하며, 만약 증상이 악화되고 있다고 느껴질 경우 집단리더에게 반드시 말해야 한다. 물질남용과

마찬가지로, 리더들은 내담자가 집단에 참여함으로써 자해 사고가
더 악화될 수 있다는 점을 경고해야 한다. 그러나 만약 내담자의
자살 사고가 비교적 만성적이어서 매일 그것과 씨름하고 있다면,
집단과 동시에 개인 상담을 받을 수 있는 경우에만 집단에 들어올
수 있게 된다. 몇 가지 예시 질문은 다음과 같다.

"자신을 해치거나 죽고 싶다는 생각에 고통받고 있습니까?"
"그런 생각에 따라 행동한 적이 있나요?"
"정신적인 문제로 입원한 적이 있습니까? 어떤 상황이었습니까?"
"이런 감정이 올라올 때 어떻게 대응하나요? 무엇이 자해나 자살
  행동을 하지 않도록 막아주나요?"

이 마지막 질문에 대한 대답으로, 잠재 집단원은 살아야 하는
긍정적인 이유들을 언급할 수 있어야 한다.
이 면접에서는 정식 정신상태 검사를 실시하지 않는다. 대다
수의 내담자들이 개인 상담을 진행 중이기 때문에, 검사 실시와
내담자에 대한 진단 및 외향적 특징에 대한 정보 제공을 개인 상
담자에게 의뢰할 수 있다. 하지만 만약 내담자가 개인 상담을 받
고 있지 않다면, 진단 정보와 위기 사항에 대한 정보를 면접을 통
해 얻어야 한다. 만약 내담자가 양극성 장애와 같은 심각한 정신
질환으로 진단받은 경우, 내담자가 자신의 증상들이 감당할만하다
고 느끼는지 확인하는 것도 중요하다. 이런 내담자에게는 약물 치
료를 권유하고 의사를 통해 내담자의 증상에 대한 정보를 얻도록
한다.

삶의 환경과 사회적 지지

집단리더는 내담자들에게 트라우마 집단에 참여하는 것이 여러 감정을 불러일으킬 수 있고 도전적일 수 있다고 설명해주면서, 정서적 지원이 필요할 때 누구에게 연락하는지 물어본다. 내담자의 친구관계, 리더와 같은 전문적인 도움, 종교적인 모임이나 회복 공동체 같은 사회적 연결망에 대해 질문한다. 내담자는 정서적 고통이 심할 때 의존할 수 있는 대처 전략을 가지고 있어야 한다. TIG가 회복의 초기 단계에 있는 사람들을 위한 집단이라는 것을 감안할 때, 이러한 대처 전략이 내담자에게 아직 낯설고 검증이 덜 되었을 수도 있더라도 말이다. 예시 질문은 다음과 같다.

"기분이 좋지 않은 날, 당신에게 일어날 수 있는 최악의 상황은 뭘까요? 그럴 때 어떻게 대처하나요?"
"어려운 일이 있을 때 스트레스에 어떻게 대처하나요?"

집단이 정서적인 스트레스를 유발할 수 있기 때문에, 내담자들이 집단 회기 동안 이혼, 이사, 대수술 같은 삶의 큰 변화를 계획하지 않는 것이 중요하다. 이를 위해 "향후 6개월 동안 당신 인생에 큰 변화가 일어날 가능성이 있나요?"와 같은 질문을 할 수 있다. 또한 삶에서 중대한 변화가 있는 경우 집단에 잘 참여하는 것이 어려워질 수 있다는 점을 설명한다.

안정적인 출석과 집단 규칙에 대한 약속

집단의 출석 규칙은 다음과 같이 설명된다. 집단원은 매 회기 집단에 참석하고 제시간에 도착해야 한다. 내담자 스스로 이 규칙

을 지킬 수 있다고 생각하는지 직접적으로 물어봐야 한다. 어떤 내
담자가 규칙을 지킬 수 있을 것 같지만, 한 회기는 결석해야 할 것
같다고 미리 알린다면, 이런 상황은 받아 들여질 수 있다. 하지만
이에 대해 사전에 집단에 알리도록 해야 한다. 내담자들에게 자신
의 출석여부가 다른 집단원들에게 얼마나 중대한 영향을 미치는지
설명을 해줘야 한다. 누군가 공지 없이 한 주를 빠지면, 다른 집단
원들은 그 집단원에 대해 걱정하게 된다. 많은 트라우마 생존자들
은 자신이 다른 사람에게 얼마나 중요한지를 인식하지 못하기 때
문에 자신이 집단에 결석했을 때 다른 사람들이 느끼는 아쉬움 등
에 대해 잘 가늠하지 못한다.

필요한 경우, 개인 상담자에게 연락하기

사전심사의 마무리 단계에서 집단리더와 내담자 모두 이 집단
이 내담자에게 적합하다고 판단하였다면 내담자의 집단 참여에 대
한 결정은 내담자의 개인 상담자(만약 개인 상담을 받고 있는 중이라
면)와도 상의되어야 한다. 내담자는 집단리더가 자신의 개인 상담
자와 연락하는 것을 허락하는 동의서에 서명하도록 하며 집단리더
는 집단에서 이루어지는 작업이 개인 상담에서의 작업에도 통합될
수 있도록 내담자의 개인 상담자와 협력하는 것이 중요하다는 점
을 내담자에게 설명한다.

집단리더들은 개인 상담자가 제공한 정보가 있는 경우 그것에
대해 함께 논의하고, 집단 수퍼바이저의 자문을 통해 내담자가 집
단에 적합한지 결정해야 한다. 그리고 나서 최종적으로 집단 참여
가능 여부를 내담자에게 전화로 연락하여 알린다.

내담자가 집단에 참여할 준비가 되지 않았다는 결론이 나게
되면 집단리더는 그렇게 판단한 이유를 내담자에게 전달한다. 예

시 사례로, 개인 상담자를 통해 내담자가 수년에 걸쳐 여러 집단에 참여했지만 약물 남용의 재발로 인해 집단에 자주 결석한 이력이 있다는 것을 알게 되었다. 집단리더들은 내담자가 금주에 집중하면서 약물회복을 위한 집중 외래 프로그램에 참여해볼 것을 권유했으며, 추후 약물 관련 문제가 조금 더 안정되었을 때 TIG를 고려하는 것이 좋겠다는 의견을 전달하였다.

앞의 예시에서와 같이 내담자가 사전심사를 통해 제외되는 경우, 집단리더는 내담자의 상황을 트라우마 회복 단계의 맥락에서 바라보려고 노력해야 한다. 예를 들어, 내담자가 약물 남용 회복에 더 집중하는 것은 안전, 안정화, 증상 관리 및 자기돌봄을 포함한 1단계 트라우마 작업의 또 다른 형태가 된다. 이는 다음 예시에서처럼 내담자에게 잘 전달되어야 하는 중요한 개념이다.

최근 집단 사전심사 과정 중 한 후보 집단원은 자신이 현재 법적 문제를 겪고 있으며 지난 2개월 동안 금주를 실천했다고 말했다. 집단리더는 현 시점에서 해당 내담자가 집단에 참여하는 것이 적절하지 않다고 생각했고, 다음과 같이 피드백을 주었다.

"집단에 참여하는 것은 대개 사람들에게 강한 감정을 불러일으키곤 합니다. 아마 지금 겪고 있는 법적 문제들로 인해서 이미 감정적으로 힘들 것 같아요. 또, 말씀하신 대로 금주를 실천한 지 얼마 되지 않았고요. 집단으로 인해서 당신이 부적응적인 대처 방식으로 다시 돌아갈 수 있는 위험을 감수하게 하고 싶지 않습니다. 상황이 더 안정될 때까지 기다렸다가 집단에 합류하는 것이 회복 과정의 일부라고 볼 수 있겠죠? 트라우마를 회복하기 위해서는 자신의 속도를 조절하는 법을 배우고 이를 회복 과정의 일부로 보는 것이 매우 중요해요."

이 외에도 특정 내담자의 트라우마 경험이 다른 집단원들의 트라우마 경험과 어떤 면에서 본질적으로 다른 경우에도 집단에서 제외될 수 있다. 예를 들어, 자연재해나 차 사고 생존자에게는 TIG 집단이 적합한 집단이 아닐 수 있다. 집단리더는 이에 대해 설명할 때, 그들의 트라우마가 덜 힘들어서가 아니라 이 집단 모델은 주로 대인관계 폭력, 유기 및 학대의 장기적인 영향에 초점을 맞추기 때문임을 강조한다. 비슷한 맥락에서 살인 사건의 생존자 또한 TIG 에 적합하지 않을 수 있는데, 이들의 외상적 사별의 역동은 상당히 독특하고 TIG 모델에서 충분히 다루어지기 어렵기 때문이다 (외상적 사별에 대한 논의는 Aldrich & Kallivayalil, 2013 참조).

전반적인 구성

집단은 매주 60분, 총 10회기의 만남을 가지기 때문에 전체적으로 봤을 때나 개별 회기 단위로 봤을 때 크게 부담스러운 양의 시간을 요구하지 않는다. 치료집단의 경우, 1시간은 일반적으로 짧은 시간으로 간주되나 이 모델은 짧은 집단 회기 진행을 권장한다. 이는 TIG가 탐색적인 집단이기보다는 서로를 담아내 줄 수 있는 집단을 제공하려는 목적을 가지고 있기 때문이며, 이러한 기본 구조는 집단원들에게 트라우마와 관련된 감정을 견딜 수 있는 조절된 경험의 기회를 제공한다. 동시에, 우리는 이러한 집단 기간이 집단원들 사이에 기본적인 신뢰와 유대를 형성하기에 충분한 기간이라는 것을 확인한 바 있다.

집단은 회기가 예측 가능하고 대인 간 상호작용이 트라우마 경험의 세부사항이 아닌 주제 영역을 중심으로 진행될 수 있도록 구조화되어 있다. 집단의 시간 제약은 리더와 집단원들이 철저하게 집단의 구조 안에서 참여할 수 있도록 촉진한다.

집단 회기 구조

각 회기는 유사한 방식으로 구조화되어 있어 집단원들에게 안정감을 준다. 먼저 간단한 체크인 시간 후, 이완 활동과 그라운딩(grounding) 활동이 진행된다. 다음으로 심리교육적 활동지에 기반하여 주제 중심의 토론이 진행된다. 마지막으로 안전을 강조하는 짧은 마무리 시간이 있으며, 회기에 대한 마지막 성찰을 하면서 해당 주의 집단을 종료한다. 각 집단 회기에 대한 자세한 설명은 3장에서 다루었다.

체크인 활동

집단은 각 집단원이 어떤 상태인지, 집단에 어떤 마음으로 참여하고 있는지 간단히 확인하는 체크인 활동으로 시작한다. 이를 통해 각 집단원은 즉각적으로 자신의 목소리를 낼 수 있는 기회를 얻게 되며, 점차 집단에 참여하는 것을 더 편하게 느낀다. 많은 집단원들은 이러한 집단 상황에 참여해본 적이 없어 이러한 경험이 두렵다고 보고한다. 일부 집단원은 전체 집단 토론에 참여하는 데 어려움을 느끼며, 돌아가면서 차례대로 이야기를 해야 하는 상황에서만 참여한다. 이러한 집단원들은 집단에서 자신의 이야기를 꺼내기까지 몇 주가 걸릴 수 있다. 체크인 활동은 공동리더들과 집단원들이 서로의 이야기를 보다 더 분명하게 들을 수 있는 기회를 보장한다. 또한 자신의 이야기를 나누기 어려워하는 집단원들이 침묵을 깰 수 있도록 부드럽게 격려한다.

이완 활동

다음으로, 집단리더 중 한 명은 집단원들이 집단에 들어와 현재의 순간에 집중할 수 있도록 하는 간단한 이완 활동을 진행한다. 회기 초반 진행되는 그라운딩 활동은 특히 심각한 과잉 각성 또는 해리 증상으로 어려움을 겪는 많은 트라우마 생존자에게 도움이 될 수 있다. 집단에서 해보는 이러한 활동이 도움이 된다고 생각되면, 집단 밖에서도 이를 사용할 수 있게 된다.

보통 이완 활동은 대부분의 사람들이 좋아하지만, 안전함을 느끼기 위해 어느 정도 각성을 유지해야 하는 생존자들의 경우 이 활동을 어려워할 수 있다. 집단원 일부는 눈을 뜨고 참여할 수 있는 선택권이 주어지면 이 활동을 더 견딜만하다고 느낄 수 있다. 어떤 이들은 이 시간 동안 그저 조용히 앉아 있는 것을 선호할 수도 있다.

일반적으로 제공되는 이완 활동에는 두 가지 유형이 있다. 첫 번째는 호흡과 결합된 점진적 근육 이완의 한 형태이다. 집단원들은 일반적으로 눈을 감도록 요청을 받지만, 눈을 뜨고 있을 수 있는 선택권이 항상 주어진다. 이 활동 동안 리더들은 부드럽고 차분한 목소리로 말하고 숨소리는 과장해서 낸다. 그런 다음 집단원들이 신체의 다양한 부분을 긴장시키고 이완시킬 수 있도록 안내한다. 두 번째 유형의 이완 활동은 대근육 운동을 수반한다. 이 활동을 하는 동안 집단원들은 눈을 뜰 수도 있고 감을 수도 있다. 리더는 집단원들이 신체의 다양한 부분을 스트레칭하고 움직일 수 있도록 안내한다. 이 두 번째 활동의 목적은 집단원들이 점점 더 자신의 몸을 직접적으로 느끼고 몸이 자신을 위해 움직이고 있음을 느끼도록 돕는 것이다. 두 가지 활동 모두 인지적인 요소 또한 포함하고 있는데, 집단원들은 자신이 집단에 참여함으로써 지속적으로 회복에 대한 작업을 하고 있음을 깨닫도록 격려를 받는다.

주제/활동지 토론

이 도입 단계가 끝나면 해당 회기의 주제를 중심으로 토론이 진행된다. 이 주제들은 많은 연구뿐만 아니라 VOV 프로그램을 통해 축적된 임상 경험에 근거하여 트라우마의 영향 및 회복과 관련된 중요한 영역들을 다루기 때문에 선정되었다. 각 회기에서는 주제와 연관된 활동지가 사용된다. 공동리더가 활동지의 내용을 소리 내어 읽을 때 집단원들도 눈으로 따라 읽을 수 있도록 각 집단원에게 활동지가 제공된다. 활동지는 여러 부분으로 이루어져 있는데, 집단리더들은 부분 단위로 번갈아가면서 읽고, 각 부분을 읽고 나서 그에 대해 집단원들 간의 토론을 촉진한다. 집단리더가 대표로 활동지를 소리 내어 읽는 이유는 문해력이 부족하거나 집단에서 사용하는 언어가 제2외국어인 집단원들이 읽기 수행 불안을 겪을 수 있는 상황을 피하기 위해서다. 또한, 발달 및 인지 장애가 있는 집단원이 집단에 참여하는 경우, 개인 상담자와 미리 활동지를 공유하여 개인 상담 과정에 활동지의 내용을 통합시켜 준비된 상태로 집단에 참여할 수 있도록 한다.

집단은 트라우마 및 외상후 스트레스가 자신의 인지적, 영적, 정서적 경험 및 기타 트라우마 관련 증상과 같은 다양한 경험의 차원에 미치는 광범위한 영향을 탐색하는 것에서부터 시작한다. 이 주제가 첫 주제로 다루어지는 이유는, 이것이 집단원에게 자신의 경험을 조직화할 수 있는 틀을 제공하고 트라우마와 회복에 대한 다양한 개념을 가장 일반적이고 포괄적인 방식으로 소개해 주어 집단원들에게 소속감과 응집력을 심어주기 때문이다. 그런 다음, 2회기에서는 안전과 자기돌봄 주제를 다루고, 3회기에서는 신뢰 주제를 다룬다. 집단원의 참여도와 서로 공감하는 능력으로 측정되는 집단 응집력의 정도가 더 높아지게 되면, 수치심과 자기비난, 분노, 신체상 등 더 어렵고 여러 감정들을 불러일으키는 주제들을 다루게 된다. 마지막 회기(관계, 과거의 의미 만들기 및 회복 과정)는 지속적인 회복과 성장을 위한 틀을 제공해 준다.

　일반적으로 각 활동지는 건강한 경계를 가진 가정의 어린이가 발달 과정에서 경험하게 될 내용을 설명하는 부분으로 시작한다. 예를 들어, 다루고 있는 주제가 신체상인 경우, 아기가 편안함, 따뜻함 및 보살핌에 대한 자신의 욕구를 다른 사람들이 충족시켜줄 수 있다는 것을 이해하게 된다는 점을 살펴본다. 그런 다음, 아이들이 자신의 신체 활동과 능력에 대한 격려가 필요하다는 것과 그러한 격려가 건강한 신체상을 발달시키는 데 미치는 도움이 되는 점에 대해 다룬다.

　건강한 발달에 대한 논의 후에는 트라우마의 영향을 다룬다. 예를 들어, 신체상이라는 주제에 계속 머물러본다면, 활동지는 학대받은 아동은 자신의 신체가 못생기거나 더럽다는 수치스러운 메시지를 노골적으로 받아 왔을 가능성에 대해 설명한다. 또는 학대의 결과로 경험한 고통(또는 쾌락) 때문에 자신의 몸에 문제가 있다고 이해하게 되었을지도 모른다. 그다음으로 활동지는 성인 생존자의 경험을 묘사한다. 신체상에 관한 문화적, 정치적 메시지도 다룬다. 예를 들어, 많은 생존자들은 "내가 경험한 학대 때문에 내 몸은 항상 뭔가 문제가 있는 것처럼 느껴진다."고 말한다. 여기에 리더들은 학대 생존자가 아닌 여성들은 이러한 느낌을 경험하지 않을 거라고 생각하는지 물어볼 수 있다. 이 질문은 모든 여성에게 영향을 미치는 유해한 문화적 메시지에 대한 논의로 이어질 수 있으며, 생존자들이 직면하는 일부 문제를 정상화하는 데 도움이 될 수 있다.

리더들은 활동지 특정 부분에 대해 토론하거나, 자세히 설명하거나, 또는 명확하게 하기 위해 주기적으로 읽는 것을 멈춘다. 이를 수행하는 방법에 대한 회기별 지침은 3장에 자세히 설명되어 있다. 처음에는 몇 집단원이 다른 집단원보다 더 많이 참여할 수 있지만 집단이 진행됨에 따라 일반적으로 참여에 대한 망설임은 줄어든다. 활동지는 집단원들이 좀 더 생각해 볼 몇 가지 관련 질문들로 마무리된다. 집단원들은 복습하기 위해 활동지를 집으로 가져갈 수 있고, 원한다면 개인 상담으로도 가져갈 수 있지만, "숙제"로 요구되지는 않는다.

집단원들은 트라우마 후 경험하는 증상들과 관계에서의 어려움에 대해 나누면서 서로 공통점을 발견한다. 집단은 종종 실험실로 묘사되는데, 이 실험실의 구조 안에서 사람들은 자신의 문제를 다른 사람들과 나누는 위험을 감수하도록 장려된다. 집단에서 다른 사람들과 성공적으로 나눌 수 있게 되면 집단 밖의 실제 삶에서도 동일하게 시도해 볼 수 있게 되기 마련이다.

돌아가면서 나누기 vs. 자유롭게 나누기

집단이 진행되면서 집단원들은 서로 더 편안해지고, 활동지에 대한 토론과 반응이 더 자연스러워진다. 리더들은 공정한 참여를 유도하고 모든 집단원들이 발언권을 갖도록 보장하기 위해 두 가지 주요 전략을 사용한다. 하나는 돌아가면서 나누기다. 활동지의 한 단락을 읽은 후, 리더는 이렇게 말한다. "자, 그럼 우리 돌아가면서 나눠볼까요? 모두 자기비난과 관련된 내용을 듣고 어떤 생각이나 느낌이 들었는지 나눠주세요. ○○씨부터 시작해봅시다."

자유롭게 나누기는 모든 사람의 참여를 덜 명시적으로 요구한다는 점에서 다르다. 오히려 사람들이 질문에 대답하고 싶을 때 바로 할 수 있도록 하며, 서로의 질문에도 대답할 수 있게 해준다. 리더는 "우리가 방금 신체상에 대해 읽은 것에 대해 어떻게 생각하나요? 공감하는 분 있을까요?"라고 물을 수 있다.

각 개입 유형의 이점과 한계는 분명하다. 돌아가면서 나누기에서는 모든 집단원의 목소리를 들을 수 있지만, 때때로 규범적이고 어색하게 느껴질 수 있다. 반면, 자유롭게 나누기는 더 자유분방하고 자연스럽지만, 일부 집단원이 토론을 지배하게 될 위험이 있고, 집단원들 간의 갈등을 초래할 수 있다.

마무리 체크인

활동지에 대한 토론이나 회기가 종료되기까지 몇 분 남지 않았을 때, 집단리더는 간단하게 마무리하는 시간을 갖자고 이야기한다. 이 시간에는 회기가 끝나는 지금 어떤 마음이 드는지, 오는 한 주 동안 안전 및 자기돌봄을 유지할 수 있을지, 그리고 다음 회기에도 참여할 것인지 등에 대해 이야기한다. 마무리 체크인은 집단원 각자 자신의 경험을 되돌아볼 수 있게 해주고, 집단리더들에게 위험요소에 대한 중요한 정보를 제공하며, 집단에 대한 지속적인 헌신을 격려한다.

(특히 초기 회기에는) 집단에서 구체적인 나눔이 많이 이뤄지지 않았을 수 있기 때문에 마무리 체크인을 통해 누구든 안전하다고 느껴지지 않는 경우 집단리더가 개입할 수 있도록 이야기해달라는 요청을 할 수 있다. 중독, 자해 및 자살 충동으로 계속해서 어려움을 겪는 집단원들이 있을 수 있기 때문에, 이러한 조치는 집단원의 안전이 집단의 주된 관심사이며 지속적으로 모니터링 될 거라는 확신을 준다. 또한 각 집단원은 자신의 동료 집단원들이 보살핌을 받을 것이라는 것을 알고 안심하고 집단을 떠날 수 있게 해준다.

자신의 안전을 보장할 수 없는 집단원은 집단리더들과 함께 남아있도록 요구되며, 집단리더는 상황을 평가하고 안전 계획을 수립하기 위해 필요한 조치를 취할 것이다. 많은 경우, 도움이 될 수 있는 (지지적인) 사람, 친구, 금주모임 담당자 또는 리더에게 전화를 하는 것만으로도 충분할 수 있다. 집단리더들이 안전에 대한 문제를 알아차리고 시간을 들여 개입해주었다는 사실은 고통을 숨기며 고립된 상태에서 견디는 데에만 익숙한 생존자들에게 상당히 의미 있는 일일 수 있다.

결 론

이 장에서는 TIG의 구조와 형식을 살펴보고, TIG의 구조를 집단의 목표와도 연결 지어보았다. 집단의 목표에는 트라우마의 영향에 대한 이해를 증진하고, 고립과 수치심을 줄이며, 자기연민, 감정조절 및 대처 능력을 향상시키는 것이 포함된다. 이 장에 제시된 임상 사례는 안전하고 예측 가능한 집단 구조를 만들고, 심리교육을 제공하고, 점진적인 자기개방을 촉진하는 것이 어떻게 집단

원 간의 유대감을 증진시키는지에 대한 "실제와 가까운" 설명을
제공하기 위해 제시되었다. 또한 집단의 환경과 집단원의 구성에
따라 수정되거나 조정될 수 있는 전화 및 대면 사전심사에 대한 몇
가지 임상적인 지침에 대해서도 논의하였다. 다음 두 장에서는 회
기별 지침 및 설명과 함께 TIG를 진행하는 데 있어 필요한 실제적
이고 기본적인 사항들에 대해 간략히 다루고자 한다.

제 3 장

1, 2회기의 구조와 내용

1, 2회기의 구조와 내용

이 장은 TIG 회기별 내용에 대한 개요와 집단의 대인관계적 과정을 발전시키기 위한 지침을 제공한다. 각 회기별로 주제 활동지, 토론을 유도하고 심화하는 구체적인 방안, 집단리더들이 해당 주제에서 강조할 일반적인 논제, 그리고 집단에서 신뢰와 응집력을 형성하는 데 도움을 줄 수 있는 개입들을 제시하였다. 특히 초심 리더나 활동지 내용에 익숙하지 않은 리더의 경우, 회기별 개요를 따를 것을 권장한다. 이 개요들은 문자 그대로 따르도록 의도된 것이 아니며, 각 리더의 자연스러운 스타일대로 내용의 표현과 전달방식이 달라져야 한다. 이 장에서는 1회기, 2회기에 대한 정보를 실었다.

1회기: 트라우마의 영향: 외상후 스트레스 반응들

TIG의 첫 번째 회기는 집단원 환영 및 소개, 집단의 목적과 구조 검토, 기본 규칙 설명, 오늘의 주제 소개, 집단원 간 안전감 및 신뢰 형성 등 여러 목표를 달성한다. 일반적으로 집단원들은 동시에 집단 공간으로 초대된다. 집단이 진행되는 방에는 의자들이 원형으로 미리 배치되어 있어야 하며, 적당한 조명 및 온도로 세팅되고, 외부 소음이나 방해는 최소화되어야 한다. 또한 리더들은 요청된 장애 편의조치가 있다면 이를 제공해야 한다. 일반적으로 집단리더들은 서로 맞은편에 착석하여 집단원들을 향한 시야를 최대한 넓게 확보하고 집단원 간의 의사소통을 촉진한다.

첫 번째 회기의 주제인 "트라우마의 영향"은 트라우마 경험이 현재 기능에 영향을 미칠 수 있는 무수한 방식에 대해 집단원들을 교육한다. 모든 집단원들이 트라우마 관련 증상들로 고통을 받고 있기 때문에, 이 주제는 그들 사이에 공감대를 형성해주기 시작한다. 증상들과 반응들을 요약한 첫 번째 활동지는 집단원들이 손에 잡히는 무언가에 집중할 수 있게 하고, 토론의 기준점을 제공함으로써 불안을 감소시킨다.

회기 개요

1. 집단리더와 집단원 소개하기
2. 일정 검토하기
3. 집단 구조와 나눔 방식에 대해 설명하기
4. 지침에 대해 설명하기
5. 자료 배부하기
6. 두 번째 자기 소개하기
7. 주제 소개하고 토론하기
8. 마무리 체크인으로 마치기

회기 내용

회기의 내용은 아래에 자세히 기술되어있다. 집단리더가 다뤄야 하는 주요 사항들은 우리가 실제로 집단을 진행했던 방식과 유사하게 간단하고 직접적인 언어로 제시하였다. 리더는 진행하면서 때때로 잠시 멈추고 집단원에게 질문이 있는지 물어봐야 한다. 토론을 활성화하는 방법에 대한 구체적인 지침 또한 제공하였다.

1. 집단리더와 집단원 소개하기

리더들은 우선 자신을 소개한 후, 집단원들에게도 이름, 사는 지역, 하는 일 등 자신에 대해 몇 마디 말하도록 한다. 집단리더는 소개가 약 3~4문장 정도면 적당하다는 점을 강조할 필요가 있다. 이 시작 체크인의 목적은 모든 사람의 발언을 듣는 것이다. 이 소개는 간단한 시작일 뿐이며, 시간이 지나면서 더 많은 것들을 나눌 수 있게 된다고 알려준다. 이때, 집단리더는 이렇게 말할 수 있다.

> "이제 서로를 소개할 수 있는 시간을 드리려고 해요. 무엇을 나누고 싶은지는 전적으로 각자에게 달려 있습니다. 1~2분 정도로 끝내주세요. 예를 들어 현재 어디에 살고 있는지, 보통 하루를 어떻게 보내는지, 전에도 집단상담을 받아본 적 있는지에 대해 말해주실 수 있겠죠? 3~4문장이면 충분합니다."

전형적인 집단원 소개는 이런 형태일 것이다. "안녕하세요. 제 이름은 리사입니다. 현재 케임브리지에 살고 있고, 45살이고, 학교에서 파트타임 일을 합니다. 저는 상담선생님이 이 집단이 저한테 도움이 될 거라고 말씀해주셔서 왔어요. 지금 상당히 긴장되네요.

이게 제 첫 집단입니다." 혹시 소개를 짧게 끝내지 못하는 집단원
이 있다면, 집단리더들은 다음과 같이 개입할 수 있다. "앞으로 여
러분에 대해 더 많이 나눌 수 있는 기회가 계속 있을 거예요. 이
체크인에서는 서로에 대해 간단하게만 소개할게요." 공동리더들도
자기 소개를 간단히 하고, 각 집단원들이 집단에 이렇게 실제로 온
것은 대단히 의미 있고 용기 있는 첫 단계라는 말을 해준다.

2. 일정 검토하기

집단리더는 첫 회기의 일정을 다음과 같이 요약한다.

"이제 서로 소개를 마쳤으니 나머지 시간은 어떻게 진행될지 설명
해 드릴게요. 먼저, 전체 집단 일정을 살펴보고 집단의 구조에 대
해서 말씀드린 다음, 이 집단에서 하게 될 나눔의 유형과 집단 참
여에 대한 몇 가지 지침을 간략히 설명드리겠습니다. 혹시 질문이
나 걱정되는 부분이 있으시면 말씀하실 수 있는 시간을 드릴게요.
그렇게 한 후에 드디어 첫 번째 주제인 '트라우마의 영향'을 살펴
보도록 하겠습니다. 다른 집단리더와 제가 돌아가면서 주제에 대
한 내용을 읽을 거고, 그것에 대해 모두 함께 이야기하는 시간을
가지도록 하겠습니다. 끝으로, 마무리 체크인이라는 활동으로 오
늘 회기를 마치도록 하겠습니다."

또한, 집단리더들은 전체 집단 일정을 알려주면서, 휴가나 공
휴일 등으로 인해 쉬는 주차를 짚어준다. 이것은 집단이 예측 가능
하게 느껴질 수 있도록 돕고, 각자 사전 계획을 할 수 있도록 하여
집단원의 긴장을 풀어주고, 안전감을 촉진한다.

3. 집단 구조와 나눔 방식에 대해 설명하기

"이 집단에서 우리는 트라우마 경험이 여러분의 삶에 어떤 영향을 주었고 또 지금까지 주고 있는지에 대해 이야기해 볼 거예요. 이 집단은 먼저 여러분에게 여러 구체적인 정보들을 제공해드리고 나서 그것에 대해 함께 이야기를 나누는 방식으로 진행되어요. 아마 예전에 해보셨던 집단과는 많이 다르다고 느끼실 겁니다. 일정에 명시된 대로 공휴일을 제외하고 매주 1시간 동안 모일 거고, 각 회기는 서로 어떤 상태인지 알아보기 위해 간단한 시작 체크인으로 시작됩니다. 그다음 짧은 이완 활동을 할 건데, 각자의 일상으로부터 벗어나 함께 이곳에 있는 것에 집중하는 데 도움이 될 거예요.

첫 회기는 다룰 내용이 너무 많기 때문에 오늘은 이완 운동을 하지 않고 다음주에 자세히 설명하도록 하겠습니다. 보통 이완 운동이 끝나면 오늘의 주제를 소개해드릴 거예요. 집단 일정에 나와 있듯 매주 토론할 주제가 정해져 있습니다. 주제의 순서에도 의미가 있는데, 집단에서 서로 좀 더 편안해지는 후반부로 갈수록 좀 더 어려운 주제들을 다루게 됩니다. 다른 집단리더와 저는 번갈아가면서 활동지를 읽을 건데, 때때로 멈추고 여러분의 반응과 상태를 살필 거예요. 집단이 끝날 무렵 다시 각자 어떤 상태인지 확인하기 위해 마무리 체크인을 진행할 것입니다. 집단을 떠나기 전에 모두가 안전하다는 것을 확인하는 게 목적이에요. 집단의 어떠한 시점에서도 안전하지 않다고 느껴진다면 알려주세요."

"집단의 기본적인 규칙을 다루기 앞서, 먼저 이 집단에서는 어떤 종류의 나눔이 장려되는지 알려드릴게요. 이 집단의 목표는 여러분이 겪은 트라우마 사건이 여러분의 삶에 어떠한 영향을 미쳤는지 머리와 마음으로 좀 더 잘 이해할 수 있도록 돕는 것입니다. 모두가 집단으로부터 도움을 받으려면 먼저 안전한 환경을 만들어야 해요. 많은 경우, 트라우마 경험이 있는 사람들은 다른 사람의 트라우마 경험의 노골적인 세부사항들을 듣게 되면 굉장히 부담스럽고 고통스러울 수 있어요. 그래서 이 집단에서는 각자 트라우마 경험에 대해 세세하게 나누기보다는 트라우마 경험이 오늘날 우리에게 어떤 영향을 미치는지에 대해 초점을 둘 거예요."

이 부분에서 우리는 집단원들이 집단 내에서 자신이나 타인들을 압도하지 않으면서도 진정성을 유지하는 매우 까다로운 과제를 모델링하고자 한다. 이 집단을 진행하면서 이것이야말로 집단 경험의 도전적인 부분이라는 것을 항상 느낀다. 집단리더는 궁극적으로 언제 집단원들이 강렬한 감정 반응을 보일지 알거나 통제할 수 없다. 예를 들어 최근 한 집단에서 집단원들은 한 집단원이 쓰레기통에서 먹을 것을 찾아 먹곤 했다는 것을 나눴을 때 굉장히 괴로워했는데, 이는 그 이야기를 나눠준 집단원도 리더도 예상하지 못한 일이었다. 집단리더들은 모든 집단원들에게 주의를 기울이고 집단 내에서 필연적으로 고통과 해리가 일어날 수밖에 없다는 것을 인지하면서 집단을 "읽는" 방법을 배워야 한다. 리더는 이것을 자연스러운 현상으로 설명하고, 누구든 힘들면 리더에게 알리도록 격려해야 한다. 이러한 반응이 흔하다는 것을 알 때 집단원들은 자신에 대해 덜 병적으로 느낀다.

집단리더는 이와 같이 이야기할 수 있다.

"이 집단에서 어떤 특정 유형의 나눔이 장려된다라고 말씀드리면, 많은 분들이 혹시 자신이 옳지 않거나 부적절한 것을 말하지 않을까 불안해합니다. 여기에서 요청드리는 방식으로 자기 이야기를 나누는 것이 많은 분들한테 어려운 일이라는 걸 알고 있어요. 아마 처음에는 제대로 하고 있는 건지 스스로 의심이 드실 수도 있습니다. 여러분이 트라우마 경험에 대해 너무 구체적으로 이야기하기 시작하면, 집단리더들이 바로 개입을 할게요. 그럴 때 여러분이 혼난다는 느낌이 들지 않으셨으면 좋겠어요. 우리는 모두가 여기에서 안전하게 함께 있을 수 있도록 노력하는 거랍니다."

리더들은 이 시점에서 질문들이 있는지 물어볼 필요가 있다. 일부 집단원들은 집단에서 자신이 혹시 잘못된 말을 할 수 있다는 가능성에 대해 매우 불안해할 수 있다. 이러한 문제가 제기되면 집단리더는 모든 집단원들이 과연 적절한 수준의 개방이 어느 정도인지를 찾으면서 각자의 트라우마 경험에 대해 이야기하는 방법을 배울 것이라고 설명해준다. 특정 집단원이 자신의 트라우마 경험에 대해 너무 자세히 설명하기 시작하면, 집단리더는 그를 멈추고 그가 하고자 하는 말을 요약해달라고 요청할 것이다. "성호씨, 여기서 당신의 이야기를 잠깐 멈추도록 할게요. 정말 고통스러운 일이라는 걸 알지만, 저는 성호씨가 너무 과한 자기 노출을 하지 않는 수준에서, 그리고 다른 사람들도 견딜 수 있는 수준에서 나누고 있는지 확인하고 싶어요."

4. 지침에 대해 설명하기

그런 다음 리더는 집단의 지침들을 설명해야 한다. 집단의 지침은 비밀 유지, 상호 존중, 집단 진행 중 집단 외 만남 금지, 집단 토론에 참여하고 빠지는 방법, 안전에 관한 기본 규칙, 음식 및 음료, 지각 및 결석에 관한 내용들을 포함한다. 이러한 지침들이 적힌 유인물을 집단원들에게 나누어 주는 것이 종종 도움이 된다. 샘플 유인물은 부록 B에 포함되어 있다.

출석

"집단원들은 모든 회기에 참석하도록 권장됩니다. 집단에 참석할 수 없는 경우 다른 집단원들이 걱정하지 않도록 사전에 알려주시기 바랍니다(사전에 연락할 수 있는 방법 알려주기)."

음식 및 음료

"집단 내 음식물은 반입 금지입니다. 음료는 괜찮습니다. 음식은 집단의 주의를 산만하게 하고 집단원들에게 민감한 문제가 될 수 있습니다."

종종 리더는 집단원들이 이 마지막 말에 고개를 끄덕이는 것을 관찰할 수 있을 것이다. 집단원들이 이렇게 반응한다면 다음과 같이 말할 수 있다.

"지금 몇 분이 고개를 끄덕이신 것 같아요. 생각보다 많은 생존자들이 트라우마 경험으로 인해 음식과 관련된 어려움을 겪습니다. 집단 과정 중에 이 문제를 더 자세히 다루게 될 거예요. 집단 시간에 먹는 것을 금지하는 것이 이 영역에서 어려움을 겪고 있는 분들께 안전감을 주기를 바랍니다."

비밀 유지

"일상에서 여러분에게 지지가 되는 사람들에게 집단에 대해 이야기하는 건 괜찮지만, 그럴 때 어떤 집단원들의 신원이 드러나는 방식으로 하진 않으시길 바랍니다. '홍길동이라는 사람은 트라우마 기억이 떠오를 때 어떻게 하는 게 도움이 되는지 아주 잘 알고 있더라'라고 얘기하기보다는 '집단에 학대 경험으로 인해서 플래시백 증상 때문에 힘들어하는 여성이 있거든. 그분은 기분 전환을 위해서 산책을 많이 한대. 정말 좋은 생각 같아서 나도 해보려고.'

이런 식으로 말씀하시는 게 좋겠죠?

개인 상담 맥락에서는 비밀유지라는 단어가 리더의 책무를 일컫는 방식으로 사용되었을 수 있다. 집단리더는 집단 맥락에서는 비밀이 보장이 되는 안전한 공간이 집단 소속감을 형성하도록 돕는다는 것을 시사한다.

계획된 집단 외 만남 금지

"집단 밖에서 서로 마주치게 된다면 서로의 사생활을 지켜주고 서로를 어떻게 알게 되었는지 밝히지 말아주세요. 집단이 진행되는 동안 집단원들 간의 계획된 외부 만남은 허용되지 않습니다. 그러한 만남들은 집단 작업을 효과적으로 하는 것을 어렵게 만드는 복잡한 역동들을 만들어낼 수 있기 때문입니다."

안전

"이 집단에 참여하기 위해서는 집단원들은 안전한 생활 환경에서 금주를 실천하며 자해하지 않아야 합니다. 만약 이러한 문제로 어려움을 겪고 있다면, 따로 당사자(그리고 개인 상담을 받고 있다면 당신의 개인 상담자)와 함께 집단을 계속하는 것이 바람직한지 평가하도록 할게요."

토론에 참여하고 빠지기

"어떤 때에는 주어진 주제에 대해 한 사람 한 사람 돌아가면서 이야기하도록 요청드릴 테지만, 어떤 때에는 좀 더 자발적인 토론을 위해 자유롭게 이야기를 나누도록 하기도 합니다. 이러한 상황에서는 여러분 각자 스스로 잘 참여하고 있는지 모니터링하시길 바라요. 집단에 기여를 하는 것도 중요하지만 다른 사람에게도 기회를 주시길 바랍니다."

5. 자료 배부하기

집단리더들의 이름과 전화번호, 10개의 주제가 다루어지는 일정 및 집단 지침들이 적힌 유인물을 집단원들에게 배부한다.

6. 두 번째 자기 소개하기

집단을 처음 시작할 때에는 대체로 많은 집단원들이 너무 긴장을 하기 때문에, 집단 구조에 대한 정보를 듣고 난 이 시점에서 좀 더 편안한 마음으로 자기 소개를 더 할 수 있는 기회를 제공한다.

공동리더 1: 그럼 이제 시작 체크인으로 넘어가도록 할게요. 모두 아시다시피 저는 박성재라고 합니다. 여러분 모두 만나 뵙게 되어 반갑습니다. 아마도 지금 이 방에는 여러 감정들이 존재할 거예요. 이런 집단을 처음 참여할 때 대부분의 사람들이 긴장을 합니다.

공동리더 2: 맞아요. 그래서 이곳에 오기까지 여러 힘든 과정을 거쳤을 여러분 모두가 대단히 자랑스럽습니다. 저는 백민정입니다.

공동리더 1: 오늘 우리가 해야 할 일들이 아주 많습니다. 백민정 선생님이 보통 우리가 어떻게 집단을 시작하는지 말씀해주시면서 시작 체크인에 대해 간략하게 설명해주실 거예요.

공동리더 2: 체크인은 여러분 각자가 집단 회기를 시작하면서 어떤 마음이 드는지에 대해 한두 문장을 말할 수 있는, 1분 남짓 되는 짧은 기회입니다. 체크인은 여러분이 각자의 일상을 벗어나 집단으로 들어와 여기에 몰입할 수 있게 도우면서 또한 이 방에서 여러분의 목소리를 한 번씩 낼 수 있도록 합니다. 예를 들어, 여러분은 오늘 하루 또는 이번 한 주가 어땠는지, 또는 오늘 집단을 시작하면서 감정적으로 어떤지에 대해서 나눠주시는 거예요. 이 시작 체크인 시간에는 어떤 방식으로든 모든 집단원들이 빠짐없이 참여하는 게 아주 중요합니다. 그럼 한번 시작해볼까요? 누가 먼저 해보실래요?

마리아: 제가 먼저 해볼게요. 제 이름은 마리아입니다. 사실 전 제가 여기 있다는 게 좀 충격적이에요. 아직도 믿기지 않지만, 아무튼 여기에 와 있네요.

공동리더 1: 와주셔서 정말 반갑습니다.

안젤라: 제 이름은 안젤라입니다. 무슨 말을 해야 할지 잘 모르겠지만 이렇게 많은 사람들을 보니 놀랍네요. 우리 모두 도움이 필요한가 봐요!

공동리더 2: 함께할 수 있어서 너무 좋습니다, 안젤라씨.

시작 체크인은 이와 같은 방식으로 모두 자신을 한 번 더 소개할 때까지 진행된다.

7. 주제 소개하고 토론하기

리더는 "트라우마의 영향: 외상후 스트레스 반응들"이라는 첫 번째 활동지를 나눠준다. 리더들이 번갈아 가면서 활동지를 읽을 것이고 때때로 토론을 위해 멈추기도 할 것이라고 설명한다. "트라우마 사건이란 무엇인가요?"라는 질문으로 토론을 시작하는 것도 좋다. 집단원들은 "저에게는 공포 그 자체예요."라든지 "트라우마는 누구에게든 어디서든 절대 일어나서는 안 되는 사건이에요."라고 말할 수 있다. 이런 토의는 집단원들 간의 공감대와 초기 집단 응집력을 촉진한다. 집단리더는 활동지에 나오는 모든 증상들을 다 다룰 수 있을 거라고 생각해서는 안 된다. 오히려 "트라우마가 다른 사람과의 관계에 어떤 영향을 미치는가?"와 같이 특정 섹션들을 선택해서 강조하는 것이 좋다.

"첫 번째 활동지는 트라우마의 영향에 관한 내용입니다. 여러분 중 이미 내용에 대해 잘 알고 있는 분들도 있을 거고, 또 마치 새로운 정보처럼 느껴지는 분도 있을 거예요. 그래도 제 경험으로는 거의 모든 분들이 이 활동지를 진행하면서 새로운 무언가를 배우십니다." 이러한 멘트 후, 집단리더는 활동지를 읽기 시작하고, 중간중간 개방형 질문을 하거나 추가 설명을 하기 위해 멈추기도 한다.

집단원들은 종종 자신의 경험을 어떻게 표현해야 할지 혼란스러워한다. 어떤 집단원은 "사람들은 저에게 일어난 일이 학대라고 말하지만, 저는 부모님에게 맞는 건 그냥 양육 방식의 한 유형이라고 생각해요."라고 말할 수 있다. 이에 집단리더는 "여러분의 경험을 스스로에게 와닿게 설명하기 위한 언어를 개발해서 가지고 있는 것은 매우 중요해요. 우리는 여러분이 자신의 경험에 대해 스스로 어떻게 느끼고 있는지 궁금해요."라고 대답할 수 있을 것이다.

특정 집단원이 근친상간이라는 단어를 사용하길 꺼려하거나, "강간" 대신 "성폭행"이라고 말하고 싶어 하면, 집단리더와 나머지 집단원들은 굳이 여기에 대해 개입하지 않는다. 내담자의 임파워먼트를 가장 우선순위에 두게 되면, 트라우마 생존자는 자신의 경험을 설명하기 위한 자신만의 언어를 개발해야 한다는 입장을 갖게 된다.

사람들은 계속해서 회복을 경험할수록 점차 자신의 경험에 이름을 붙이고 가해자에게 책임을 지우는 일에 대해 좀 더 편안해진다.

　트라우마에 대한 일반적인 반응을 검토할 때 집단리더는 특정 주제에 초점을 맞추어 집단원들에게 각자 실제로 겪었던 반응들을 연필로 표시하도록 할 수 있다. 집단리더는 내용을 천천히 읽으면서 집단의 반응을 살펴야 하는데, 이때 집단원들이 공통적으로 보이는 반응에 주목한다. 또, 집단리더는 "활동지를 보면 인지적인 영향 부분에 11개의 항목이 있는데, 8개 이상 체크하신 분이 몇 분이나 계실까요?"라고 물을 수 있다. 이때 집단리더는 집단원이 보이는 반응의 보편성을 인식할 수 있으며, "여러분에게 가장 해당되는 부분은 어떤 게 있나요?"와 같은 확장 질문을 할 수도 있다. 특히 집단원들이 공통적으로 흔하게 겪는 증상에 대해서는, 잠시 멈추고 "방을 한번 둘러보세요. 모두 손을 들고 있네요. 잠시 서로 바라보는 시간을 가질게요."라고 말할 수 있을 것이다.

　몇 주가 지나면, 집단원들 사이에서는 이렇게 초기에 빠르고 강하게 공감대가 형성되었던 경험에 대해 코멘트를 하는 일이 빈번하게 일어난다. 비록 그 당시에는 너무 압도되어 뭐라 말할 수 없었지만, 트라우마 경험이 가져오는 공통된 경험이 강력하게 전달되었다고 흔히 말한다.

　이 시점에서는 "돌아가며 나누기"를 하면서 모든 집단원들의 목소리를 들어보는 것이 도움이 된다. "이제 '돌아가며 나누기'를 해볼 거예요. 각자 본인과 관련성이 높다고 생각하는 항목을 하나 선택하시고 그것에 대해 말씀하시면 됩니다." 최근 집단에서 어떤 집단원은 과잉 각성 증상에 대해 다음과 같이 이야기를 했다. "가끔은 아주 작은 소음에도 투쟁/도피 반응을 겪고 있어서, 그때마다 저 스스로에게 '난 지금 여기에 있고, 어떠한 위험도 존재하지 않는다'고 말해줘야 할 때가 있어요. 아무리 익숙해졌다 해도, 이렇게 작은 자극에도 깜짝 놀라는 저 자신에게 화가 나요. 본의 아니게 다른 사람을 불안하게 만들기도 하고, 민망하잖아요." 이렇게 돌아가면서 나눌 때, 계속해서 집단원들 사이에 존재하는 공통점을 강조하는 것이 중요하다.

집단원의 코멘트를 명료화하는 것은 또 다른 논의를 촉발하고 주제에 대한 이해를 심화시킨다. 예를 들어, 집단리더는 이렇게 말할 수 있다. "사람들은 많은 증상을 겪고 있으면서도 대체로 그런 증상들이 자신의 트라우마 이력과 어떤 연관이 있는지에 대해서는 생각해본 적이 없어요. 해리 증상이 트라우마와 어떤 연관이 있을 수 있는지 설명해 주실 분 있나요?"

다음 표는 첫 번째 주제와 관련하여 촉발될 수 있는 구체적인 주제들을 제시하면서 집단리더가 이를 어떻게 다룰 수 있을지 제안한다.

주제	집단원의 코멘트 명료화하기
트라우마에 대한 지연된 vs. 즉각적인 반응	집단리더는 "언제 당신의 트라우마 증상이 시작되었는지, 또는 언제 당신의 증상이 트라우마와 관련이 있다는 걸 알게 되었는지에 대해 좀 더 나눠주실 수 있을까요?"와 같은 질문을 할 수 있다.
어떤 사람들은 트라우마 사건 직후 이런 증상들을 경험하기도 하지만, 다른 사람들은 증상이 나타나기까지 몇 년이 걸리기도 한다.	이때, 집단원들은 갑작스럽게 이런 증상들이 자신의 삶을 지배하게 될 때 얼마나 당황스러운지에 대해 이야기를 나눌 수 있다. 이것은 집단에서 유대감이 형성될 수 있는 좋은 기회가 된다. 최근 어떤 한 집단원은 "저는 제가 미쳐서 자해한 줄 알았어요. 사람들이 고통을 견디기 위해서 자해한다는 생각은 전혀 하지 못했습니다."라고 말했다. 또 다른 집단원은 "20년 전에 이런 증상들이 터져나오기 시작했을 때 이게 바로 트라우마라는 걸 알았다면 좋았을 텐데라고 생각했어요. 그땐 제가 정말 문제가 있는 줄 알았거든요."라고 말했다.

왜 하필 지금 트라우마가 내담자들의 삶에 끼치는 영향에 대해 다뤄야 할까?	집단리더: "5년이나 10년 전과 비교해 지금 트라우마 경험을 좀 더 잘 다룰 수 있게 된 이유가 있을 거라는 생각을 하신 분 계실까요?" "때로는 여러분의 트라우마 경험을 직접적으로 바로 다루지 않는 것이 적응적일 때도 있습니다. 예를 들어, 현재 어떤 분이 가족들과 물리적으로 멀리 떨어진 곳에서 대학에 진학하고 성공적으로 취업을 했다면, 조금 더 거리를 둔 상태의 지금 시점에 트라우마 경험을 살펴보는 것이 더 안전할 수 있습니다."
일반적인 반응 목록	"이 목록에 생소하게 느껴지는 증상이 있나요? 여러분의 트라우마 경험과 관련 있다는 생각을 해보지 못한 증상이요." 최근 한 집단원은 "9살 여자 아이가 자해하는 것이 한 번도 트라우마라고 생각하지 않았어요. 그냥 제가 미쳤다고 생각했었죠. 아무에게도 말하지 않았어요. 그냥 전 제가 미친 거라고, 다른 사람들도 제가 미쳤다고 생각할 거라고 생각했죠."라고 말했다. 다른 집단원은 "저는 이런저런 생각들과 이미지들이 떠오를 때가 있는데, 전혀 통제할 수 없어요. 무엇이 트리거(trigger)인지도 모르겠어요. 너무 많은 것들이 있거든요."라고 이야기했다.
내담자가 "X(예: 의사결정의 어려움)가 어떻게 트라우마 경험과 연관이 있을까요?"라고 묻는다.	이런 질문이 나오면 다른 집단원을 활용하여 현재 증상과 트라우마 경험의 관계를 설명해보는 노력을 촉진할 수 있다. 집단리더는 "X가 트라우마 경험과 어떻게 연관이 있을 수 있는지 생각해보신 분이 계실까요?"라고 물을 수 있다.

이 회기 동안, 집단원들은 종종 트라우마와 관련된 것으로 인식하지 못했던 다양한 증상에 대해 언급할 수 있다. 집단원들은 자신이 경험한 증상들을 확인하고, 다른 집단원들의 반응과 비교하기 시작한다. 집단원들이 다른 사람들도 같은 고통을 겪고 있다는 것을 알게 되는 바로 그 순간, 집단에서 진정한 연결이 형성된다. 최근 한 집단원은 모든 것이 두렵다고 말하는 다른 집단원들과 달리, 자신은 그 어떤 것도 두렵지 않다고 말했다. 하지만 집단에

서 함께 목록을 읽으면서, 그 두 가지 상반된 반응은 사실 같은 곳에서 나왔다는 것을 깨달았다고 하였다. "두려움은 우리가 안전을 유지할 수 있도록 해요. 하지만 두려움이 나를 보호하는 데 제 역할을 하지 못한다면, 그 기제는 더 이상 작동하지 않는다는 것이죠." 또 다른 집단원은 트라우마 기억을 잊기 위해 약물을 사용해 온 것에 대해 이렇게 말했다. "술로부터 벗어나서 마침내 완전히 정신이 멀쩡해졌을 때, 비로소 트라우마를 직면할 수 있게 되었고 얼마나 오랜 세월 동안 시달려 왔는지 깨닫게 되었어요. 저는 살면서 학대 사건이나 끔찍한 가정에 대한 이야기를 듣게 될 때마다 나와는 아무런 관련이 없는 일인데 왜 자꾸 공감이 되지? 의아해했어요." 이에 집단리더는 "사람들은 스스로를 보호하기 위해 겪었던 일로부터 자신을 분리시키기도 하죠. 때로는 부정이라는 방어기제가 효과가 있기도 해요. 적어도 일시적으로는. 그러나 때로는 도움이 되지 않아요."라고 말할 수 있다.

고립은 집단원들이 종종 공감할 수 있는 트라우마의 결과이다. 한 집단원은 "제 친구들은 제가 살아있는지 궁금해할 때가 있어요. 왜냐하면 저는 사람들과 자꾸 거리를 두거든요. 전 사람들이 필요하지만, 사람들을 밀어내요. 그러면서 스스로 왜 사람들은 날 포기할까?라는 질문을 던지죠. 그런데 이해가 되기도 해요. 대부분 6개월 뒤에는 떠나버리는데, 저의 이런 모습에 질리는 거죠."

또 다른 집단원이 자기도 비슷하다며 다음과 같이 말했다. "저는 가짜예요… 저는 학교에서 분위기 메이커였어요. 사람들이 저를 좋아해주길 절실하게 바랐거든요. 하루 종일 가면을 쓰고 있는 기분이에요. 혹시라도 가면을 쓰지 않으면 저는 사람들 근처에도 가고 싶지 않았어요. 가면을 안 써서 사람들이 저를 싫어하면 어떡해요?" 이에 대해 집단리더는 다음과 같이 대답할 수 있다. "여러분은 정말로 중요한 사람들을 받아들이는 방법을 모를 수도 있습니다. 우리가 이 집단을 하는 이유 중 하나는, 혼자라는 생각이 덜 들게 하고, 안전하게 나눌 수 있는 공간을 제공하기 위해서예요." 다른 집단원은 이렇게 말했다. "무슨 말씀인지는 알겠어요. 그런데 저는 사람들과 있으면 더 외로워요. 제 자신을 보호하려고 스스로를 고립시키는 것 같아요. 하지만 이것을 사람들은 이해해주기는커녕 '이제 그냥 잊어버려!'라고 하죠."

집단 종료 15분 전, 집단리더는 남은 시간을 알리고, 사람들이 트라우마에서 회복할 수 있다는 점을 강조하면서 토론을 마무리 짓는다. 리더는 다음과 같이 말할 수 있다.

> "트라우마로부터의 회복은 시간이 필요한 복잡한 과정입니다. 증상을 관리하고, 육체적으로, 감정적으로, 또 때로는 영적으로도 자신을 더 잘 돌보는 방법을 배우는 것과 같이 회복에는 여러 가지 측면들이 있죠. 다시 또 돌아가면서 나눠볼까요? 이번에는 회복과 관련해서 여러분이 성공적으로 해냈다고 생각하는 부분이나 좀 더 노력하고 싶은 부분에 대해 생각해봅시다."

이렇게 하면서 리더는 집단원들이 사용하고 있는 자기돌봄 전략을 공유하도록 격려하고, 회복 과정에서 자기돌봄의 중요성을 강조한다. 이 과정에서 집단원들은 각자 말할 기회가 주어지고, 자기돌봄과 관련된 어떤 성공 경험이 있는지 돌아보면서 또 다른 변화 가능성에 대해서도 생각해볼 수 있게 된다. 이 단계에서의 집단원이 진술한 예시를 보자.

> "음식은 저의 위안이고 약인데, 카페인과 설탕을 끊어야 해요. 건강하게 먹는 습관을 기르도록 노력해 보려고요."

"야심 있는 목표를 세우고 싶지만 우선 저는 제가 양치질이라도
잘할 수 있으면 좋겠어요."
"힘든 것은 운동이에요. 저는 사람들이 제가 움직이는 걸 보는 것
을 싫어해요. 뭔가 너무 노출되는 느낌이에요."

리더는 이러한 목표들을 조심스럽게 재구조화하는 데 도움을
줄 수 있다. 예를 들어 건강하게 먹는 습관에 대한 목표와 관련하
여 리더는 "일주일에 하루 정도만 설탕 섭취를 제한해보고 얼마나
실천할 수 있는지 한번 보는 건 어때요?"라고 제안할 수 있다. 어찌
됐든 낙관적인 분위기를 만들어내는 것이 중요하다. 리더들은 회
복이 가능하다는 지식, 집단원들이 회복의 길로 가고 있다는 확신,
그리고 집단원들이 스스로도 긍정적인 희망을 가지기를 바란다는
기대를 전달한다.

마무리 체크인을 시작하기에 앞서 리더들은 첫 번째 집단 회
기에 대해 약간의 요약하는 코멘트를 해야 한다. 많은 집단원들이
특정한 경험을 공유하고 있고, 불안함에도 불구하고 자신의 감정
을 나눠줄 수 있었던 점에 대해 언급할 수 있다. 집단의 일원이 되
기 위해 각자 아주 중요한 단계를 이루어냈음을 인정해줄 필요가
있다.

8. 마무리 체크인으로 마치기

리더들은 각 집단원별로 지금 상태가 어떤지, 집단을 떠나서
도 안전하다고 느낄지, 다음주에 또 올지, 회기가 끝나는 시점의
기분은 어떤지에 대해 간략히 듣고 싶다고 말한다. 안전을 보장할
수 없는 집단원은 잠시 방에 남도록 요청한다. 간혹 어떤 집단원은
"안전의 의미가 무엇인가요? 저는 안전이 뭔지 모르겠어요."라고

물을 것이다. 리더는 "잘 물어보셨어요. 안전은 트라우마 생존자들에게 난해한 단어일 수 있어요. 지금 의도한 건 신체적 안전에 관한 거예요. 자살충동이나 자신을 해치고 싶은 기분이 들지 않는 상태입니다. 안전에 대해서 다음주에 더 이야기하게 될 거예요."라고 답할 수 있다.

활동지 마지막에는 추가 질문과 참고사항이 있다. 리더들은 집단원들이 집단을 떠나기 전 이 부분에 주목할 수 있도록 이렇게 말할 수 있다. "활동지 끝 부분에 몇 가지 추가 질문이 있습니다. 자유롭게 읽어보고, 각자 생각해보거나 개인 상담에 가져가보거나 여러분을 아끼는 누군가와 나눠보세요. 이 집단에서 숙제는 없지만, 원한다면 주중에 활동지를 활용해보세요." 또한, 리더는 이 첫 집단 모임으로 인해서 한 주 동안 여러 기억들과 강렬한 감정들이 유발될 수 있다고 경고하되 그러한 반응은 정상적이라고 안심시켜 줄 수 있다.

2회기: 안전과 자기돌봄

두 번째 집단의 주제는 "안전과 자기돌봄"이며, 이러한 영역에서의 어려움이 집단원들의 트라우마 경험과 어떠한 관련이 있는지에 대한 정보를 제공한다. 안전과 자기돌봄을 확립하는 것은 회복 과정에서 중요한 첫 단계들이기 때문에 이 주제는 첫 회기에서 시작된 트라우마 회복에 대한 논의를 이어줄 자연스러운 다음 단계이다. 집단원들은 이 회기 동안 안전하지 않다고 느끼거나 자기돌봄 전략을 생각해 내는 데 어려움을 겪는 모든 경우에 대해 논의해 보도록 권장된다. 또, 안전 및 자기돌봄을 위한 전략 중 자신에게 효과적이었던 것들을 다른 집단원들과 나누도록 장려된다. 늘 그렇듯, 이 회기에서의 개입들 또한 집단의 응집력과 소속감을 향상시키고자 한다.

회기 개요

1. 앞 회기에서 마무리되지 못한 부분 매듭짓기
2. 오늘 일정 검토하기
3. 시작 체크인 진행하기
4. 이완 활동 설명 및 진행하기
5. 주제 소개하고 토론하기
6. 마무리 체크인으로 마치기

회기 내용

1. 앞 회기에서 마무리되지 못한 부분 매듭짓기

종종 시간 제약이나 일정 충돌로 인해 첫 회기에서 요구되는 모든 과제를 끝내지 못하곤 한다. 또한 첫 회기에 불참했던 새로운 집단원이 있을 수도 있다. 이런 경우, 리더들은 회기를 시작할 때 새로운 집단원이 자신을 소개하고 다른 집단원들과 인사할 기회를 주는 것이 좋다.

2. 오늘 일정 검토하기

리더들은 불참한 집단원이 있다면 이에 대한 정보를 제공한다. 출석 확인이 끝나면, 리더들은 이렇게 말한다.

"오늘 여기서 또 뵙게 되어 반갑습니다. 시작 체크인과 지난주 모임 이후 모두 어떻게 지냈는지 알아보기에 앞서 오늘은 우리가 무얼 할지 소개하겠습니다. 이제부터는 매주 같은 스케줄을 따를 것입니다. 먼저, 우리는 지난 시간 연습했던 것처럼 간략하게 시작 체크인을 하며 시작할 것입니다. 그다음, 간단한 이완 활동을 하겠습니다. 이것에 대해서는 체크인 이후 더 말씀드릴게요. 그런 다음, 오늘 주제인 '안전과 자기돌봄'에 대한 유인물을 나누어 드리고, 함께 읽고, 주제에 대해 논의해보도록 하겠습니다. 그 후 지난주에 했던 것처럼 마무리 체크인을 하며 마치도록 하겠습니다."

3. 시작 체크인 진행하기

이번이 겨우 두 번째 주차이기 때문에, 시작 체크인 동안 자기소개를 다시 하게 하는 경우가 종종 있다. 각 집단원에게 이름을 말한 후 한 주간 어땠는지 또는 집단에 다시 참여하는 기분은 어떤지에 대해 말해달라고 요청한다. 집단원들은 종종 "너무 긴장되어서 이번 주에 오고 싶지 않았는데, 그래도 결국 오게 되어 다행이에요."와 같이 말한다. 집단리더는 집단에 다시 참여하는 데에 얼마나 큰 용기가 필요했을지 다시 한번 인정해주고, 첫 번째 모임이 트라우마 관련 기억이나 감정을 불러일으켰을 수도 있다는 사실을 정상화하는 것이 중요하다. 집단의 이 단계에서는 다음과 같은 질문으로 집단원의 경험들을 정상화해주는 것이 특히 중요하다. "다른 분들도 힘든 감정들이 일어나는 경험을 하셨나요? 예상치 못한 감정이 올라오기도 했나요?"

4. 이완 활동 설명 및 진행하기

이완 활동을 진행하기에 앞서 리더들은 이 활동이 자발적인 참여로 진행된다는 사실뿐 아니라 이것을 하는 이유를 명확하게 설명해야 한다. 리더들은 다음과 같은 말을 할 수 있다.

"이제 이완 활동에 대해 이야기해 보도록 하겠습니다. 이 활동의 목적은 우리 모두 일상에서의 스트레스로부터 분리하여 가능한 만큼 최대한 집중해서 함께 이 공간에서 현존하도록 하는 거예요. 또, 외상 스트레스를 다루는 데 이완 기술이 도움이 되는 경우가 많습니다. 그렇지만 처음에는 이완 활동에 참여하는 게 편치 않을 수도 있어요. 많은 분들이 자신을 보호하기 위해 과잉 각성을 유지해야 할 필요를 느낄 수 있어요. 첫 번째 모임에서도 외상후 스트레스의 증상 중 하나로 이러한 느낌에 대해 이야기했었지요. 과잉 각성은 트라우마에 대한 자연스러운 반응이며 어떤 면에서는 지금까지 당신에게 도움이 되었을 수도 있습니다. 그러나 과잉 각성은 가만히 앉아 현 상황에서 침착하게 호기심 어린 태도를 유지하는 것을 어렵게 하는 불안 수준과도 관련이 있습니다."

"이완하는 것이 무서울 수도 있지만, 우리는 여러분이 현실에 기반하여 집중하고, 새로운 생각과 감정에 열려 있을 수 있는 안전한 공간을 만들고 싶습니다. 하지만 궁극적으로 이 활동에 어느 정도로 참여하는 게 좋을지는 각자 결정하시길 바랍니다. 예를 들어, 어떤 분은 활동에 참여하고 싶지만 활동 내내 눈을 감는 것이 불편할 수도 있습니다. 눈을 뜨고 하셔도 괜찮습니다. 아니면 어떤 분은 이 활동이 진행될 때 그저 조용히 앉아있기로 결정하실 수도 있어요. 각자 자신에게 편안한 수준을 존중하는 법을 배우는 것은 오늘 우리의 주제에 맞게 여러분 자신의 안위를 돌보는 방법이기도 합니다. 혹시 질문 있으신가요?"

이완 활동으로는 집단리더 본인에게 익숙한 이완 활동을 선택하여 활용할 수 있다.

5. 주제 소개하고 토론하기

집단리더는 활동지를 나누어 주면서 리더들이 번갈아가며 활동지를 읽을 것이고, 종종 내용을 명료화하고 토론을 진행하기 위해 잠시 멈추기도 할 것이라는 것을 설명한다.

"지난 회기에서 우리는 처음에는 외상후 스트레스의 영향에 대해 이야기를 하고, 마지막에는 트라우마로부터 어떻게 극복하는지에 대해 이야기했어요. 기억하신다면, 우리는 수면욕구를 충족하는 것, 그리고 규칙적인 운동을 하는 것과 같이 회복 과정에 도움이 되는 몇 가지 전략에 대해 논의했습니다. 이 두 번째 활동지는 안전과 자기돌봄에 관한 것입니다. 안전과 자기돌봄은 회복 과정의 기반이 되기 때문에 두 번째 회기에서 다루기 좋은, 중요한 주제예요."

그런 다음, 리더들은 몇 단락씩 번갈아가면서 읽기 시작하고, 집단 토의를 촉진하고 내용에 대한 이해를 심화시키기 위해 코멘트나 질문을 명료화하는 시간을 가지기도 한다. 이 회기에서는 어떻게 자해가 고통에 대처하는 방법으로 사용되는지에 대한 집단원들의 성찰이 포함된다. 최근 집단에서 몇몇 집단원들은 이렇게 말했다. "저는 술과 마약이 위험하다고 생각해본 적이 없어요. 술과 마약은 제 인생을 구해주었어요. 술과 마약이 아니었다면 전 지금쯤 자살했을 거예요." 그리고 "저는 마약을 시작하기도 전 아주 어렸을 때부터 제가 마약 중독자가 될 줄 알았어요. 마약을 한 아이에 대한 기사를 읽었는데 그 아이는 마약을 하면 느끼고 있던 고통이 사라지고 자신과 하루를 마주할 수 있게 된다고 했어요. 그 순

간 저는 그것이 바로 저에게도 필요한 것이라고 느꼈어요." 다음
표에는 몇 가지 추가 주제들이 요약되어 있다.

주제	집단원의 코멘트 명료화하기
안전하다고 느껴본 적이 없는 경우에 안전을 어떻게 정의하는가	"우리는 방금 아이들이 적절한 반응과 보살핌을 받으면서 안전감을 발달시킨다는 내용을 읽었어요. 그런데 자라난 환경이 그런 환경이 아니었다면 어떻게 안전에 대해 배울 수 있을까요?" 어떤 집단원은 "저는 안전이 무엇인지 모르겠어요. 안전하지 않은 것에 대해서만 알아요."라고 말할 수 있다. 또 다른 집단원은 최근에 "저는 항상 겁이 났는데 그 이유를 몰랐기 때문에 스스로를 일부러 안전하지 않은 상황으로 밀어넣었던 것 같아요. 그 두려운 기분이 타당하려면 그에 걸맞은 나쁜 상황이 필요했던 거죠."라고 하였다.
안전을 확립하는 것이 누구의 책임인지에 대한 오해－보호자 책임인가 아동의 책임인가? 종종 집단원들은 특히 자신이 어린아이였을 때 스스로를 지키는 게 명백히 불가능했음에도 자신을 안전하게 지키지 못했다는 것에 대해 자책한다고 이야기한다. 또, 불가능하다는 것을 알면서도 다른 사람들(예: 어린 동생)을 위해 환경을 안전하게 만들고 통제하고 싶어 했다는 이야기를 하기도 한다. 어떤 경우에는 집단원이 다른 사람들에게 안전한 환경을 만들기 위해 스스로를 학대의 대상으로 만들기도 했다－예를 들면: "제가 삼촌에게 당해주면 삼촌이 제 여동생은 건들지 않	집단리더들은 집단원들이 왜 안전을 포기했는지에 대해 함께 이해해 보고 더 이상 트라우마 상황이 아닌 지금은 스스로를 안전하게 지킬 수 있다는 점을 이해할 수 있도록 돕는다. 집단리더들은 다음과 같이 말할 수 있다. "여러분 중 많은 사람들이 어린 시절 가정 내 학대가 너무 심했기 때문에 안전을 포기할 수밖에 없었던 것 같아요. 아마 여러분은 스스로 자신이 중요하지 않기 때문에 안전이 중요하지 않다고 믿고 있을 수도 있어요. 여러분 중에 어른이 되어서도 안전을 포기하고 살고 있는 사람이 있나요?" 집단원들은 언제든지 나쁜 일이 일어날 수 있기 때문에 안전하기 위해 노력하는 것은 소용없다고 말할 수도 있다. 안전에 대한 믿음에 대해 이야기하는 것은 안전을 유지하기 위해 할 수 있는 것과 할 수 없는 것에 대한 토론으로 이어질 수 있다. 집단리더는 "물론 우리가 아무리 스스로를 보호해도 그것과 상관없이 나쁜 일들이 생길 수 있죠. 그렇다고 그게 우리 스스

았어요." 안전을 만들기 위한 이러한 시도는 종종 목표를 달성하지 못했다. 그 결과, 많은 트라우마 생존자들은 안전에 대한 생각을 완전히 포기했을 수 있다.	로를 전혀 보호할 수 없다는 뜻일까요?"라고 질문할 수 있다.
위험하거나 자신을 돌보지 않는 방식 확인하기

우리는 이 주제에 대한 토론이 종종 집단원들의 분노를 일으킨다는 점을 발견했다 –이 분노는 일반적으로 실제로 학대를 하지는 않았지만 자신을 보호하지 않은 부모나 보호자를 향해 나타났다. 여기에서 잠시 멈추고 토론을 할 필요가 있으며, 또 이후 회기에서 분노를 좀 더 직접적으로 다룰 것이라고 알려주는 것이 중요하다. | "자기돌봄은 왜 이렇게 어려울까요? 자기돌봄이 자신에 대해 어떻게 느끼는지와 관련이 있을까요?" 여기서 집단리더들은 활동지의 예시나 임상경험 중 자해, 약물사용 또는 위험한 성적 관계 등과 같이 안전하지 않은 대처 기제를 사용한 내담자 사례들을 활용할 수 있다. 또한 이러한 내담자들이 스스로를 안전하게 지킬 수 있도록 이루어낸 변화에 대해서도 이야기할 수 있다. |
| 약물 남용 및 자해와 같은 파괴적인 대처 전략 확인하기 | 종종 집단원들은 음주와 같이 때때로 해로운 대처 전략을 사용하는 것이 단기적으로 기분을 나아지게 만든다는 점을 언급할 것이다. 이것은 집단원들이 다른 사람들과 공통점이 있다는 것을 경험할 수 있는 중요한 토론이며, 이러한 대처 전략을 사용했다는 사실에 대해 흔히 느끼는 수치심을 완화시켜 줄 수 있다. 집단리더들은 트라우마 경험이 있는 사람들이 왜 자기파괴적인 대처 전략을 갖게 되는지에 대해 설명할 필요가 있다. 집단리더들은 이러한 전략의 사용이 트라우마 이력이 있을 시 이해될 수 있고, 이런 전략이 고통을 완화시켜주기 때문에 사용하게 되는 것이라는 것을 강조해야 한다. 하지만 이러한 전략들은 대가가 따른다. 이제 생존자들은 그러한 대가 없이도 효과적으로 대처할 수 있는 전략들을 찾아야 한다. 최근 집단원들이 자기파괴적인 대처 기제 및 약물사용에 대한 부분을 읽을 때, 집단리더는 |

	다음과 같이 질문했다. "또 어느 분이 마약을 사용해본 적이 있나요? 그 누구도 중독자가 되고 싶어 하지는 않아요. 우리는 그저 우리가 처한 감정 상태를 바꾸기 위해서 마약을 합니다." 한 집단원은 이렇게 답했다. "제가 바란 건 그저 제가 평범하게 행동하는 것이었고, 그러기 위해서 마약이 필요했어요. 도망치려고 한 게 아니라 그냥 정상적이고 싶었어요." 다른 집단원도 동의하며 "약물을 쓰지 않으면 완전히 통제를 잃게 되는 기분이에요."라고 말했다
안전한 대안 대처 전략 확인하기	이 부분에서 집단원들은 서로에게 큰 도움이 될 수 있다. 집단리더는 "혹시 압도적인 감정에 대처할 수 있는 효과적인 방법을 새로 개발해 낸 분 계세요?" 또는 "○○씨는 스스로에게 화가 날 때 어떻게 해야 할지 모르겠다고 했어요. ○○씨가 뭘 해보면 좋을까요? 제안해주실 분 있나요?"라고 질문할 수 있다.
자기돌봄 전략 확인하기	집단원은 대체로 지금 스스로를 돌볼 수 있는 방법을 찾는 데 어려움을 겪는다. 집단리더는 집단원들에게 돌아가면서 자신을 기분 좋게 만드는 한 가지를 말해보라고 할 수 있다. 여기에는 자조모임 참석, 친구와의 재회, 독서, 건강한 식사 만들기 또는 반려 동물과 시간 보내기와 같은 활동이 포함될 수 있다. 회기 마지막에는 다음 회기 때까지 각자 스스로를 위해 실천해 볼 자기돌봄 활동 한 가지를 이야기해 보라고 요청할 수 있다.

6. 마무리 체크인으로 마치기

1회기에서와 같이, 집단리더들은 각 집단원들이 어떤 상태인지, 그리고 집단을 떠나 일상으로 돌아가는 것에 대해 안전하게 느끼는지 궁금하다고 말한다. 안전을 확신할 수 없는 집단원들은 회기가 끝난 후에 남아있도록 한다.

결　론

　　1회기와 2회기를 위한 회기별 지침에서는 TIG 초기 단계의 기본적인 과제에 대한 구체적인 설명을 제공하였다. 여기에는 집단원 환영 및 소개, 집단의 근거와 구조 검토, 기본 규칙 설명, 비밀유지에 관한 토론, 오늘의 주제 소개, 그리고 집단원 간의 안전과 신뢰 구축 등이 포함된다. 또한 안전한 대인관계적 과정을 만들어내기 위한 가이드를 제공하였다. 다음 장에서는 3회기부터 10회기에 대한 회기별 내용을 자세히 설명한다.

제 4 장

3-10회기의 구조와 내용

3-10회기의 구조와 내용

TIG의 3－9회기는 동일한 회기 개요를 따르며, 주제만 매주 바뀐다. 각 회기의 특정 주제와 관련된 내용 또한 논의된다.

일반적인 회기 개요

1. 시작 체크인으로 시작하기
2. 이완 활동 설명 및 진행하기
3. 주제 소개하고 토론하기
4. 마무리 체크인으로 마치기

회기의 내용

1. 시작 체크인으로 시작하기

각 집단원이 자신의 목소리를 낼 수 있는 기회를 제공하기 위해 계속해서 매주 시작 체크인을 진행한다. 회기가 매주 얼마나 잘 진행되는지에 따라 시작 체크인 시간을 질문으로 열 수도 있다.

예시: "지난주 주제가 많은 분들에게 특히 어려웠던 거 같아요. 각자 지난 회기가 끝나고 한 주 동안 어떻게 지냈는지 간단히 말해볼까요?" 아니면 집단원들에게 이번 주에 다시 집단에 참여하게 된 소감에 대해 이야기하도록 요청할 수 있다. 이렇게 하는 우리의 목적은 집단원들이 집단에 대한 긍정적이고 부정적인 반응에 대해 이야기하는 것을 허용하기 위함이다. 종종 집단원은 자신이 집단에 대해 특정한 반응을 보이는 유일한 존재라고 느낄 수 있다. 시작 체크인을 하는 동안, 그러한 집단원은 다른 많은 집단원들이 비슷한 감정을 겪고 있음을 발견할 수 있을 것이다. 이렇게 일반적인 감정을 표현하는 것은 집단 응집력을 증진시킨다.

2. 이완 활동 설명 및 진행하기

이완 활동은 3장의 88쪽에 설명된 대로 시작 체크인 후에 소개된다. 집단리더들은 임상적 판단 하에 집단원들의 필요, 능력 또는 장애에 따라 이완 활동을 다양하게 구성하여 모두가 혜택을 받을 수 있도록 할 필요가 있다. 2장의 59−60쪽에 예시 활동들을 제안하였다.

3. 주제 소개하고 토론하기

이전과 마찬가지로, 집단리더들은 이번 주 주제에 대한 활동지를 배포한다. 리더들이 번갈아 가며 읽고, 의견들을 명확하게 하거나 토론을 하기 위해 잠시 멈춘다. 각 주제와 관련된 특정 쟁점들은 아래에 제시되었다.

4. 마무리 체크인으로 마치기

1회기와 2회기에서와 같이 리더들은 각 집단원이 지금 어떤지, 다음주에 다시 올 계획인지, 회기를 마치고 집단을 떠나는 것이 안전하게 느껴지는지에 대해 듣고 싶다고 한다. 안전을 보장하기 어려운 집단원들은 집단 회기 이후에 머물러달라고 요청한다.

3-9회기를 위한 특정 주제와 관련한 내용

3회기: 신뢰

신뢰는 트라우마 생존자들에게 복잡한 주제이다. 집단 환경에 있는 것은 신뢰와 관련된 어려움을 다뤄볼 수 있는 최적의 관계적 기회들을 제공할 수 있다. 특정 집단원이 집단에 빠짐없이 제시간에 참석하고 집단 과정에 안전하게 참여하고 있다고 보인다면, 우리는 그 집단원의 신뢰가 증진되고 있음을 추측할 수 있다. 집단리더들은 예측 가능한 방식으로 집단을 돌봄으로써 이러한 신뢰를 구축하는 데 도움을 준다(예: 집단 시간 준수하기, 구조 및 담아내는 환경 제공하기, 집단원에게 걸려온 전화 회신해주기, 결석한 사람 신경 쓰기 등).

　트라우마는 타인, 자신을 둘러싼 세상, 하나님/신, 그리고 자신을 향한 근본적인 신뢰감을 약화시킨다. 따라서 신뢰는 모든 트라우마 생존자들에게 어느 정도 문제가 된다. 어렸을 때 트라우마를 경험한 사람은 자신이 외부 세계에 대한 기본적인 신뢰감을 전혀 발달시키지 못했다는 것을 발견한다. 성인이 되어 장기간 반복되는 트라우마에 노출된 사람들은 한때 다른 사람들에 대해 가졌던 신뢰가 파괴되었음을 느끼게 된다.

　심지어 트라우마 생존자들은 종종 자신조차 믿을 수 없다고 느낀다. 다른 사람들이 자신의 이야기를 믿어주지 않으면, 스스로도 자신의 기억을 의심하게 된다. 더욱이, 성인기 트라우마의 가장 강력한 예측 변수 중 하나는 어린 시절의 트라우마 피해 경험이다. 여러 가해자들에게 피해를 입은 생존자들은 자신의 판단을 의심하게 될 수 있다. 다음 표는 몇 가지 추가 주제들을 보여준다.

주제	집단원의 코멘트 명료화하기
기본적인 신뢰의 정의	가족 밖에서 또는 성인이 되어서 트라우마를 겪은 생존자들은 한때 기본적인 신뢰가 무엇인지 알았던 적이 있다고 생각할 수 있다. 가족 학대를 겪은 생존자들은 기본적인 신뢰가 무엇인지 전혀 배우지 못했을 가능성이 있다. 집단리더들은 유인물의 처음 두 단락을 읽은 다음 집단원들과 함께 기본적인 신뢰가 무엇인지에 대해 논의해야 한다. 그런 다음, 집단리더는 집단원들이 출신 가족에 대한 기본적인 신뢰를 가지고 있는지 생각해보도록 격려할 수 있다. "모두 기본적인 신뢰라는 개념이 친숙하게 느껴지시나요? 아니면 완전히 낯선 개념처럼 느껴지시나요?"
기본적인 신뢰 배우기	집단리더들은 집단원들이 기본적인 신뢰를 배울 수 있는 방법에 대해 생각해 볼 수 있도록 도울 수 있다. "기본적인 신뢰를 가르쳐 주지도, 보여주지도 않

	은 가정에서 자란 사람은 그것을 어떻게 배울 수 있을까요?"
신뢰와 관련된 일반적인 문제 생존자들은 일반적으로 신뢰의 양극단 사이에서 계속 왔다 갔다 한다. 한편으로 그들은 아무도 믿지 않을 수도 있지만, 반대로 과잉 신뢰할 수도 있다. 또한 생존자들은 너무 많은 상처를 받아 종종 자신이나 자신의 판단을 믿지 않는다.	집단리더들은 집단원들이 신뢰에 관한 일반적인 문제들에 대해 이야기하도록 격려해야 한다. 우리의 경험에 따르면 집단원들은 종종 이러한 문제에 관한 토론을 자발적으로 시작한다. 만약 그렇지 않더라도, 집단리더들은 이렇게 말할 수 있다. "많은 생존자들은 신뢰와 관련하여 극단 사이를 오갑니다. 너무 빨리 신뢰하고 나서 상처를 받거나, 아예 아무도 믿지 않습니다. ○○씨가 지금 고개를 끄덕이셨는데, ○○씨는 이 양극단 사이에서 어느 쪽이신가요?" 어떤 집단원은 자신의 이마에 "호구(속이기 쉬운 사람)"라고 쓰여있을 거라고 말한다. 다른 사람들도 이와 비슷하게 느끼고 있다는 반응은 집단원에게 매우 유익할 수 있다.
생존자들이 신뢰를 회복할 수 있는 방법 알아내기	언급했듯이, 어떤 집단원은 절대 아무도 믿으면 안 된다는 것을 알게 되었기 때문에 아무도 믿지 않는다고 말한다. 집단리더들은 그가 좋은 친구, 리더 또는 다른 집단원들과 같이 선택된 사람들은 신뢰해 볼 수 있다는 가능성을 인식하도록 도울 수 있다. 집단에 참여하기로 한 생존자는 어느 정도 신뢰할 수 있는 능력이나 신뢰하려고 하는 의지가 있다고 볼 수 있다. 신뢰는 '전부냐 전무냐'와 같은 문제가 아니다.
신뢰에 대한 배신의 영향 – 타인과의 관계	"그렇게 믿음을 배신당한 것이 다른 사람들과의 관계에 어떠한 영향을 미쳤다고 생각하시나요? 누군가를 믿지 말아야 할 때 너무 많이 신뢰하거나, 누군가에게 신뢰받을 기회를 줘야 할 때 전혀 믿지 않는 분 계시나요? 여러분은 다른 사람들을 밀어내나요?"
신뢰에 대한 배신의 영향 – 자신에 대한 불신 트라우마 생존자들은 여러 가지 이유로 자신에 대한 신뢰를 잃을 수 있다. 과거에 자신에게 상처를 준 사람들을 믿었기 때문에 사람들에 대한 자	"우리는 트라우마가 다른 사람을 신뢰하는 능력에 영향을 미친다는 점에 대해 이야기했어요. 그럼 자신을 신뢰하는 능력은 어떨까요? 때때로 너무 많은 사람들에게 상처를 받은 나머지 자신의 판단을 신뢰하지 않게 됩니다. 이렇게 느끼시는 분 있나요?" 집단원들은 그들의 해리성 증상이 자신을 신뢰하는 능력에 영향을 준다고 말한다. "세상뿐만 아니라 저 자신에 대한 믿음에도 영향이 있습니다. 술에 취해 의식을 잃은 것처럼 제 기억을 신뢰할 수 없어요. 나

신의 판단을 믿지 않을 수 있다. 파편화된 기억, 기억상실 또는 해리되는 경향으로 인해, 그들은 자신의 경험을 신뢰하지 않을 수 있다. 술, 마약 또는 음식을 일종의 자가 치료제로 사용하는 성향을 감안할 때, 자신의 기본 욕구를 충족시킬 수 있는 능력에 대한 자신감이 부족할 수 있다. 감정 또한 통제불능일 경우가 많기 때문에, 생존자들은 자신이 안전하다고 믿지 않을 수도 있다.

자신을 믿을 수 없기 때문에 불안해요."
토론이 어떻게 진행되는지에 따라, 집단리더들은 이렇게 말할 수 있다. "어떤 집단원들은 자신의 감정이 통제불능이기 때문에 다른 사람들과 있을 때 어떻게 행동할지 불안하다고 말하기도 합니다. 비슷하게 느끼신 분 있나요?"

4회기: 기억하기

기억에 대한 회기는 대체로 어려운 회기가 된다. 그 이유는 대부분의 트라우마 생존자들에게 기억은 강렬한 감정들을 유발하고, 종종 증상을 악화시키기 때문이다.

개인 상담을 진행하는 상담자들은 "기억 떠올리기"가 상담에서 자주 다루게 되는 주제라는 사실을 알고 있을 것이다. 많은 내담자들이 "저에게 일어난 일을 기억해내고 싶어요." 또는 "무슨 일이 있었는지 알고 있고, 그게 정말 좋지 않은 일이었다는 것도 알아요. 하지만 그것 말고도 뭔가 더 있어요. 그게 뭔지 기억해낼 수 있다면 저의 상황이 좀 더 이해될 거 같아요." 또는 "그렇게 끔찍했다면 저는 왜 기억이 나지 않는 거죠? 저는 9살 이전의 시절에 대한 기억이 전혀 없어요."라며 상담에 온다. 또 어떤 이들은 과거의 이미지와 생각에 사로잡혀 있다고 호소한다. "저는 과거에 대

해 생각을 너무 많이 해서 현재를 즐기지 못해요. 현재가 흐릿해
져요."

　　집단리더는 "모든 것을 기억해내는 것"이 목표가 아니며, 오히
려 시간이 지남에 따라 일관성 있는 인생 이야기가 있다고 느끼는
것이 중요하다고 설명한다. 이것은 기억을 해야 한다는 집단원들
의 긴장을 담아낼 수 있는 차분한 분위기를 조성할 수 있다. 집단
리더는 다음과 같이 말할 수 있다.

　　"많은 트라우마 생존자들은 자신에게 일어난 일을 자세히 기억하
　　지 못해요. 이는 정상입니다. 기억하지 못하는 것이 적응에 도움이
　　되었을 수도 있어요. 기억을 하지 않았기 때문에 학교에 가고, 일
　　을 하고, 본가를 떠나고, 가정을 꾸리는 등의 일들을 계속해낼 수
　　있었을지도 몰라요. 사람들은 삶의 다양한 시기에 다양한 방식으
　　로 기억을 해냅니다. 모든 것을 기억하지 않아도 괜찮아요. 지금
　　당장 중요한 것은 현재 순간에 대해 할 수 있는 한 많이 받아들이
　　려고 하는 것입니다."

　　이러한 문제를 염두에 두고 집단리더는 활동지를 읽으면서 다
음 표에 설명된 대로 의견이나 질문들을 명료화하기도 한다.

주제	집단원의 코멘트 명료화하기
기억하는 과정을 통제할 수 없다고 느낌 트라우마의 특징 중 하나는 기억하는 과정에 대한 통제력 부족이다. 생존자들은 종종 깨어 있든 잠을 자고 있든 침투하는 트라우마 경험에 대한 기억에	종종 악몽이나 플래시백(flashback)의 형태로 나타나는 침투적인 기억이 트라우마 경험의 흔한 증상이며, 이러한 증상이 있다고 해서 "미쳐가는" 것이 아니라는 것을 다시 한번 상기하는 것이 도움이 된다.
	최근 한 집단원은, "제가 가진 모든 기억은 저와 동떨어진 느낌이에요. 여전히 그 일이 내가 아닌 다른 사람에게 벌어진 일처럼 느껴져요.

삶이 휘둘리고 있다고 느낀다.	저는 다른 사람들은 의심하지 않기 때문에 다른 사람들에게 더 연민을 느껴요. 저는 그 일이 일어난 시기에 대한 기억을 하지 못하기 때문에 제가 왜 이러는지 이해하기 힘들어요. 더 기분이 좋아질 필요도 없어요. 저는 그냥 제 경험을 느끼고 싶어요. 뭔가 일어났다, 일어나지 않았다 사이에서 그만 혼란스럽고 싶어요." 집단 토론을 통해 집단원들이 자신의 기억을 어느 정도 통제할 수 있는 기술을 배울 수 있도록 할 수 있다. 집단리더는, "트라우마 경험에 대한 기억에 관해서 많은 분들이 통제할 수 없다고 느끼는 것 같아요. 혹시 통제력을 좀 더 느끼기 위해 사용할 수 있는 방법을 찾은 분 계실까요?"라고 질문할 수 있다. 집단리더는 다음과 같이 예시를 제공할 수도 있다. "예를 들면, 다른 집단에서 어떤 집단원은 폭력적인 영화를 볼 때마다 플래시백이 나타나서 이제 그런 영화는 보지 않기로 했다고 하더라고요."
기억이 불러일으키는 강렬한 감정과 엄청난 괴로움 기억은 공포, 절망, 수치심, 죄책감, 분노 등의 감정을 불러일으킬 수 있다. 트라우마 경험과 관련된 어떤 감정이든 기억 과정에서 생겨날 수 있다. 이러한 감정을 관리하는 법을 배우는 것은 기억 과정에 대한 통제력을 갖는 데 중요하다.	강렬한 감정들을 효과적으로 조절했을 때와 그렇지 못했을 때에 대해 생각하도록 격려한다. 강렬한 감정을 다루는 기술에 대해서 토론을 진행할 필요가 있다. 집단원들이 추천한 기법에는 호흡과 이완 기법(불안), 베개 때리기(분노), 사고패턴에 도전하기(무력감, 죄책감), 그리고 변증법적 행동치료의 자기위로 기술들이 있다.
집단원은 "모든 것을 기억해야 하나요? 제가 모든 것을 기억하지 않는 게 잘못된 것인가요?"라고 질문할 수 있다. 이 질문은 이 회기에서 종종 등장한다. 어떤 집단원은 "모든 것"을 기억하기 위해 노력하고 있을 수 있다. 이러한 노	집단리더는 자신의 삶에 대해 모든 것을 기억하는 사람은 아무도 없다는 점을 짚어주고, 더 많이 기억해 내려고 하는 집단원들의 바람 뒤에 숨겨진 의미에 대해 집단 토론을 이어갈 수 있다. "사람들은 더 나아지기 위해서 모든 것을 기억해야 한다고 생각하나요? 왜 그럴까요?"

력은 기억하지 못하는 부분에 대한 두려움이나, 모든 것을 기억하게 되면 다 괜찮아질 것이라는 환상에 의해서 추진된다.

기억하는 스타일의 여러 유형	집단리더들은 이러한 기억하는 스타일의 유형들 모두가 트라우마 생존자들이 흔히 보이는 유형이라고 설명한다. 집단리더는 트라우마의 기억은 보통의 기억과는 다르게 암호화된다는 점과, 그렇기 때문에 종종 파편화되어 기억된다는 점을 강조할 수 있다. 집단리더들은 집단원들이 가지고 있는 의구심에 대해 나눌 수 있도록 도울 수 있다. "여러분 중에 트라우마 경험의 일부만 기억하기 때문에 그 트라우마 경험이 사실이 아닐 수 있다고 생각한 적이 있나요?" 또 흔히 떠오르는 다른 주제로 "제가 기억하는 저의 유년시절은 이미 충분히 나빴어요. 그럼 제가 기억하지 못하는 것들은 더 심하지 않을까요? 그게 무서워요."가 있다.
어떤 집단원들은 트라우마 경험의 극히 일부만 기억하고, 어떤 집단원들은 트라우마 사건을 세세히 기억하지만 그 경험과 관련된 감정은 전혀 기억하지 못한다. 또 어떤 집단원들은 트라우마 사건과 연결 짓지 못하는 감정을 느끼고 있을 수도 있다. 생존자들은 종종 트라우마 경험을 기억하는 방식에 대해 두려움을 느끼는데, 그 이유는 트라우마 경험에 대한 파편화된 형태의 기억이 트라우마가 실제로 일어났는지에 대해 의심하게 만들기 때문이다.	
기억과 해리 집단원들은 해리가 과거에 대한 기억에 미치는 다양한 영향에 대해 이야기를 나눈다. 어떤 집단원들은 자신의 트라우마 경험을 기억해 낼 때 해리 증상을 나타낼 수도 있다. (예: 학대 경험에 대해 이야기할 때 둥그렇게 몸을 웅크리고 어린 아이 목소리를 낸다.) 집단원들은 보통 해리 증상을 부끄럽게 여기기 때문에 일상생활에서 이러한 경향성을 숨긴다.	집단리더는 다양한 형태의 해리 증상이 존재한다는 점과, 종종 이러한 증상은 트라우마가 발생하는 동안 그에 대처하기 위한 방법으로 자연스럽게 생겨났지만 지금은 통제할 수 없다고 느껴질 수 있다는 점에 대해 알려줄 수 있다. 집단리더는, "누가 해리가 의미하는 바를 설명해 볼 수 있나요?" "왜 트라우마 생존자는 해리 증상을 겪는 것일까요?"라고 질문할 수 있다.

안전한 곳에서 기억 나누기 트라우마 작업은 불가피하게 언젠가는 트라우마 기억을 처리하는 과정을 수반한다. 이 과정은 개인 또는 집단상담에서 이뤄지기도 하고, 트라우마 생존자가 준비가 되면 친구나 가족과 기억을 나누면서 이뤄지기도 한다. 많은 생존자들은 자신의 트라우마 이력에 대해 누군가와 나눴을 때 부정적인 경험을 한다. 어떤 상황에서 자신의 이야기를 하는 것이 안전한지 또는 안전하지 않은지를 배울 필요가 있다.	집단리더는 "생존자들은 자신의 트라우마 경험에 대해 누군가와 나누고 나서 거절감을 느끼거나, 거짓말한다는 말을 듣거나, '그게 뭐 별일이야?'라는 반응을 받기도 합니다. 그래서 결국 트라우마에 대한 이야기를 아무하고도 하지 않게 되지요. 여러분 중에 트라우마 경험을 나눴을 때 긍정적 경험을 한 사람이 있나요? 아마 리더나 가까운 친구와 그런 경험이 있었을 수 있어요. 어떤 점이 긍정적으로 작용했을까요?" 또한 집단리더는 트라우마 경험을 공유하기에 안전한 경우와 그렇지 않은 경우를 구별할 수 있도록 도와줄 수도 있다. "누군가에게 트라우마 경험을 나눠도 될지 안 될지 어떻게 알 수 있을까요?" 누구에게 이야기하는 것이 안전한지 알 수 있는 한 가지 방법은 먼저 그 사람에게 조금씩 나눠보면서 반응/상황을 살펴보는 것이다. 만약 원하는 반응을 얻게 되면 조금 더 많은 정보를 공유한다.
자기돌봄과 기억	집단리더들은 자기돌봄과 기억을 연관 지어줄 필요가 있다. 기억과 관련하여 발생하는 감정에 잘 대처하기 위해서 집단원은 운동하기, 잘 먹기 및 사회적 자원 만들기 등을 통해 신체적, 정서적으로 자신을 돌볼 필요가 있다. 집단리더들은 집단원들에게 "기억이 떠오를 때 도움이 되는 자기 돌봄 루틴이 있나요?"라고 질문할 수 있다.

이 회기에서 종종 제공되는 추가적인 제안들은 다음과 같다.

1. 악몽에 시달릴 때 그라운딩 활동하기. 집단리더는 집단원에게 가능하다면 침대 밖으로 나와 화장실로 가는 것을 제안할 수 있다. 자신의 두 손을 보면서 "이것은 어른의 손이야. 어린아이의 손이 아니야. 나는 안전해."라고 말하고, 그다음 따뜻한 물과 찬물로 번갈아가며 세수를 한다. 온도 변화는 감정조절을 도와줄 수 있으며, 그러한 의도적인 행동은 안정감을 찾는 데 도움이 될 수 있다.

2. 플래시백에 대처하기 위한 자기대화(self-talk). 집단리더들
   은 이전 집단에서 한 집단원이 공유해준 전략을 소개해줄
   수 있다. 그 집단원은 플래시백을 경험할 때, 방송에서 들
   은 비상 훈련 안내를 모방하여 스스로에게 "지금은 트라우
   마 시스템을 점검하는 중이야. 그냥 점검일 뿐이야. 나는
   안전해."라고 말한다고 하였다.

5회기: 수치심과 자기비난

4-8회기의 주제들(기억하기, 수치심과 자기비난, 자기연민, 분노,
자아상/신체상)은 TIG 집단에서 가장 자극적이고 고통스러운 주제
들이다. 이 때문에, 이러한 주제들은 집단원들이 집단에 적응하고
집단의 구조와 다른 집단원들에 대해 더 편안해지는 중간 회기들
에서 다루어진다. 그렇다고 이 주제들을 마지막 회기까지 남겨두
지는 않는다. 집단이 희망과 안전감을 가지고 마무리되는 것이 중
요하기 때문이다.

수치심은 많은 사람들에게 어려운 주제이다. 수치심에 대해
이야기하는 것이 보통 수치심을 불러일으키기 때문에 그렇다. 수
치심은 자기강화적인 감정이 될 수 있다. 즉, 사람들은 수치심을
느끼는 것에 대해 수치스러워할 수 있다. 집단리더들은 회기를 시
작할 때 이러한 사실을 언급해서 이러한 감정들로 인해 집단원들
이 당황하지 않도록 한다. 집단리더들은 수치심에 성공적으로 대
처하는 방법 및 일상적인 수치심과 파괴적인 수치심을 구별하는
방법과 같이, 보다 긍정적인 주제로 토론을 진행함으로써 집단원
들이 수치스러운 감정에 빠지는 것을 방지하도록 도울 수 있다. 집
단원들은 자신의 수치심에 대해 이야기함으로써 파괴적인 수치심

은 트라우마의 결과라는 것을 배우기 시작한다. 집단원들은 최근 학대 사건이 보도될 때 피해자를 향한 사회적 비난이 종종 있으며, 그럴 때 자신의 수치심이 증폭된다는 점에 대해 자주 토론하고 성찰한다.

주제	집단원의 코멘트 명료화하기
죄책감과 파괴적인 수치심 구별하기 생존자들은 종종 자신이 무엇을 잘못했거나 실수한 것에 대해 느끼는 감정(죄책감)과 자신이 나쁘거나 망가졌다고 느끼는 감정(파괴적 수치심)을 구별하는 데 어려움을 겪는다.	집단리더는 집단원들이 파괴적인 수치심과 죄책감을 구별할 수 있게 도와주어야 한다. "최근에 무언가에 대해 양심의 가책을 느꼈던 때를 생각해볼 수 있나요? 한번 생각해 봅시다. 여러분이 한 행동에 대한 감정이었나요, 아니면 여러분 스스로를 나쁘다고 느꼈던 건가요?" 이에 대한 예시로 회사에서 어떤 일을 잘못한 생존자의 반응을 살펴볼 수 있다. 그는 "내가 뭔가 잘못했구나. 해결해야겠다."라고 생각하는 대신, "내가 또 다 망쳤어. 난 정말 쓸모없는 사람이야."라고 생각한다. 파괴적인 수치심은 우리가 완전히 무가치하고, 더럽거나 역겹고, 돌봄이나 존중을 받을 가치가 없다고 느낄 때 발생한다.
파괴적인 수치심과 트라우마 경험 집단원들은 자신의 트라우마 경험과 파괴적인 수치심을 연관 짓지 못할 수 있다. 한 집단원은 계속해서 "엄마가 저를 그렇게 대한 데에는 분명 저한테 뭔가 심각하게 문제가 있었기 때문일 거예요."라고 말하면서 이러한 자기에 대한 신념과 자신의 학대 경험을 연관 짓지 못했다.	집단원이 자신의 트라우마 경험과 파괴적인 수치심을 연관 짓지 못한다면, 집단리더는 둘의 연관성에 대해 다음과 같이 이야기해 줄 필요가 있다. "수치심은 여러분이 어떤 안 좋은 것, 유해한 것을 숨기고 있다는 느낌과 연관이 있을 때가 많아요. 어린아이로서 여러분은 학대당하고 있다는 사실을 비밀로 가지고 있었을 수 있고, 이것이 시간이 지나면서 점점 수치심으로 발전했을 수 있습니다. 지금도 여전히 다른 사람들로부터 어떤 끔찍한 것을 숨기고 있다고 느끼고 있을 수 있어요. 다른 사람들이 당신을 정말로 알게 된다면 당신을 싫어하고 피하게 될 거라고 생각할 수 있어요." 또는 "당신이 학대받을만해서 학대를 받았다는 메시지를 받았다면 수치심이 생길 수 있어요. 당신을 학대한 부모님을 비난하는 것보다 학대받은 당신 스스로를 비난하는 것이 더 쉬웠을 수도 있습니다."

	최근 집단에서 집단원들은 이렇게 말하기도 했다. "저는 착한 사람들이 나쁜 짓을 하고 싶게 만드는 어떤 특성이 있나 보다 생각했어요." "저희 집에서는 어렸을 때부터 제가 뭘 하든 다 잘못한 거였어요."
수치심과 분노 분노는 다른 회기에서 다루어지지만, 집단원들은 분노를 느끼는 것보다 수치심을 느끼는 게 쉬웠다고 할 수 있다. 어떤 집단원은 자신이 느끼는 분노의 크기가 스스로도 무섭다고 말한다. 또, 집단원들은 분노하는 것은 자신을 학대했던 가해자처럼 되는 것이어서 수치심과 죄책감 없이는 분노를 느끼기 힘들다고 하기도 한다. 화를 낸다는 것은 비난의 대상을 자기 자신에서 가해자로 돌리는 것을 의미할 수 있으며, 이는 많은 생존자들에게 심란한 일일 수도 있다. 예를 들면, 한 집단원은 누군가가 자신에게 비판적인 피드백을 하면, 그 비판이 자신의 파괴적인 수치심을 건드려 즉시 그 사람에게 폭언을 퍼붓게 한다고 하였다. 또, 그러고 나서 자신의 행동이 부적절했다고 생각되어 더 수치스러워진다고 하였다.	집단리더는 수치심과 분노 사이의 연관성에 대해 좀 더 노골적일 필요가 있을 수 있다. 최근 집단에서 한 집단원은 이렇게 말했다. "매일 일어날 때마다 '젠장, 난 여전히 나네.' 그러면서 막 화가 나는데 안 그랬으면 좋겠어요. 그럼 좀 뒤로 물러서서 저 스스로에게 말하죠. '모두가 이런 나쁜 경험을 겪지는 않는다. 그래서 저들은 나만큼 엉망이지는 않은 것이다'라고요." 집단리더는 집단원들에게 나중에 분노라는 주제를 다루는 회기가 있다는 걸 이야기해 줄 필요가 있다. 이 회기의 목표는 수치심에 주된 초점을 두는 것이다. "왜 수치심을 이렇게 많이 느낄까에 대해 생각해 보면, 한 가지 가능성은 보통 학대를 당할 때 분노를 느끼는 것보다 수치심을 느끼는 것이 더 안전했을 수 있다는 것입니다. 왜 그런지에 대해 말해주실 수 있는 분 있으신가요?" 이 개입의 목적은 집단원들이 다른 집단원들로부터 배울 수 있게 하기 위함이다. "일어난 일에 대해 책임이 자신에게 있다는 생각을 버린 분 있으시다면 어떻게 그렇게 할 수 있었는지 나눠주실 수 있나요?"
수치심과 자기비난, 그리고 성 관련 문제	남성 생존자들은 종종 "성적 학대를 당했으니 전 진정한 남자가 아니에요. 전 소극적이고 절대 남자답지가 않아요."라고 말한다.

많은 트라우마 생존자들은 자신의 성과 성 정체성에 대해 수치심을 느낀다고 보고한다.	집단원들은 명시적이든 암묵적이든 자신의 성이 나쁘다는 말을 들었을 수 있다. 남성 생존자들은 종종 이런 이야기를 하기도 한다. '저는 제 아버지가 되고 싶었던 적이 한 번도 없었어요. 하지만 평생 저는 '너는 너의 아버지와 똑같아. 모든 남자는 그렇게 생겨먹었어. 모두 알코올 중독자에 가정폭력범이 돼'라는 말을 들었어요." 몇몇 여성 생존자들은 다음과 같은 이야기를 나누어주었다. "어머니가 맞으면서도 막지 못했고, 저도 제가 학대를 당할 때 막지 못했기 때문에, 저는 여자들은 무가치한 존재라고 생각하며 자랐어요. 우리 여자들은 더 약할 수밖에 없는 뭔가가 있어요. 그게 제가 난관 수술을 한 이유에요."라고 이야기한다. 또 다른 집단원들은 이러한 젠더 역동으로 인해 수치스럽고 무력하다고 느끼는 것에 대해 혐오적인 반응을 보이면서 오히려 공포스러운 상황을 스스로 찾는 식으로 행동하기도 한다. "만약 사람들이 항상 저한테서 원하는 것을 다 가져갈 수 있다면 저는 매춘을 하면서 열심히 돈을 버는 편이 낫겠어요." 또 다른 집단원들은 여성스러워 보이는 것을 수치스럽게 여기며 자기보호를 위해 헐렁한 옷만 입는다는 이야기를 하기도 한다. "제가 여자같이 보이지 않으면 남자들은 저를 쳐다보지 않을 거예요." 이에 집단리더들은 수치심과 성 정체성을 연관 지어주고, 자신에게 일어난 일을 내면화하는 것이 수치심과 성 정체성의 연관성에 어떤 영향을 미치는지 논의해야 한다. 예를 들면, 집단리더는 "만약 여러분과 동성인 사람이 나쁘게 대해지는 것을 목격하거나 나쁜 행동을 하는 것을 보게 되면 자신의 성을 받아들이는 게 어려워질 수 있습니다. 예를 들어, 당신의 어머니가 구타를 당한다면, 당신은 여성으로 사는 것의 부정적인 측면을 알게 됩니다. 사람들은 강함과 약함과 같은 단어를 남성과 여성에 부여할 수 있어요."라고 설명할 수 있다.
수치심과 자기비난은 자신을 트라우마의 피해자가 아니라 자발적인 참여자로 보	집단리더들은 "가끔씩 사람들은 자신을 학대의 피해자가 아닌 참여자로 보기 때문에 수치심을 느끼기도 합니다. 이 점 때문에 힘들었던 적이 있나요?

는 데서 비롯된다.

집단원들은 여러 가지 이유로 자신이 학대나 희생에 가담했다고 생각할 수 있다. 예컨대, 누군가 그들에게 그들이 학대를 원했기에 학대받은 것이라는 말을 했을 수 있다. 그들은 학대로 인한 관심을 즐겼을 수도 있다. 그들의 몸은 성적 자극에 쾌감을 느꼈을 수도 있다. 그들은 생존을 위해 가해자에게 협조했을 수도 있다. 자신이 피해자가 아니라 참여자였다는 믿음은 종종 뿌리 깊게 자리 잡고 있다.

좀 더 이야기해 볼 사람 있나요?"라고 말할 수 있다. 일부 집단원들은 집단리더가 학대에 대한 참여도에 대해 객관적으로 평가해 볼 것을 권유해 준 점이 유익했다고 하였다.
또 다른 효과적인 개입은 다음과 같이 집단원들에게 질문하는 것이다. "어린 시절 학대를 당했을 때, 당신의 키가 얼만큼 컸죠?" 집단원들이 손을 들어 어느 정도로 컸는지를 표시해주면, 집단원들에게 방 안을 둘러보라고 하면서, "여러분은 그렇게 어리고 작은 아이가 학대에 대한 책임이 있을 수 있다고 생각하나요?" 라고 질문한다.
집단원들에게 어린 시절 자신의 모습을 시각화해 보도록 하는 것은 효과적일 수 있다. 많은 트라우마 생존자들은 실제보다 자신이 그 시절에 훨씬 더 크고 유능했던 것으로 생각하기 때문이다.
만약 집단원이 성인이 되어서 학대를 당했다면, 집단원에게 자신이 잘 알고 아끼는 누군가가 – 예를 들면, 형제 자매 또는 친구 – 똑같은 학대를 당했다고 생각해 보라고 하고, "그들이 겪은 학대에 대해서 그들에게 책임이 있다고 생각할 건가요?"라고 질문하는 것이 도움이 된다.
마지막으로 집단리더는 집단원이 좋지 않은 판단을 해서 자신을 위험하게 만드는 행동(예: 낯선 사람들과 함께 술집에서 술에 취한 경우)을 했어도 피해자가 되어야 마땅한 것은 아니라는 점을 필히 강조해야 한다. 이에 대한 적절한 예시는 다음과 같다. "만약 당신이 무심코 차 키를 꽂아둔 채 문을 잠그지 않고 길에 주차를 했다고 해봅시다. 그렇다고 해서 다른 사람들이 이 차를 훔칠 권리가 있는 것인가요?"
학대나 폭행에 대한 책임은 언제나 가해자의 몫이라는 것을 강조하는 것이 중요하다.

파괴적인 수치심에 도전하는 방법	집단리더는 희망적인 분위기로 회기를 마무리 지어야 한다. 즉, 수치심을 다루는 방법에 대해 이야기하면서, 특히 다른 사람들과의 좋은 관계가 수치심을 극복하는 강력한 해독제임을 강조해야 한다. 이 논의에 집단원을 참여시키기 위해 집단리더들은 "파괴적인 수치심에 도전하는 데 도움이 되는 것을 발견한 사람이 있습니까?"라고 질문할 수 있

다. 집단리더는 또한 집단에서 상호작용이 일어난 특정 순간에 주목을 시키고, 그때 어느 집단원이 나눈 이야기에 대해 다른 집단원들이 긍정적인 관심을 보였을 때 수치심이 완화되는 데 도움이 되었는지 물어볼 수도 있다. 전략으로는 적극적으로 자신을 돌보거나 다른 사람을 돕기 위해 무언가를 함으로써 수치심 가득한 생각에 직접 도전하는 것이 포함될 수 있다. 활동지에는 몇 가지 다른 제안 사항이 제시되어 있다.

6회기: 연민

연민에 대한 회기는 원래 TIG에 포함되지 않았었다. 이 회기는 집단을 진행해 보면서 자연스럽게 서서히 발달하여 수치심과 자기비난에 대한 논의를 자연스럽게 뒤잇는 중요한 주제가 되었다. 활동지에서 다루어지는 주제들과 더불어 다음의 표에 소개된 주제들 또한 이 회기에서 자주 논의된다.

주제	집단원의 코멘트 명료화하기
"제 자신보다는 집단원들이나 다른 사람들에게 연민을 느끼는 것이 더 쉽습니다." 많은 트라우마 생존자들은 자기연민이 자연스럽게 생겨나지 않기 때문에 어려움을 겪는다.	"왜 자신에게 연민을 가지는 것을 두려워하나요? 이에 대해 생각할 때 어떤 것이 떠오르나요?" 집단원들은 흔히 "저는 자상한 역할모델이 없었고, 자라면서 저 자신에게 친절하거나 상냥하게 대하는 게 허용되지 않았어요."라고 말한다. 최근 집단에서의 다른 예시로는 "저는 오직 다른 사람들에게만 연민을 느낄 수 있어. 저는 제3자에게 연민을 가져요. 아이들과 함께 TV쇼를 보며 아기처럼 울어요. 저는 그것을 제3자의 애도라고 부르죠." "집단원 여러분 모두 덕분에 저는 아직 연민까지는 아니지만 스스로를 수용하고 이해하게 되었어요. 연민이란 고통을 받아들이는 걸 의미하는데, 저는 아직 거기까지는 아니거든요."

트라우마 사건을 극복하는 유일한 방법은 스스로에게 독하게 구는 것이다. "그만 울고, 그만 징징대!"	리더는 "어떤 자기대화가 떠오르는지 이야기해 주실 수 있나요?"라고 물어볼 수 있다. 집단원들은 흔히 "나는 부족하다." 혹은 "나는 나에게 연민을 느낄 만큼 인간적이지 않다." 또는 "나는 연민을 느낄 자격이 없다."와 같은 자기대화를 떠올린다. 그러면 리더들은 "여러분은 그러한 자기대화에 대해 뭐라고 다시 반응해 줄 수 있을까요?"라고 물어볼 수 있다.
완벽주의와 연민과의 관계	"100% 제대로 할 수 없다면, 아예 하지 않을 거야." 많은 트라우마 생존자들은 이러한 사고방식이 그들의 노력을 얼마나 무력하게 만드는지에 대해 이야기한다. 이에 대한 논의는 매우 유익할 수 있다. 최근 한 집단원은 "다른 사람의 말을 듣고 '나도 그래'라는 생각을 할 수 있는 게 너무 좋아요. 여태까지 이런 걸 같은 선상에서 이해하는 사람들과 있어본 적이 없었거든요."라고 말했다.
자기비난과 연민과의 관계	트라우마가 인간의 잔혹함에 의해 벌어질 때, 그 영향은 "자연재해"로 인한 것보다 더 부정적이고, 더 오래 지속된다. 그 이유는, 부분적으로 생존자들이 희생당한 것에 대해 자신을 탓하기 때문이다. 리더들은 "만약 여러분이 태풍에서 살아남았더라면, 여러분은 '내가 태풍을 일으켰어'라고 말하지 않겠지요. 하지만 여러분이 자기연민을 갖는 데 힘들어하는 이유는 여러분의 트라우마가 태풍이 아니라 사람, 게다가 당신이 믿었던 사람이었기 때문입니다."라고 말할 수 있다.

이 회기에서의 매우 효과적일 수 있는 개입은 집단원들에게 활동지에 적혀있는 개인적 권리 목록을 읽도록 하는 것이다. 이는 집단원들이 직접 활동지 내용을 읽게 되는 몇 안 되는 시간 중 하나다. 마무리 체크인 동안 리더들은 집단원들에게 개인적 권리에 대한 목록을 다시 한번 살펴보고 다음 한 주 동안 어떤 권리에 주의를 기울일지에 대해 생각해보도록 요청한다. 우리는 이것을 "의도성 장치(intentionality prompt)"라고 부른다. 집단원들이 그들의 삶

에서 의도성을 느끼도록 격려하기 때문이다.

7회기: 분노

생존자들의 분노와 관련한 문제 또한 극단 사이를 왔다 갔다 하는 경향이 있다. 한편으로 자신이 감당하기 어려운 강렬한 분노를 경험하기도 하지만, 또 다른 한편으로는 누구에게도, 심지어 가해자에게도 화를 느끼기 어려워할 수도 있다. 이들이 분노할 때 종종 심한 자기혐오를 경험하곤 하는데, 분노라는 감정을 갖는 것이 자신을 가해자와 동일시하게 만들고, 통제불능의 기분을 느끼게 하기 때문이다. 이 회기는 강렬한 감정을 불러일으킬 수 있으며, 다음 표는 회기에서 흔히 떠오르는 주제들을 보여준다.

주제	집단원의 코멘트 명료화하기
인간의 기본 감정으로서 분노 리더들은 "가해자들은 보통 그들이 생존자들을 학대하던 순간 화가 나 있었기 때문에 생존자들은 화를 두려워하고 그것을 나쁜 것으로 봅니다. 분노를 느낄 때마다 가해자들과 동일시되는 경험을 할 수 있어서 분노 감정을 부인할 수도 있습니다. 생존자들은 분노를 적절히 처리하는 모습을 모델링 해준 사람이 주위에 좀처럼 없었을 거예요."라고 말할 수 있다.	리더들은 분노는 모두가 품을 수 있는 감정이며 그러한 분노가 받아들여질 때, 관계에 대한 유익한 정보를 줄 수 있다는 점을 강조해야 한다. 리더들은 또한 분노와 관련된 갈등도 다루어야 한다. 예를 들어, "어떤 생존자들은 자신의 분노가 무서울 만큼 강렬해서 분노를 느끼는 걸 힘들어합니다. 또 어떤 이들은 슬픔을 느끼는 것을 어려워하고, 분노하는 건 좀 낫다고 말하기도 해요. ○○씨가 지금 고개를 끄덕이셨네요. 제가 말한 어떤 점이 공감되셨나요?" 최근 집단에서 나온 발언들은 다음과 같다. "만일 화가 나도록 둔다면, 자기혐오로 가는 길을 걷게 되는 거예요. 불을 뿜고 운전하는 사람을 상상해 보세요. 한 일 년 동안은 그렇게 살았어요. 온 세상이 저만큼 아팠으면 좋겠다고 생각했어요. 할 수만 있다면, 온 세상에 불을 질렀을 겁니다. 그런데 그러면서 화가 더 많이 나게 되

	었어요. 왜냐하면 아침에 일어나면 '나는 정말 끔찍해'라고 느꼈기 때문이에요." 또 다른 예로는 "저는 슬프기보다는 차라리 분노하는 편이 나아요. 적어도 분노는 깨어 있는 감정이잖아요. 바닥에 엎드려 우는 것은 어떤 것도 이루어낼 수 없어요."가 있다.
건설적인 분노와 파괴적 분노의 차이	리더들은 두 가지 유형의 분노 간 차이를 구별하고 집단원들이 각각의 예를 들도록 격려해야 한다. 생존자들은 종종 파괴적인 분노를 많이 경험하였다. 예를 들어, 그들이 실수를 했을 때 부모님에게 맞았다면, 때린 부모님의 감정은 파괴적인 분노였다. 그렇지만 건설적인 분노에 대한 예시는 거의 경험한 적이 없다. 리더들은 "여러분 중 분노를 표현했을 때 좋은 경험을 한 분 있으신가요?" 또는 "관계에서 무언가 잘못되었을 때, 분노가 여러분에게 경고를 해준 경험이 있나요?"라고 물을 수 있다. 최근 한 집단에서 한 집단원이 말했다. "만일 누군가를 대신해서 화가 난다면 그것은 건설적인 분노에 가까울 수 있을 거 같아요. 우리 자신을 위해서는 아직 할 수 없지만, 다른 사람들을 위해서는 목소리를 낼 수 있습니다." 또한 리더들은 다른 사람으로부터 원하는 반응을 얻지 못하더라도 분노를 건설적으로 표현했을 때 자랑스러워해야 함을 강조해야 한다. 또한 정의로운 분노는 사람들이 함께 불의에 저항하도록 할 수 있다.
분노 경험과 분노를 알아차리고 표현하고 받아들이는 것에 대한 편안함 수준 사이의 연관성 만일 생존자들이 분노를 오직 폭력으로만 경험했다면 분노를 표현하기는커녕 자신의 분노를 인지하는 것조차 불편할 수 있을 것이다. 분노가 폭력으로 이어질 수 있다고 무의	"자랄 때 분노에 대한 부정적인 경험을 한 사람들은 종종 분노를 처리하는 것을 어려워합니다. 여러분 중 존재하는 분노와 관련된 현재의 어려움을 과거에 비추어 이해를 하게 된 사람이 있나요?" 만일 집단원이 이 개념을 어려워한다면, 리더는 좀 더 노골적으로 설명해 줄 필요가 있다. "예를 들어, 한 집단의 어떤 여성은 누군가 자신에게 화가 났다고 생각할 때마다 얼마나 무서웠는지에 대해 말했습니다. 결국에 그는 머릿속에서 자신의 분노를 구타당하는 것과 연관 짓고, 자신에게 화가 난 사람은 누구든지 자신을

식적으로 두려워하기 때문에, 누군가 자신에게 화가 났다고 생각이 되면 패닉상태에 빠질 수 있다.	신체적으로 해칠 것이라는 예상을 한다는 걸 깨달았습니다."
"난데없이 나타나는" 분노 문제 생존자들은 종종 화가 나지만 그 이유를 확신할 수는 없다고 한다. 아니면 그들은 모든 것에 대해 화가 날 수 있지만 상세한 것은 확인하지 못할 수도 있다. 이 분노는 과거의 상실과 트라우마와 관련이 있을 수 있으며, 현재의 삶과는 관련이 덜 할 수 있다.	리더들은 다음과 같이 말하며 이 문제를 제기할 것이다. "가끔 사람들은 그냥 화가 나고 왜 그런지 알지 못합니다. 때로 자신의 분노가 무고한 사람들, 가령 배우자나 자식에게 표출되는 것을 발견하기도 하고요. 여러분 중에도 이런 경험 있으셨던 분 있나요?" 만일 이 문제가 집단원들에게 해당된다면, 리더들은 부적절한 분노에 대처하는 방법에 대한 논의를 시작할 수 있다. "여러분 중 이러한 분노를 다루는 데 도움이 되는 방법을 찾은 사람이 있을까요?" 예전 집단원들은 스트레스 감소 기술이 분노에 도움이 된다고 보고한 바 있다. 또한 일부 생존자들은 자신의 과민성 수준을 증가시키는 상황을 알아차리고 피할 수 있게 되었다.
"저 스스로 화를 느끼게 내버려둔다면 제어할 수 없을 거 같아요.	리더는 이렇게 말할 수 있다. "분노는 감정이며 꼭 행동으로 이어질 필요가 없다는 점을 명심해야 합니다. 그래야지 분노가 덜 무섭고 덜 압도적일 수 있어요. 실제로 누군가에게 화가 났음을 자각하였어도 화를 표현하지 않고 그 감정을 내 안에 가지고 있기로 하는 것은 중요한 경험이 될 수 있어요. 감정을 느낀다는 것을 인정하고 그것에 대한 통제감을 가질 수 있게 해주거든요." 이것은 집단원들에게 깊은 감정적인 경험으로 이어질 수도 있다. 최근 한 집단원은 "화는 추악하고 끔찍해요. 항상 다른 사람들을 우선시하는 사람인 저한테는 화를 느끼는 건 아무 의미가 없어요. 화를 느낀다고 뭐가 달라질까요? 아무것도 달라지지 않아요." 그리고 "만일 사람들이 제가 화난 것을 본다면 완전 놀랄 거예요. 저에 대한 이미지가 깨져버리겠죠. 지금까지 평생을 '당신을 위해 제가 뭘 할 수 있을까요?'라는 태도로 살았거든요."라고 말했다.
분노를 표현하는 안전한 방법	리더는 분노를 다루는 유용한 방법에 대한 논의

을 찾아야 할 필요성	를 하는 것으로 회기를 마무리 지을 필요가 있다. "건강한 분노란 어떤 모습일까요?" "여러분을 화나게 한 사람들이 화를 받아줄 시간적 여유가 없거나 그들에게 화를 내는 것이 너무 위험해서 결국 여러분이 화를 내지 못할 때는 어떤가요? 그 감정들을 어떻게 하시나요?" 집단원들은 분노에 대처했던 방법들에 대한 예시를 꺼내놓을 수 있고, 분노를 예술적으로, 신체적으로(예: 러닝, 격렬한 대청소), 또는 유머스럽게 승화시켜 표현하는 방식들을 찾아볼 수 있다. 여기에서 리더는 대부분의 사람들에게 분노 경험이 얼마나 감각적인 경험인지 알려줄 필요가 있다. 분노는 종종 몸속에 머무르고, 복부에서 느껴지고, 얼굴이 붉어지고, 이를 악무는 것으로 나타난다. 리더는 "여러분이 화가 났다는 것을 인정할 때, 숨을 쉬면서 '이것은 분노다'라고 자신에게 말하는 것이 중요합니다. 분노를 여러분 내부로 향하게 하거나 충동적으로 행동하지 않도록 분노를 인정하세요."라고 말할 수 있다. 이때 산책하기와 같은 신체적 대처 방법이 매우 유익할 수 있다.

　가끔은 이러한 논의가 집단원 간 갈등으로 이어질 수 있다. 한 예로, 한 집단원이 "당신이 안전한 사람들로 둘러싸여 있다면 화가 그렇게까지 나지는 않을 거예요. 당신은 안전하고 편안한 상황을 찾을 필요가 있어요."라고 말하며 다른 집단원에게 충고를 주고자 했다. 이에 다른 집단원은 "안전한 공간이 존재한다고 생각한다면 당신은 착각하고 있는 겁니다."라고 응답했다. 집단 역동을 처리하기보다는 교육과 유대감을 중시하는 집단 철학에 따라 리더들은 집단원들 사이의 분노를 직접적으로 다루지는 않는다. 대신, "안전과 관계에 대한 신념은 정말 다양한 곳에서 생겨날 수 있어요. 많은 경우, 그러한 신념들은 한 연장선에 놓여있죠."와 같은 인지적인 개입을 하는 것이 대체로 더 효과적이다. 또한, 리더는 조언을

하는 사람의 의도는 도움을 주려는 것이지만, 사실 한 사람에게 효
과적인 것이 다른 사람에게 그렇지 않을 수 있다고 설명해 줄 수
있다. 다른 사람들에게 무엇을 해야 한다는 식으로 말해주기보다
그냥 자신에게 효과적이었던 것들을 공유하고, 이러한 예시들이
도움이 되길 바라는 마음을 전달하는 것을 제안할 수 있다. 이 일
반적인 원리는 모든 주제에 적용되지만, 분노에 대한 논의에서는
특히 더 그러하다.

8회기: 자아상/신체상

우리는 이 주제가 여러 집단원들에게 강렬한 감정을 유발하는
것을 발견하였다. 여성에게는 종종 매력적이지 못한 것에 대한 두
려움, 여성다움에 대한 양가감정, 그리고 때로는 자신의 몸에 대한
노골적인 증오를 상기시키곤 한다. 남성에게는 남성성에 대한 양
가감정을 떠오르게 한다. 남성에게 학대를 받아온 남성 집단원은
남자다운 게 무엇을 의미하는지에 대해 혼란스러워하며 학대자가
되는 게 남자다운 것인지 질문할 수 있다. 또, 남자들도 자신의 몸
에 대해서 자의식이 강하다는 것을 인정하였다. 남성 생존자들은
자신의 몸에서 느껴지는 느낌에 대해 심각하게 혼란스러워하기도
하는데, 특히 가해자가 남성이었다면 더욱 그러했다. 가해자와 젠
더 동일시를 하는 것에 대해 우려감을 표했다. 추가 주제들은 다음
표에 소개되었다.

주제	집단원의 코멘트 명료화하기
가족 환경이 신체상에 미치는 영향	집단리더는 집단원들이 자신의 신체와 성적 취향에 대한 가족의 태도가 신체상에 어떤 영향을 미쳤는지 생각해 볼 수 있도록 한다. "활동지를 읽고 나서 어린 시절 자신의 몸에 대해 받았던 메시지에 대한 구체적인 예시들이 생각나시는 분이 계실까요? 그런 메시지들이 여러분에게 어떤 영향을 미쳤나요?"
문화가 신체상에 미치는 영향	우리 문화가 신체상에 미치는 영향에 대한 주제는 열띤 토론을 촉발한다. 질문은 간단하게 시작할 수 있다. "문화가 여성의 신체상에 어떤 영향을 미치는지 이야기해 주실 분이 계실까요?" 집단리더는 바비 인형, 잡지 속 깡마른 모델들 등과 같은 예를 사용해서 더 활발한 토론을 유도할 수 있다. 모두 남성으로 이루어진 집단이거나 남녀 혼성 집단일 경우, 집단리더는 문화적인 편견이 남성들에게 어떤 영향을 미치는지에 대해 생각해 보도록 격려할 수 있다. 예를 들어, 운동에 소질 없는 소년은 자신의 몸에 대해 어떻게 생각할까?
트라우마가 신체상에 미치는 영향	활동지의 세 번째 단락을 읽은 후, 집단리더는 집단원들에게 트라우마 경험이 신체상에 어떠한 영향을 미쳤는지 생각해 보도록 격려한다. 활동지의 예시들을 사용하면서 집단리더는 다음과 같은 질문을 할 수 있다. "이것은 트라우마의 영향으로 우리가 우리의 몸과 어떤 관계를 가지게 되는지에 대한 몇 가지 예시입니다. 이 중 와닿는 게 있을까요? ○○씨, 고개를 끄덕이고 계신데, 어떤 게 공감되셨나요?"
자기돌봄과 신체상과의 관계	자해하는 방식으로 고통을 자주 표현해온 생존자들에게는 자신의 몸을 돌보는 방법을 배우는 것이 회복의 중요한 단계이다. 집단리더는 집단원들이 그들의 몸을 스스로 돌봄으로써 긍정적인 신체상을 형성할 수 있다는 점을 강조해야 한다. 생존자들은 자신의 몸을 돌보기 시작하면서 스스로에 대해 더 좋게 느끼게 되고, 이것이 선순환을 만들어 내기도 한다. "여기 오시

	는 분들은 종종 자신의 몸을 돌보는 것이 자신에 대해 어떻게 느끼는지와 연관이 있다고 이야기하곤 합니다. 혹시 이 말이 와닿는 분 계실까요?"
몸을 돌보는 새로운 방법	집단원들은 지금껏 자신의 몸을 돌보기 위해 사용해온 방법과 앞으로 시도해 볼 수 있는 새로운 방법에 대해 생각해보면서 주제 토론을 마무리하게 된다. 휴식 더 많이 취하기, 채소 더 많이 섭취하기, 규칙적으로 운동하기, 이완 연습하기, 개인적인 위생 상태를 유지하기, 정기적인 검진이나 치과진료받기와 같은 것이 예시로 포함될 수 있다.
성관계와 신체상 성관계와 성(sexuality)에 대한 이슈는 이 집단에서 자주 등장하는 논쟁점이다. 집단리더는 이런 주제를 정상화하고, 이것이 어떻게 트라우마와 트라우마 회복을 초월하는지 논의할 필요가 있다.	집단리더는 다음과 같이 말할 수 있다. "우리는 다른 사람들은 성 문제가 크게 없을 거라는 생각을 합니다. 그렇지만 누구나 성과 관련된 문제를 경험해요. 성은 취약해지는 것과 관련이 있어요. 섹스를 할 때, 트라우마 기억과 관련 있는 신체부위에서 나타나는 감각들을 느껴야 하죠. 성관계 도중 플래시백이 일어날 때, 지금 여기는 과거가 아닌 현재라고 스스로 어떻게 상기시킬 수 있을까요? 현재의 성관계가 과거의 고통스러웠던 경험과 다를 수 있도록 파트너가 여러분과 함께 노력해줄 수 있게 여러분의 침투 증상에 대해 파트너에게 어떻게 알릴 수 있을까요?" 자주 등장하는 또 다른 주제는 자신이 오로지 다른 사람을 위해 또는 다른 사람을 행복하게 하기 위해 성관계를 한다는 생각이다. 자주 나오는 의견은 다음과 같다. "저는 술에 취하지 않고는 섹스를 해낼 수 있을지 모르겠어요." 친절한 상대와 자발적으로 하는 성관계는 굴욕이 아닌 기쁨의 경험으로서 강제로 하는 성관계와는 완전히 다를 수 있음을 집단원에게 설명해야 한다.
성적 지향과 트라우마 생존자들 중 동성애자의 경우,	여기서 집단리더가 직접적이고 분명하게 개입하는 것이 매우 중요하다. 이런 부분이 다른 정신역동 또는 과정 집단과의 차이점이다. 집단

자신의 성적 지향에 대한 복잡한 감정을 토로하기도 한다. 집단에서 자신의 내면화된 동성애 혐오를 표현하거나 동성애 혐오가 자신에게 미친 영향에 대해서 나누는 사람들도 있다. 예를 들면, "저는 학대를 당해서 제가 게이가 아니라는 걸 알고 있어요. 모두 저한테 그렇게 말해왔죠. 그런데 왜 저는 남성의 몸에 더 끌리는 걸까요? 머리로는 제가 남성에게 학대당했기 때문은 아니라고 생각하지만, 아직도 제 내면에서는 의심이 생기기도 하고 스스로 혐오감도 가지게 돼요."

리더는 다음과 같이 말할 수 있다. "저는 당신의 감정을 전혀 부정하고 싶지 않지만, 이것에 대해서는 많은 연구들이 있고 결과도 명확하다는 것을 여러분께 말하고 싶어요. 학대는 절대 동성애나 양성애의 원인이 아니라는 거죠. 만약 원인이라면, 우리 모두 알고 있듯이 아동학대는 매우 흔하게 일어나기 때문에 훨씬 더 많은 동성애자가 존재해야 할 것입니다. 대부분의 학대 생존자는 이성애자입니다. 역으로 학대로 인해 이성애자가 된 것도 절대 아니죠." "학대는 앞서 이야기한 것처럼 자기혐오와 자기비난을 일으킬 수 있어요. 여기에는 성적 지향이 학대로 인한 손상의 흔적이라는 생각도 포함됩니다."

9회기: 관계

집단리더는 이 회기가 마지막 바로 전 회기라는 점을 안내해 줄 필요가 있다. 주제가 관계이기 때문에, 이번 회기는 집단원들이 서로의 관계에 대해 생각해보고 집단이 종료된 후 발생할 상실감에 대해서도 생각해 볼 시간을 갖는다. 3회기(신뢰)는 자기 자신을 신뢰하는 법에 집중했다면 이번 회기는 다른 사람과 신뢰를 형성하여 관계를 심화시키는 방법에 집중한다.

생존자들은 자신의 트라우마 경험이 현재 관계에 어떤 해로운 영향을 미치는지 예민하게 인식하고 있는 경우가 많다. 많은 사람들은 이런 이야기를 한다. "어떤 관계든 저는 늘 마음 졸이며 기다리고 있어요. 판단 받거나, 버려지거나, 배신당하거나, 해고되거나. 항상 큰 죄를 지은 느낌이거든요." 그리고 또 다른 이들은 "저 자신이 취약해지는 게 너무 두려워요."라고 말하면서 타인과의 관계에서 경계하는 태도를 갖는 것의 장점에 대해 이야기하기도 한다. 추가적인 주제는 아래의 표에 제시되어 있다.

주제	집단원의 코멘트 명료화하기
트라우마가 관계에 미치는 영향 어떤 생존자들은 자신이 다시 희생당하는 관계를 맺기도 하고, 어떤 생존자들은 관계를 필사적으로 피한다.	집단리더는 "여러분의 트라우마 경험이 현재의 관계에 어떤 영향을 미치고 있다고 생각하시나요?"라고 물을 수 있다. 만약 집단원들이 연관성을 잘 찾지 못한다면, 집단리더는 다음과 같은 예시를 제공할 수 있다. 트라우마 생존자들은 더 많은 힘을 가지고 있는 권위자들(상사, 의사, 혹은 리더)과의 관계를 종종 힘들어한다. 만약 과거에 학대를 당했거나 착취당한 경험이 있다면, 관계에서의 힘이 공정하고 책임감 있게 사용될 것이라고 믿는 것이 어려울 것이다. 트라우마 경험 때문에 어떤 집단원들은 다른 사람의 행동을 잘못 해석하거나 극단적으로 반응할 수도 있다. 예를 들어, 어떤 생존자는 상사가 기분이 좋지 않은 것이 자신 때문이라고 생각할 수 있다. 하지만 실제로는 해당 생존자와는 전혀 무관한 일 때문에 화가 나 있었다. 또 어떤 한 남성 생존자는 여자친구가 화를 내자 너무 위협당하는 기분이 들어 대화로 해결하지 않고 여자친구에게 폭언을 퍼붓고 집 밖으로 뛰쳐 나갔다고 한다.
관계에 도전하여 상호성을 찾는 방법	집단원은 "제가 좋은 사람을 구별하는 능력이 있는지 잘 모르겠어요. 너무 나쁜 사람들만 꼬여서 모든 사람이 다 나쁜 건지 제가 촉이 안 좋아서 그런 건지 잘 모르겠거든요. 이 사람은 믿을만한지 어떻게 알 수 있죠?"라고 말할 수도 있다. 그러면 집단리더는 다음과 같이 질문할 수 있다. "혹시 다른 분들은 어떻게 관계를 맺고 계시나요?", "다른 사람을 신뢰할 수 있을지 판단하는 방법을 알고 계신 분 계실까요?"

다른 사람과의 관계가 피상적이거나 관계 안에서 항상 같은 역할을 하는 느낌	집단원은 다음과 같이 말할 수 있다. "저는 항상 누군가를 돌보는 사람이거나 문제를 해결하는 사람이거나 애정에 굶주린 사람이에요. 이런 저의 모습도, 다른 사람이 나를 대하는 모습도 마음에 들지 않죠." 또는 "저보다 더 엉망진창인 사람이나 저보다 더 우려가 되는 사람과 함께일 때, 저는 구원자 역할을 해요. 다른 사람에게 집중하는 기분이 좋더라고요." 이런 흔하게 나타나는 패턴에 대한 논의는 집단원들에게 치료적일 수 있다. 이때 집단리더는 다음과 같이 물을 수 있다. "혹시 덜 제한적이고 더 진정성 있는 관계를 위해 변화를 시도해본 분 계실까요?
더 나은 관계를 위한 전략들	집단리더는 집단원들이 관계를 개선할 수 있는 방법에 대해 이야기면서 회기를 마칠 수 있도록 해야 한다. 여기에는 자신의 트라우마 경험에 대해 적절하게 나누는 방법을 배우기, 혼란스러운 부분에 대해 명확하게 말해달라고 요청하기, 멋대로 추측하지 않기, 누군가 불쾌한 행동을 했을 때 당당히 이야기하기 등의 전략들이 있을 수 있다.

집단원들이 서로 강력한 유대감을 형성했다면, 집단리더는 집단 내에서 신뢰가 어떻게 형성되었는가를 예시로 인간관계를 만들어가는 과정을 설명할 수 있다. 예를 들어, 집단리더는 다음과 같이 말할 수 있다. "신뢰는 시간이 지나면서 서서히 형성되는 것이죠. 첫 번째 집단 모임에서, 여러분은 서로를 잘 몰랐기 때문에 당연히 서로 온전히 신뢰하지 않았었죠. 여러분 본인에 대해서도 거의 공유하지 않았고요. 하지만 시간이 지나면서 서로 간의 신뢰가 생기기 시작했고 꽤 사적인 이야기도 공유하게 되었습니다." 이런 집단리더의 관찰은 집단원들이 삶의 다른 영역에 있는 사람들보다 서로를 어떻게 더 쉽게 신뢰할 수 있었는지에 대해 이야기하도록

촉진할 수 있다.

9회기를 마무리하는 시간 중 일부는 마지막 회기를 준비하는 데 사용된다. 집단리더는 다음과 같이 말할 수 있다.

"다음주가 우리의 마지막 모임이네요. 서로 마지막 인사를 나누는 데 충분한 시간을 쓸 예정입니다. 활동지를 준비하긴 하지만, 어쩌면 활동지를 전부 다룰 시간은 없을 수도 있습니다. 집단을 떠난 후 집으로 가져 가서 살펴보셔도 좋습니다. 집단리더들은 돌아가며 첫 회기 이후 각자의 진전에 대해 피드백을 드릴 거고, 여러분이 서로 피드백을 제공하는 시간도 있을 거예요. 원한다면 자유롭게 말씀하셔도 좋습니다만, 원치 않을 경우 말씀하지 않으셔도 됩니다."

10회기: 과거의 의미 만들기 및 회복 과정

마지막 회기에서는 집단이 이루어낸 것을 되돌아보고, 각 집단원들에게 작별 인사를 하고, 시간이 허락되는 만큼 마지막 활동지를 다루고 토론하는 등의 여러 가지 작업을 수행해야 한다. 집단은 여러 면에서 표준 회기 구조에 따라 진행되지만, 마지막 인사를 전하고 집단의 마무리를 다루는 것이 가장 주요한 목표이다. 대부분의 집단원들은 건강하고 긍정적인 방식으로 사람들에게 작별 인사를 한 적이 없으므로 이런 집단이 그러한 첫 번째 경험을 제공할 수 있다.

회기 개요

1. 오늘 일정 검토하기
2. 시작 체크인 진행하기
3. 이완 활동 진행하기

4. 집단 종결 과정 진행하기

5. 주제 소개하고 토론하기

6. 마무리 체크인으로 마치기

회기의 내용

1. 오늘 일정 검토하기

집단리더들은 회기의 시작부터 이번 회기가 마지막 회기임을 강조해야 한다. "모두 아시다시피, 이번 회기는 집단의 마지막 회기입니다. 모두 매주 이곳에 오고 참여하면서 회복을 위해 많은 일들을 해냈습니다. 오늘 모임의 마무리 단계에서 집단에서 함께한 경험들을 되돌아보기 위한 시간을 갖도록 하겠습니다."

2. 시작 체크인 진행하기

집단리더는 어김없이 시작 체크인을 진행한다. "오늘 돌아가면서 체크인을 할 때에는 각자 집단에서 한 경험에 대해 짧게나마 생각해보는 시간을 가지셔도 좋아요."

3. 이완 활동 진행하기

집단리더는 지금까지 해오던 방식에 따라 이완 활동을 진행한다. 활동 중에 리더들은 집단원들이 집단에 끝까지 참여하고 회복에 집중할 시간을 가진 것에 대해 스스로 자랑스럽게 여길 필요가 있다고 말해 줄 수 있다.

4. 집단 종결 과정 진행하기

집단 종결 과정은 보통 리더가 집단 전체에게 리더로서 목격한 집단의 성장과 회복탄력성에 대해 이야기하면서 시작된다.

"먼저 여러분 모두와 함께할 수 있는 기회가 주어져 얼마나 감사했는지 말씀드리고 싶어요. 작별 인사는 많은 사람들에게 힘든 일이고, 특히 트라우마 경험이 있는 경우 더욱 그럴 수 있습니다. 이 시간에는 각자 집단에서 열심히 참여한 자신을 인정해 주면서 서로 작별 인사를 하기 바랍니다. 여러분이 이루어낸 것을 축하하고 회복에 있어 중요한 단계에 전념하여 완수한 것을 만끽하시는 시간을 갖길 바랍니다."

이 시점에서 집단원들은 지금까지 살면서 작별 인사하는 것을 피하곤 했다는 이야기를 할 수 있다.

집단리더들은 각 집단원에게 주고 싶은 피드백을 미리 생각하고 메모해두는 게 좋다. 리더들은 차례로 각 집단원에게 개별 피드백을 준다. 리더들이 피드백을 다 주고 나면, 다른 집단원들도 각 집단원에게 피드백을 줄 기회를 갖는다. 우리는 긍정적인 피드백을 주고받는 것이 매우 감정적인 경험임을 알게 되었다. 리더들은 이 경험을 다음과 같이 정상화시켜 줄 수 있다. "이렇게 긍정적인 피드백을 주고받는 것이 쉽지 않은 일인데 잘 해내셨어요."

이 과정은 집단 회기의 상당한 부분을 차지할 수 있다. 이 과정이 마무리되면, 리더들은 "과거에 의미를 부여하는 것에 대해 함께 생각해 보고 이야기해 보는 시간을 가졌으면 해요."라고 말할 수 있다.

5. 주제 소개하고 토론하기(다음 표 참고)

주제	집단원의 코멘트 명료화하기
"왜 나에게 이런 일이 일어났을까?" 많은 생존자들, 특히 만성적인 대인관계 폭력을 경험한 이들	활동지의 첫 문단을 읽은 후 리더들은 잠시 멈추고 다음과 같이 물어볼 수 있다. "여러분의 생각은 어떤가요? 왜 나쁜 일들이 일어날까요? 좋은 사람들에게도 나쁜 일들이 일어나나요? 아니면 나쁜 일을 당할만한 사람들에게만 나쁜 일

은, 다른 사람들이 왜 자신에게 상처를 준 것인지에 대한 질문과 씨름한다.	들이 일어날까요?" 이 질문은 종종 집단원들이 과거에 학대에 대하여 자신 스스로를 어떻게 비난하고 자책해왔는지에 대해 이야기할 수 있도록 한다.
어린 시절의 신념 체계와 성인으로서의 이해 수준의 차이	집단원들이 가지고 있는 신념들에 대해 토론을 먼저 한 후, 리더들은 "그러한 신념들이 어디서 비롯된 것인지 생각해 본 사람 있나요?"라고 묻는 것이 도움이 될 수 있다. 왜 나쁜 일들이 일어나는지에 대한 신념은 흔히 어린 시절의 신념 체계에 기반을 두고 있다. 이 신념 체계는 우리가 직접 배운 것(예: 교회 또는 절에서)과 우리가 암묵적으로 학습한 것을 포함한다. 우리의 어린 시절 경험들이 현재의 신념에 어떤 영향을 미쳤는지 성찰해봄으로써, 현재의 신념들을 살펴보고, 그중 도움이 되지 않거나 해로운 것들은 버리고 건강한 것들은 유지할 수 있다.
트라우마 경험이 있는 아이들과 어른들 모두, 경험으로부터 의미를 찾기 위한 노력들을 하게 된다. 그러면서 "내가 뭐를 어떻게 했길래 이러한 경험을 겪게 되었을까?"와 같은 질문을 던지기도 한다. 자신을 비난하는 식으로 이 질문에 답하는 생존자는(예: "내가 쓸모없어서, 어리석어서, 못생겨서 학대를 당한 거야.") 자존감에 장기적인 손상을 입게 된다. 그러나 이러한 종류의 자기비난은 여러 적응적인 기능들의 역할을 하기도 한다. 생존자가 가해자에게 화내는 것을 피하고 트라우마를 통제할 수 있다는 환상("내가 아주 아주 착하게 살면 이런 일은 다시 일어나지 않을 거야.")을 느끼게 해준다.	유인물의 세 번째 단락을 읽은 후에 리더들은 집단원들에게 과거에는 학대를 어떻게 이해했고 지금은 그것을 어떻게 이해하는지에 대해 물어볼 수 있다.

신념 변화를 가로막는 장애물

자기를 비난하는 신념들은 변화하기 어렵다. 왜냐하면 자기비난은 보호 기능의 역할을 하기 때문이다. 예를 들어, 만약에 성인 여성이 자신이 교태를 부려서 데이트에서 강간을 당했다는 믿음을 버리고, 강간이 가해자의 선택이었고 자신의 행동과는 무관했다는 믿음으로 대체한다면, 그는 자신이 어떻게 행동을 하든 강간을 당할 위험에 있다는 가능성에 맞서야 한다. 어떤 면에서 그는 자신이 너무 들이대서 강간을 당했다고 믿는 것이 더 위안이 될 수 있다. 그러면 그는 자신에게 "내가 좀 더 조신하게 있으면 강간당하지 않을 수 있을 거야."라고 말할 수 있기 때문이다. 이 신념에 집착함으로써 그는 이 문제에 대한 통제력을 갖게 되었다는 착각을 하게 된다.

리더들은 집단원들이 해로운 믿음을 버리는 데 방해가 되는 것이 무엇인지 검토할 수 있도록 격려한다. "이제 성인이 되어서는 여러분이 나쁜 아이여서 학대를 당한 것을 아니란 것을 머리로는 알고 있죠? 그런데 왜 여러분은 여전히 이게 약간 신빙성이 있다고 믿을까요?" 성인 트라우마의 생존자들에게는 리더들이 이와 같이 물어볼 수 있다. "폭행을 당한 것이 여러분의 잘못이 아니라는 것을 머리로는 알지만 왜 여전히 스스로를 일부 비난할까요? 무엇이 폭행에 대한 전적인 책임을 가해자에게 묻지 못하게 하나요?"

회복은 어떤 모습일까?

특히 오랫동안 지속된 아동기 트라우마를 겪은 성인 생존자들은 종종 회복이 어떤 모습일지 상상조차 하지 못한다.

리더들은 집단원들에게 회복이 그들에게 어떤 의미인지 물어볼 필요가 있다. "트라우마를 넘어서는 것이 어떤 모습일지 생각해 보신 분 있나요?" 집단원들이 답을 하지 않으면 리더들은 이와 같이 물어볼 수 있다. "회복할 수 없을 것 같다는 느낌으로 힘들어하고 계신 분 있으신가요? 회복이 너무 멀리 있다고 느껴지고, 도달할 수 없을 것 같다고 느끼시는 분이요." 집단원들은 "회복은 트라우마를 잊는 것"과 같은 비현실적인 생각들 또는 "내가 회복하면 다시는 기분이 나빠지지 않을 것"과 같은 생각들을 제시할 수 있다. 리더들은 이러한 생각들에 대해 나머지의 집단원들과도 좀 더 깊이 있게 토의해볼 수 있다. "다른 분들도 회복하는 것이 용서하고

	잊는 것이라고 믿나요?" 집단원들은 종종 서로의 신념에 대해 질문을 하기도 한다.
아동기 대 성인 트라우마 생존자들의 회복에서의 차이	한 리더는 그 차이를 이와 같이 설명했다. "만약 누군가가 꽤 괜찮은 삶을 살다가 성인이 되어서 단회의 트라우마 사건을 겪었다면, 회복은 이전 삶에서만큼의 기능 수준으로 다시 돌아가는 걸 의미할 수 있어요. 반면, 인생 초기부터 여러 트라우마 경험들을 겪어온 사람에게는 회복은 아이로서 배울 기회들이 없었던 것들을 배우는 것을 의미합니다. 그 회복 과정은 자기존중과 자기주체감을 발달시키고, 상호존중이 있는 관계를 맺는 것을 포함합니다."
과정으로서의 회복	회복은 과정이며 모든 집단원들이 그 과정에서 어느 정도의 진전을 해왔다는 것을 강조해야 한다. 한 리더는 "때때로 희망이 없다고 느껴지더라도 더 멀리 내다볼 수 있어야 해요. 지난 한 해 동안 여러분이 이룬 것들을 돌아보세요. 여기 있는 여러분은 '1년 전에는 집단에 참여한다는 생각이 나를 두렵게 했을지도 모르는데 이렇게 집단에 참여한 것을 보면 나는 발전한 거야.'라고 말할 수 있겠지요. 회복을 도달할 수 없는 어떤 이상적인 모습으로 여겨져서는 안돼요. 여러분이 항상 나아가고 있는 방향에 있는 무언가로 생각해보시길 바랍니다." 리더들은 집단원들이 회복에 있어 진전을 이루어낸 방법들을 이야기해 보도록 할 수 있다.
회복의 세부사항들	리더들은 집단원들 스스로에게 회복이 어떤 모습인지 구체적으로 정의할 수 있도록 도와야 한다. 그렇게 하기 위해서 주로 회복의 단계들(안전에서 시작하여, 트라우마 이야기를 하는 것, 그리고 궁극적으로 그 경험의 의미를 만들어내는 것)을 다시 살펴보는 게 도움이 된다. 집단리더들은 이 단계들이 종종 겹칠 수 있다는 점을 언급해 줄 수 있다. 예를 들어, 한 집단원이 술이나 마약을 끊음으로써 자신의 안전을 향상시키는 동시에 학대 아동들과 함께 일함으로써 자신의 트라우마 경험에 의미를 부여할 수 있다.

생존자로서의 사회적 미션 찾기	리더들은 개인의 고통을 초월하는 한 가지 방법은 폭력을 조장하는 사회적 상황을 바꾸기 위해 다른 사람들과 함께하는 것이라고 설명할 수 있다. 이것을 해온 많은 생존자들이 있기 때문에 리더들은 가장 적합해 보이는 사례를 예시로 활용할 수 있다. 리더들은 집단원들에게 생존자의 사회적 미션이 무엇이 될 수 있을지에 대해 생각하게 해봄으로써 이 주제를 희망적으로 마무리한다.

6. 마무리 체크인으로 마치기

리더들은 집단과 그들이 성취한 것에 대한 소감을 표현하면서 마무리 체크인을 시작한다. 예를 들어,

"여러분들과 지난 10주 동안 함께 작업을 할 수 있어서 정말 영광이었습니다. 이 작업이 가끔 힘들었다는 것을 알아요. 하지만 끝까지 잘 해냈고, 그리고 그런 여러분의 헌신으로 훌륭한 집단이 될 수 있었어요. 여러분을 떠나보내는 게 아쉽기도 하지만 여러분이 회복에 큰 진전을 이루어낸 것에 대해 자랑스럽고 여러분의 미래에 일어날 일들이 기대가 됩니다."

집단원들이 마지막으로 돌아가면서 이야기하며 체크인을 할 때, 리더들은 모든 집단원들이 작별 인사를 할 기회를 가질 수 있도록 시간을 잘 배분할 필요가 있다. 또한 리더들은 집단이 끝나면 원하는 경우에 집단원들끼리 사회적으로 만남을 가져도 되지만, 그렇다고 해서 사회적인 만남을 꼭 가져야만 하는 것으로 느껴서는 안 되고, 집단에서 느꼈던 강렬한 감정 교류를 기대해서도 안 된다고 설명해 주어야 한다. 오히려 즐거운 활동이나 공유된 관심사와 관련된 프로젝트를 위해 만나는 것이 더 바람직하다. 리더들

은 마지막 회기가 끝나면 먼저 공간을 떠날 수 있고, 집단원들은 원한다면 조금 더 남아 서로의 연락처를 교환할 수 있다.

결 론

    3장과 4장에서 다룬 회기별 지침에서는 TIG의 기본적인 주제들(정보를 얻어 힘을 얻는 것; 수치심, 비밀스러움, 고립이라는 장벽들을 극복하는 것; 참을 수 없는 고통과 어둠을 타인과의 유대감을 통해 견딜만한 것으로 만드는 것)에 대해 자세한 내용을 제공하였다. 집단을 운영하는 실제적인 지침사항들을 다루고 집단에서 흔히 나타나는 추가 주제들을 강조함으로써 집단을 통해 펼쳐지는 토의의 풍성함이 잘 전달되었으면 하였다. 마지막 회기에서 집단원 각자가 이루어낸 진전을 살펴보는 시간은, 트라우마 회복이 지속적인 노력의 보상으로 기대될 수 있으며, 회복 과정이 정체불명의 대응하기 힘든 과정이 아니라 충분히 조절되고 감당될 수 있는 과정이라는 자신감을 심어줄 것이다. 다음 장에서는 집단리더십과 관련된 몇 가지 도전적인 이슈들에 대해 다루고자 한다.

제 5 장

집단 과정 및 집단리더십

집단 과정 및 집단리더십

TIG 집단리더에게는 다양한 임무가 주어진다. 즉, 시간 관리하기, 교육 제공하기, 집단원이 정서적 고통을 조절할 수 있도록 돕기, 집단 과정 관찰 및 담아내기, 집단 초기, 중기, 후기 회기에서 나타나는 주제들 처리하기 등을 하게 된다. 따라서 집단리더는 복합 트라우마와 집단 과정에 대한 탄탄한 개념적 지식과 급성 트라우마 관련 고통을 관리하는 다양한 기술을 활용할 수 있어야 한다. 리더들이 TIG를 성공적으로 실시하기 위해 필요한 다면적 역할을 수행할 수 있도록 자문가 또는 수퍼바이저를 지원해 주는 것이 매우 중요하다.

집단리더에게 필요한 지식 기반

TIG의 리더는 트라우마 내담자들과 작업하고 치료집단을 촉진한 경험이 있는 적절히 훈련되고 자격을 갖춘 정신건강 전문가들(예: 심리학자, 사회복지사, 정신과 의사 또는 정신과 간호사)이어야 한다. 또, 복합 트라우마 및 그들이 만나는 특정 내담자군의 치료와 관련된 임상 문헌에 해박한 지식을 가지고 있고, 집단 과정의 기본 원리에도 정통해야 한다. 이 장의 끝부분에 있는 표(집단리더가 갖춰야 할 지식 기반 및 권장 자료/도서)에 리더가 알아야 할 영역 중 일부를 임상적 자료에 대한 제안과 함께 제시하였다. 이 자료를 검토하면서 리더는 자신이 TIG 집단을 운영할 준비가 되어 있는지 스스로 평가해볼 수 있다.

이러한 지식 및 기술 영역에 대한 전문성을 갖춘 리더는 TIG를 시작하기 전에 이 치료 지침서를 처음부터 끝까지 철저히 읽도록 권장된다. 지침서의 모든 장을 숙지하여 초기 사전심사 과정부터 각 단계의 시작부터 종료까지 TIG에 대한 명확한 개요를 파악하고 있어야 한다.

이 집단에서 다루어지는 내용은 정확히 예측할 수 없다. 그렇기 때문에 이 지침서는 집단리더들이 해야 할 말을 한 자 한 자 명시하는 그런 유형의 매뉴얼이 아니다. 이 치료 지침서에는 집단리더들의 설명과 개입에 대한 실제 예시가 다수 포함되어 있지만, 이는 단지 제안으로만 제공된다. 경력 리더와 초심 상담자 모두 이 집단의 리더 역할을 맡을 때 자신의 임상적 판단과 고유한 의사소통 스타일을 사용하도록 강력히 권장된다.

집단리더의 자세

보다 전통적인 정신역동 집단의 관행과 달리, TIG의 리더들은 적극적이고 중립적이지 않은 입장을 취한다. 그들은 폭력의 희생자들의 편에 서서 트라우마와 그 영향에 대해 교육하고, 집단 과정 전반에 걸쳐 주기적으로 개입한다. 집단원들은 트라우마 경험과 관련하여 종종 심각한 무효화, 수치심 유발, 비밀엄수 강요를 경험해왔다. 트라우마 경험에 대해서 개방을 하면 종종 "그건 진짜 오래전 일이잖아." 또는 "정말 그렇게 했으리라는 걸 믿기 힘들어." 와 같이 무시해버리거나 믿기 힘들다는 위주의 반응을 마주해야 했다. 이와 대조적으로, 집단리더들은 명백히 따뜻하고 동정적이며 수용적이고 타당화하는 자세를 취한다.

예를 들어, 최근 한 집단에서 집단원들은 #MeToo 운동에 대해 관심을 가지고 토론을 했다. 이 운동을 통해 많은 성희롱과 성학대의 생존자들이 자신의 경험을 공개적으로 폭로하였고 언론에서 큰 주목을 받았다. 집단원들은 많은 동료들과 친구들이 캠페인에 비판적이었다고 보고했다. 한 집단원은 자신의 지인이 "모든 사람은 유죄가 입증될 때까지 무죄로 간주되어야 한다."며 권위 있게 발언을 했다고 하였다. 이에 자신은 아무런 대답을 할 수 없었을 정도로 크나큰 상실감을 느꼈고, 이 감정을 아무도 믿어주지 않고 침묵하라고만 했던 자신의 어린 시절의 경험과 연결 지었다. 이 시점에서 집단리더들은 중립적이지 않은 입장을 취했다. 한 집단리더는 "유죄가 입증될 때까지는 사람들이 무고한 것으로 간주되어야 한다는 생각은 훌륭하지만, 이것은 불행하게도 때때로 학대에 대한 사회적 부정을 은폐하는 역할을 하기도 합니다. 우리가 같은 가해자로 인한 6건의 유사한 학대 사례가 있다면 이 자체로도 무사하기 어려운 심증이 되지요."라고 말했다. 이러한 적극적인 교육적 자세는 집단원들과 그들의 경험에 대한 존중을 전달하고, 집단원들이 아직 참여하는 것을 주저하고 불안해하는 집단 초기에도 참여를 촉진한다. 즉, 그러한 고상한 원칙이 있다 해도 여기에서는 집단원들의 이야기가 절대로 무시당하지 않을 거라고 안심시켜준다.

집단원 간의 공통점을 강조하는 개입은 유대감과 응집력을 조성하는 데 도움이 된다. 이 집단에 참여하는 사람들은 일상생활에서 대인관계적 어려움을 겪는 경우가 많다. 집단리더들은 긍정적인 상호작용을 장려하고 집단원들 간의 공감적인 피드백을 모델링 해준다. 이는 집단이 진행됨에 따라 종종 마음에서 우러나고 감동적인 방식으로 표현된다. 집단리더들은 부정적이고 잠재적으로 파괴적인 역동을 최소화하고 집단원의 공감과 지지 표현을 촉진하고 정교화하기 위해 개입한다. 집단의 초점은 집단원 간의 잠재적인 갈등에서 활동지의 내용 또는 그에 기반한 토론으로 다시 집중된다.

집단 상담실에서는 다양한 개인 역동이 작동한다. 일부 내담자들은 다른 사람들이 만족하는 반응을 하려고 노력하는 "비위를 맞추는 사람"으로 다른 사람들과 관계를 맺어왔을 수 있고, 또 다른 내담자들은 적대적이거나 반응하지 않는 것처럼 보일 수 있다. 전통적인 과정 집단(process group)에서 집단리더는 다른 사람의 비위를 맞추려고 하는 게 어떠한지, 그러한 행동 이면의 욕구는 무엇인지에 대해 말하도록 요청하겠지만, 이 집단에서는 다른 사람의 비위를 맞추거나 집단을 맞추는 식으로 유대감을 느끼려고 하는 사람이 있더라도 그러한 역동에 직접적으로 관여하지는 않는다.

공동리더십

공동리더십은 VOV 프로그램에서 일반적으로 사용해온 모델이며, 여러 이점을 가진다. 우리는 대학 병원에 기반을 두고 있어서 차세대 임상의(상담자)를 위한 실용적이고 실제적인 기술 개발을 촉진할 수 있는 모델을 고안하였다. 하지만 공식적으로 리더 교육 요구가 없는 임상 환경에서도 공동리더십은 많은 이점이 있다.

먼저, 리더들은 큰 규모의 집단에서 발생하는 다양한 요구 사항을 효과적으로 처리할 수 있다. 예를 들면, 한 집단원이 공황 발작을 일으키거나 집단에서 도피하려는 경우, 한 리더는 필요에 따라 해당 집단원과 함께 방에서 나가고, 다른 리더는 집단을 계속 진행하면서 추진력을 유지할 수 있다. 또한 공동리더십을 통해 리더들은 평등하고 상호지지적인 관계를 모델링 할 수 있으며, 집단원들이 한 명의 리더에게 초점을 두기보다는 집단원들 간에 서로 이야기할 가능성이 높아진다. 경험이 풍부한 리더는 후배들을 훈련할 수 있는 기회를 통해 임상 환경 내에서 역량을 전수할 수 있다. 마지막으로, 공동리더십은 TIG를 진행하는 리더에게 발생할 수 있는 대리외상 및 소진에 대한 강력한 해독제가 된다. 재정 및 인적 자원의 제약이 있는 환경이 많겠지만, 앞서 언급한 이유들로 인해 공동리더십은 장기적으로 리더의 사기와 생산성을 유지할 수 있게 하기 때문에 권장되는 바이다. 한 명의 리더가 성공적으로 집단을 이끌 수도 있지만, 이러한 경우에는 리더에게 개인 또는 프로그램 수퍼비전과 같은 메커니즘을 통해 지지와 자문을 제공하는 것이 중요하다.

집단이 공동리더 체제로 진행될 때 집단리더들은 공동리더십과 관련된 역동과 복잡성을 인식하고 있는 것이 중요하다(Delucia-Waack & Fauth, 2004). 수련 상황에서처럼 한 리더가 다른 리더보다 더 많은 경험과 권위를 가지고 있는 경우와 두 리더가 동료인 경우는 각각 다른 역동을 가진다(Rutan, Stone, & Shay, 2007). 리더들 사이에 차이가 존재하는 경우, 지배와 종속의 역동이 공동리더십 안에서 재연되지 않는 것이 중요하다. 공동리더들은 둘 중 경험이 부족한 리더가 매 회기에서 특정 역할(예: 심리교육 진행하기)을 할 수 있도록 미리 계획을 해야 한다. 또한 특정 개입을 진행할 때 경험이 적은 리더가 어떤 부분을 말할지 숙지할 수 있도록 하여 숙달감을 높일 수 있도록 한다.

집단리더의 전문지식 수준에 관계없이 정기적으로 만날 수 있는 수퍼바이저나 자문가가 있는 것은 항상 도움이 된다. 이상적으로는, 트라우마 치료 및 집단 상담을 수행한 경험이 있는 수퍼바이저일 것이다. 어떠한 경우든 수퍼바이저는 이 치료 접근 방식을 익히 알아야 하며 지침서를 꼼꼼하게 읽어야 한다. 정기적인 수퍼비전이나 자문은 리더들 사이에서 2차 또는 대리외상을 예방하는 핵심 요소로 확인되었다(Salston & Figley, 2003; Vicarious Trauma Toolkit, n.d.). 트라우마 생존자와의 치료 작업은 치료자의 역전이와 관련된 어려움을 제기할 수 있다. 수퍼비전은 리더에게 이러한 반응을 이해할 수 있는 기회를 제공하여 역전이로 인해 내담자나 집단에 피해를 끼치지 않도록 예방하는 메커니즘 중 하나이다.

집단의 흐름

초기 회기들

성공적인 집단 환경을 경험해 본 적이 없는 많은 집단원들은, 집단 초반에 TIG에 참여하는 것을 두려워한다. 그렇기 때문에 초기 회기에서는 집단리더가 집단원의 용기와 능력을 반영해 주고, 집단에 참여하는 것 자체가 대인관계를 개선하는 데 도움이 될 수 있을 거라는 점을 알려주는 것이 특히 중요하다. 초기 회기에 참여하는 집단원에게 리더는 다음과 같이 말할 수 있다.

> "저는 이제 막 만난 여러분들이 자신의 경험을 솔직하게 말할 수
> 있다는 사실에 감명받았어요. 모두 잠시 멈춰서, 여러분 모두가 긴
> 장될 수 있음에도 불구하고 회복을 위해 집단에 오는 부담을 감수
> 했다는 사실이 얼마나 감사한지 한번 느껴보세요. 여러분 스스로
> 이런 용기를 인정하는 것이 중요합니다."

　집단의 주제는 점진적인 구조로 구성되어 있는데, 더 많은 사
람들이 공감할만한 통합적인 주제가 먼저 다루어진다. 첫 번째 회
기에서 집단원들은 드디어 자신의 경험을 이해할 수 있는 다른 사
람들을 만났다고 느끼며, 곧 집단과 집단원들을 이상화하게 될 수
있다. 이러한 이유로 집단원들은 그들 사이에도 서로 차이가 있을
수 있다는 현실을 간과할 수 있다. 이에 집단리더는 초기 회기에서
집단 내 공통점과 차이점을 모두 강조하여 집단원들 사이에 너무
성급하거나 과하게 이상화된 유대감이 형성되는 것을 방지해야 한
다. 예를 들어, 첫 번째 활동지에서 트라우마가 관계에 미치는 영
향을 다루는 부분에 대해 논의할 때 몇몇 집단원들은 다른 사람에
게 너무 의존적이고 너무 빨리 신뢰하는 모습을 보이는 경향이 있
다고 말할 수 있다. 이때 집단리더는 "여기 여러분 중에 반대 극단
을 경험하시는 분 계시나요? 아무도 의존하지 않고 신뢰하지 못하
는 경향 또한 트라우마의 결과물일 수 있는 이유에 대해 이야기해
보실 분 있나요?"라고 물을 수 있다.
　TIG의 초기 회기에서 집단원들은 주로 트라우마 경험을 공유
하는 과정 속에서 혼자가 아니라는 확신을 느꼈다고 표현하고, 집
단리더는 집단원들이 받아야 마땅한 지지를 제공하는 것이 이 집

단의 큰 목적이라고 설명해 주면서 그 느낌에 공감해 준다. 최근
한 집단에서 한 집단원은 다음과 같이 말했다. "집단 시간이 끝나
고 집에 가서 제 자신에 대해 좋은 감정을 느끼려고 노력했어요.
다른 사람들도 제가 매일 씨름하는 것들에 대해서 똑같이 힘들어
하고 있다는 말을 들으니, '내가 그렇게 미친 건 아니구나, 그렇게
까지 엉망은 아니구나'라는 생각이 들었어요."

증기 회기들

집단의 중기 회기에서 집단원들은 보다 편안하게 서로를 진정
성 있게 대하면서 더 많은 직접적인 유대와 지지의 순간들을 갖는
다. 이에 집단리더들은 집단원들 사이에 유대감을 촉진하기 위한
목적의 개입은 줄이고, 집단원들 사이에서 증진되고 있는 유대감
을 반영하고 인정하는 개입을 더 많이 하기 시작한다. 리더들은 집
단원들을 보다 다차원적으로 이해하기 시작하면서, 각 집단원의
능력과 트라우마와 관련된 어려움들을 다루기 위해 지금까지 거쳐
온 단계 및 진전도를 돌아보면서 그들의 회복탄력성에 주의를 기
울인다.

집단이 계속될수록 집단원들은 현재에 집중해야 한다는 집단
의 기본 규칙을 더 잘 이해하게 되고, 부적절한 방식으로 트라우마
경험의 세세한 세부사항들을 공유할 가능성이 낮아진다. 그러나
집단이 더 친밀해지면 집단원들은 종종 자신이 수치스럽지 않을
것이라는 것을 확신하며 그간 비밀로 간직해왔던 자신의 과거의
특정한 부분들을 개방할 수 있다. 예를 들어, 한 집단원은 헤로인
중독의 결과로 자신이 HIV 양성이라는 사실을 공유했다. 또 다른
집단원은 청소년일 때 성매매를 강요당했다는 사실을 나누었다.

우리는 잘 운영된 집단에서는 집단원들이 자신에게 맡겨진 서로의 비밀을 끝까지 지지하고 존중하는 것을 발견했다. 많은 눈물을 흘리기도 하지만, 함께 진심으로 웃는 순간들도 경험한다.

후기 회기들

집단의 후기 회기에서 많은 집단원들은 집단 종결 후 집단 없이 잘 버틸 수 있을까 걱정을 하기도 한다. 이 지점은 치료적인 맥락에서 벗어난 곳에서 관계를 형성하거나 개선하기 위해 집단에서 배운 관계적인 기술들을 어떻게 사용할 수 있는지에 대해 토론해 볼 수 있는 기회가 된다. 예를 들어, 집단리더는 이와 같이 이야기할 수 있다. "○○씨, 당신은 사람들과 관계를 어떻게 맺어야 할지 잘 모르겠다고 했었죠. 그런데 이제 당신은 사람들과 공감대를 잘 형성할 수 있을 뿐만 아니라 사람들이 당신에게 매우 끌린다는 것을 알게 되었어요. 이런 점들을 다른 관계에서도 적용해 보실 수 있을까요?"

리더들은 집단원들이 다른 트라우마 집단을 포함하여 다른 종류의 심리치료에 참여할 수 있는 기회들을 살펴볼 수 있다. 몇몇 집단원들은 TIG를 반복하기를 원할 수도 있는데, 특히 후기 회기에 와서야 집단에 적극적으로 참여하기 시작한 경우에 더 그럴 수 있다. 실제로 집단에 한번 더 참여하여 두 번째에는 훨씬 더 적극적으로 참여를 한 내담자들이 있었다. 몇몇 집단원들은 이 집단이 종결되는 시점에 트라우마 중심 집단(trauma-focused group)에 참여할 준비가 되었다고 느낄 수 있다. 트라우마 중심 집단에서는 자신의 트라우마 경험에 대해 더 깊은 수준으로 이야기할 수 있는 기회를 갖게 된다.

다른 사람들과 함께 방에 있는 것을 견디고, 자신을 알리며, 남에게 보이는 위험을 감수하는 것은 집단원들이 거쳐야 하는 '회복의 발달적 과제'이다. 집단이 잘 진행되는 경우, 리더들은 집단원들이 이 과제를 해낼 수 있도록 자신이 도움을 주었다고 느낀다. 집단원들의 회복을 존중하는 것은 수련생들과 초심 상담자들에게 회복 궤도가 어떻게 되는지, 그 과정에서 리더의 역할은 무엇인지를 이해할 수 있도록 해준다. 리더는 집단원들이 관계를 맺고, 관계를 맺을 때 자신이 가진 기술들을 인식하고, 자신이 갖게 된 능력에 대해 자부심을 느끼는 집단원들을 보게 된다. 집단원들이 치료적인 기술들을 내면화하는 것을 보면서 리더들 또한 집단의 자부심을 함께 느낀다.

일반적인 어려움

TIG의 구조는 집단원들 사이의 갈등을 최소화하고 집단 응집력을 증가시키기 위해 고안되었다. 그럼에도 불구하고 집단에서 임상적인 문제들은 여전히 발생할 수 있다. 여기서 우리는 집단에서 자주 마주할 수 있는 몇 가지 임상적인 상황의 예시들을 제시하고자 한다. 집단리더들은 이러한 예시 사례들을 마주할 때 자신이 가지고 있는 폭넓은 임상 경험들을 활용하도록 권장된다. 우리가 여기서 설명하는 내용이 집단에서의 도전적인 상황을 다루는 방법에 대한 유일한 답은 아니다. 우리는 이 집단의 구조와 목적에 근거하여 트라우마 내담자들과 작업한 경험으로 몇 가지 가이드라인을 제공하고자 하였다.

집단에서 침묵하는 내담자

이 이슈는 집단의 초기 단계에서 종종 발생한다. 시작 체크인과 마무리 체크인과 같이 일부 회기 시간은 모든 집단원들이 집단에서 자신의 목소리를 낼 수 있도록 하려는 목적을 가진다. 즉, 이 시간에는 모든 집단원들이 참여하도록 요청받는다. 리더들은 다양한 방법들을 활용하여 이 목적을 달성할 수 있다. 한 명씩 돌아가면서 말하는 시간을 제안하는 것은 특히 다수의 집단원들이 말하기를 주저하는 것처럼 보일 때 유용하다. 예를 들어, 첫 번째 주제인 안전에 관한 토론에서, 집단리더는 이와 같이 이야기할 수 있다. "지금 여러분은 여러분의 90%가 성인이 될 때까지 안전이 무엇을 의미하는지조차 몰랐다는 사실을 알게 되었습니다. 이 사실을 알게 된 지금, 어떤 마음이 드는지 잠시 동안 집중해볼게요. 돌아가면서 각자 어떤 감정들이 올라오는지 한번 이야기해볼까요?"

리더들은 또한 침묵하는 집단원에게 개방형 질문을 던져줄 수 있다. 예를 들어, 첫번째 활동지를 가지고 트라우마에 대한 일반적인 반응에 대한 토론을 할 때, 집단리더는 이와 같이 이야기할 수 있다. "○○씨, 목록에 나와있는 반응들 중 어떤 것들이 ○○씨에게 좀 와닿나요?" 만약 침묵하는 집단원이 말하고 있는 집단원에게 공감하고 동의하는 표현으로 고개를 끄덕이고 있다면 집단리더는 이를 기회로 그에게 질문할 수 있다. "○○씨, 방금 ○○씨가 이야기할 때 고개를 끄덕이시던데, 혹시 그때 어떤 생각을 하셨는지 말해주실 수 있나요?"

어떤 개입을 할지에 대한 선택은 리더가 내담자의 침묵의 본질이 무엇이라고 인식하는지에 따라 달라진다. 한편으로 침묵은 내담자의 수치심과 부적절감과 같은 감정들을 반영하는 것일 수 있다. 이러한 경우, 내담자가 이와 같은 감정들에 대응하고 집단에 기여하는 경험을 가질 수 있도록 리더가 잘 격려해줄 필요가 있다. 또한, 리더는 이 상황에서 집단원의 참여에 대해 긍정적인 반응을 보여줌으로써 집단원 내면에 일어나고 있을 자기비난("나는 적절한 말을 하지 못해. 나는 그냥 입다물고 있어야 해.")에 대응해야 한다.

반면에 내담자의 침묵은 극도의 각성 또는 해리를 반영하는 것일 수 있다. 내담자가 변화된 의식 상태(altered state)에 있을 때에는 집단 토론에 참여하도록 요청하는 것이 도움되지 않는다. 오히려 집단리더는 토론의 주제가 "상당히 감정적"인 것을 알아차리고 심호흡과 스트레칭을 위해 잠깐의 휴식을 취하자고 제안할 수 있다. 처음에는 리더들이 내담자의 침묵의 본질에 대해 이해하지 못하는 경우가 허다하다. 그러나 침묵의 이유는 시간이 지나면서 더욱 분명해진다. 만약 특정 내담자가 "돌아가면서 이야기하기(go-around)" 개입에 반복적으로 참여하지 않으면, 집단리더는 무엇이 그를 침묵하게 하는지 이해하기 위해 회기 종료 후에 남아달라고 요청할 수 있다.

집단을 독점하는 내담자

가끔 도가 지나치게 자신의 사적인 문제를 다루면서 집단을 이용하는 집단원이 있을 수 있다. 만약 이런 수다스러운 사람이 개인 상담을 받고 있는 중이라면, 집단리더는 다음과 같이 말할 수 있다. "○○씨, 이 주제가 당신에게 상당히 많은 이슈들을 불러일으키는 거 같네요. 안타깝지만 여기에서는 그것들을 전부 다룰 시간이 없습니다. 괜찮으시다면 개인 상담에서 이 이야기를 해보시는 건 어떨까요?" 또, 집단리더는 해당 집단원이 중요한 문제를 짚어주었다고 말하면서 집단 토론으로 일반화한 후, 그에게 다른 사람들의 의견과 피드백을 들어보라고 요청할 수 있다. 또 다른 경우, 집단리더는 다른 사람에게 의견을 물음으로써 대화를 독점하는 집단원을 중단시킬 수 있다. 집단리더는 다음과 같이 말할 수 있다. "○○씨가 당신의 말에 반응을 보인 것 같은데요. ○○씨, 무슨 생각을 하고 있었는지 말해주실 수 있을까요?"

트라우마 경험에 대해 과한 개방을 하는 집단원

때때로 어떤 집단원들은 집단 초기부터 자신의 트라우마 경험에 대해 굉장히 자세한 이야기를 꺼내놓기도 한다. 이런 경우, 집단리더는 집단원이 더 많은 디테일을 개방하기 전에 즉각적으로 개입할 필요가 있다. 이때 집단리더는 내담자가 수치심을 느끼지 않도록 신중하게 개입할 필요가 있다. 주로 내담자가 말한 내용을 타당화해주는 동시에 집단원의 사적인 경험 이야기에서 트라우마의 영향이라는 주제로 초점을 다시 돌려주는 작업을 하는 것이 도움이 된다. 예를 들어, 집단리더는 다음과 같이 말할 수 있다. "○○씨, 잠깐 이야기를 멈출게요. ○○씨가 이 주제에 대해 공감하고 계시는 건 정말 다행이에요. 그리고 ○○씨가 정말 고통스러운 이야기를 하고 있다는 것도 알고 있어요. 하지만 더 자세한 내용을 나누는 것보다 일어난 일에 대해 지금 어떻게 느끼는지를 말씀해주셨으면 좋겠습니다." 드물지만, 트라우마 경험에 대해 자세히 이야기하지 말라는 요청이 어떤 집단원에게는 입다물고 있으라는 말로 들릴 수도 있다. 이런 문제가 발생하면, 집단리더는 집단이 현재에 집중하는 이유를 한번 더 설명해야 한다. 또한 집단리더는 이렇게 하는 이유가 누군가를 침묵시키기 위한 것이 아니라 모두를 위한 안전하고 수용적인 환경을 만들기 위한 것이라고 설명할 수 있다.

집단 도중 심각한 해리 증상을 보이는 집단원

해리는 트라우마 이력을 가진 내담자들에게 흔히 있는 증상이므로, 집단리더는 집단원이 경험하는 해리의 수준에 주의를 기울여야 한다. 해리 증상을 보이는 집단원에게 집중하는 것은 배움과 집단 나눔의 기회가 될 수 있다. 집단리더는 해리가 무엇이고 왜 일어나는지 설명하면서 집단을 교육할 수 있다. 집단리더는 다음과 같이 말할 수 있다.

"해리는 주로 어린 시절에 발생한 강렬한 감정에 대처하는 하나의 방법입니다. 학대를 당하고 있지만 그 상황으로부터 벗어날 힘이 없는 아이를 상상해 보세요. 멍 때리거나, 넋이 나가 있거나, 감정을 차단함으로써, 아이는 이 상황에서 정신적으로 벗어나 스스로를 보호합니다. 이런 해리 능력은 생애 초기의 가혹한 환경에서는 적응적인 방법일지도 모르지만, 이후에 문제가 될 수 있습니다. 여기 이 방에 있는 여러분들도 가끔 주변에 일어나는 일들로부터 감정적으로 분리되어 멍 때리고 있는 자신을 발견한 적이 있으실 거예요. 또는 마치 저 멀리서 일어나고 있는 일을 관찰하고 있다는 느낌이 드실 수도 있어요. 혹시 이런 경험이 있으신 분이 계실까요?"

많은 경우, 집단원들은 이 질문에 고개를 끄덕이거나 그렇다고 대답할 것이다. 이때 집단리더는 집단원들이 해리 경험에 대해 더 많이 이야기하도록 이끌 수 있다.

그런 다음 집단리더는 해리된 집단원이 현실감을 회복하는 데 도움이 되는 방법을 찾을 수 있도록 토론을 이끌어야 한다. 다른 집단원들은 자신이 해리 증상을 경험했을 때 도움이 되었던 방법을 제안할 수 있다. 이 주제를 마치기 전에, 집단리더는 앞으로의 집단 모임에서 또다시 해리 증상이 나타날 때 어떻게 집단에 다시 집중하도록 도울 수 있을지에 대한 전략을 함께 수립해야 한다. 많은 경우, 집단원의 이름을 부르고 단순한 질문을 하는 것과 같은 간단한 개입으로 충분할 수 있다. 예컨대, 집단리더는 "○○씨, 지금 무슨 생각을 하고 있는지 나눠줄 수 있나요?"와 같이 개입할 수 있을 것이다.

집단 도중에 방을 떠나길 원하는 집단원

이런 상황은 거의 일어나지 않지만, 일반적으로 내담자가 감정적으로 압도되었기 때문에 발생한다. 집단리더가 첫 번째로 해야 하는 것은 내담자를 집단에 머무르게 하면서 그의 감정을 견딜 만한 수준으로 조절할 수 있도록 도와줄 수 있을지 여부를 판단하는 것이다. 이것이 불가능하다면, 원칙적으로 한 명의 집단리더는 내담자와 함께 나가 몇 분 동안 함께 시간을 보내면서 집단으로 돌아갈 준비가 되었다고 느낄 수 있을 만큼 감정을 조절하는 것을 도와야 한다. 만약 내담자를 몇 분 안에 진정시킬 수 없다면, 내담자가 안전한지 확인하고, 집단을 떠난 후 무엇을 할 수 있을지에 대한 계획을 논의해야 하며, 내담자에게 개인 상담자나 친구에게 도움을 요청할 것을 제안해야 한다.

자신의 트라우마 이력이 본질적으로 다르다고 생각하는 집단원

때때로 어떤 내담자는 자신의 트라우마 이력이 다른 집단원들의 것과는 전적으로 다르고 부적합하다고 생각할 수 있다. 이런 경우, 트라우마 생존자들이 다른 경험을 하였더라도 대체로 비슷한 방식으로 대처한다는 점을 설명해야 한다. 이런 설명은 트라우마와 PTSD의 증상에 대한 일반적인 반응에 대해 이야기해 볼 수 있는 또 다른 기회를 제공한다. 집단리더는 집단의 목적이 트라우마 경험의 특정 상황을 되새기는 것이 아니라, 트라우마가 생존자들에게 영향을 미치는 여러 방식을 알아보는 것이라는 것을 한 번 더 강조해야 한다. 집단리더는 많은 트라우마 생존자들이 평범한 사람들과는 "다르다"고 느낀다는 사실을 짚어주면서 그들도 트라우마 이력 때문에 다른 사람들과는 "다르다"고 느꼈던 적이 있는지 물어볼 수 있다.

리더들이 겪는 어려움

트라우마 경험이 있는 내담자들과 함께 작업하는 것은 리더들에게도 여러 정서적 어려움을 초래하며, 이는 예측 가능하다. 집단을 운영할 때 집단리더에게 흔히 생길 수 있는 문제들을 여기에 정리해 보았다.

대리외상 경험

초심 상담자와 경험이 많은 리더 모두 대리외상, 즉 다른 사람의 트라우마 경험에 노출되어 발생하는 감정적인 반응을 겪을 수 있다. 리더는 트라우마 집단을 이끌면서 내담자의 경험과 관련된 침투적 이미지를 경험할 수 있고, 자신의 전문성을 의심하게 되며, 세상에 대한 안전감에 지장을 받을 수 있다. 기관은 이러한 대리외상의 가능성을 알고 있을 책임이 있으며, 직원들에게 적절한 수퍼비전과 지원을 제공해야 한다. 이와 관련하여 기관과 리더 개인은 '대리외상 툴킷(toolkit)'(범죄 피해자 지원센터(Office for Victims of Crime)에서 개발함; 발행연도 없음)을 참고할 수 있다.

역전이 반응

피할 수 없는 역전이 감정들은 모든 치료적 관계에서 발생하지만, 트라우마 내담자들은 많은 리더에게 강렬한 반응을 자아내는 경향이 있다. 예를 들어, 많은 리더들이 말을 하지 않거나 단음절로 말하는 해리된 내담자들에 대해 무력함이나 부적절함을 느낀다. 또 다른 리더들은 분노나 좌절감을 느끼거나, 극도로 방어적으로 될 수 있다. 만일 리더 자신이 어릴 적에 침묵으로 대처했던 트라우마 생존자라면, 이 내담자를 과잉 동일시할 수도 있다. 리더들 사이에서의 분열(splitting)은 트라우마 내담자들과 작업할 때 특히 흔하게 발생한다. 자신의 경험을 감안해서 이 작업에 대한 규범적인 반응은 어떤 것이고, 독특한 반응은 어떤 것인지에 대해 주의를 기울이는 것은 모든 리더들이 해야 할 일이다. 동료들과 함께 자신의 역전이 반응을 솔직하고 개방적으로 다루는 것은 높은 수준의 치료를 제공하기 위한 매우 중요한 단계이다. 다시 말하자면, 수퍼비전은 이 성찰적 작업에 매우 중대한 요소이다.

리더들 사이의 의사소통

집단을 운영하는 동안 집단리더들은 서로 의사소통을 함에 있어 여러 어려움을 겪을 수 있다. 리더들은 집단원과 그들의 개인 역동을 인지하는 방식에 있어 다른 의견을 가질 수 있고, 집단의 속도에 대한 생각도 다를 수 있다. 즉, 공동리더들의 의견이 항상 일치하는 것이 아니라는 것을 예상하고 있어야 한다. 두 명의 동료가 집단을 함께 운영하는 상황에서는 경쟁을 둘러싼 문제가 발생할 수 있다. 경험이 많은 리더와 학생 또는 초심자의 경우처럼 집단리더들 간 경력이 같지 않을 때에는 무의식적인 이상화와 두려움이 표면화될 수 있다. 해결되지 않은 리더들 간 갈등은 집단 과정에 피해를 줄 수 있다. 예컨대, 한 리더가 지배력을 확보하기 위해 집단을 "장악"하는 동안 다른 리더는 "그저 집단 시간을 잘 때우기 위해" 뒤로 물러나있을 수 있다. 이러한 물러남은 종종 대리 외상 경험을 더 악화시키곤 한다. 갈등을 성공적으로 해결하는 것은 집단을 이끄는 법을 배우는 과정에서 중요한 부분이 된다.

능숙한 수퍼바이저는 리더들 사이에서 발생하는 이슈들을 포함하여 집단에서 일어나는 모든 일들을 보듬어 줄 수 있어야 한다. 수퍼바이저는 갈등이 열린 마음으로 논의될 수 있는 안전한 환경을 조성해 주어야 한다. 가장 중요한 것은, 공동리더들 사이의 갈등이 집단 내에서 재연되는 것이 아니라 집단 밖에서 다루어져야 한다는 것이다. 집단리더들이 자신의 개인적인 문제와 대인관계 문제를 다루는 능력에 대해 안정감을 느껴야 그 자신감이 집단에서도 전달되기 마련이다.

집단리더로서 자신의 한계에 대한 연민 가지기

이 집단에서 감당해야 할 많은 과제 중 특정 문제와 역동은 다른 것보다 우선시되어야 한다. 집단리더는 때때로 내담자가 보이는 신호를 놓치거나 잘못 읽을 수 있다. 최근에 한 집단리더는 바로 자기 옆에 앉아있던 한 집단원이 의자를 뒤로 뺀 채로 집단으로부터 분리된 듯 멍하게 있는 것을 알아차리지 못했다. 집단리더는 내담자에게 종종 말해주는 것처럼 '그렇지만 넌 최선을 다했어.'라고 스스로 이야기해 줄 필요가 있으나 쉽지 않은 일이다.

결   론

이 책 전반에 언급해왔듯, 집단리더들은 TIG를 운영하면서 무수한 과제에 직면하게 된다. 보듬어주는 환경을 제공하고, 집단이 주어진 "주제"에 집중을 유지할 수 있도록 하며, 집단원들을 교육하고, 그들이 정서적 고통을 조절하도록 도우면서, 집단 과정을 모니터링하고 담아내며, 집단의 흐름에도 신경을 써야 한다. 이것은 어떤 면에서는 과학이기보다는 예술이다. 특히 아직 TIG를 운영하는 것이 익숙하지 않은 시점에서는 집단 과정에서 통제력을 잃는 느낌, 개입이 전혀 먹히지 않는 느낌, 계획한 것을 모두 해내지 못하고 있다는 느낌을 경험할 수밖에 없다. 그러나 우리는 집단리더들이 집단원들에게 주는 연민을 똑같이 자신에게도 주는 연습을 해 보기를 바란다. 수년간의 경험을 통해 우리가 내린 결론은, TIG

는 집단의 구조가 견고해서 작은 폭풍에도 맞서 유지된다는 것이다. 다른 집단원들의 존재, 타당화, 지지가 집단의 궁극적인 "치료적 요인"이자 정신이다. 이 집단에서 연민과 지혜가 증진되는 것을 목격하고, 트라우마 중심 치료를 이제 막 시작한 집단원들이 회복이라는 것이 가능하다는 희망적인 생각을 가지고 집단을 떠날 수 있도록 돕는 것은 매우 보람 있는 경험이다.

집단리더가 갖춰야 할 지식 기반 및 권장 자료/도서

복합 트라우마와 회복

복합 트라우마
- 복합 트라우마의 특징
- PTSD, 해리 및 다른 트라우마 관련 장애들
- 트라우마가 발달 역량과 애착에 미치는 영향
- 만성 트라우마의 신경생물학적 결과

회복 과정
- 회복의 단계
- 트라우마 생존자 대상 심리치료
  - 트라우마 관련 증상 다루기
  - 정서조절과 대인관계 기능 향상시키기
  - 역전이 및 대리외상

주요 참고문헌2)

Herman, J. L., & van der Kolk, B. A. (2020). *Treating Complex Traumatic Stress Disorders in Adults: Scientific Foundations and Therapeutic Models* (2nd ed.). New York: Guilford Press.

Forbes, D., Bisson, J. I., Monson, C. M., & Berliner, L. (Eds.). (2020). *Effective Treatments for PTSD: Practice Guidelines from the International Society for Traumatic Stress Studies* (3rd ed.). New York: Guilford Press.

Harvey, M. R., & Tummala−Narra,P. (Eds.). (2007). *Sources and ex− pressions of resiliency in trauma survivors: Ecological theory, mul−*

---

2) 역자 주. 일부 참고문헌의 경우, 원서와 달리 최근 Edition으로 수정해 기재하였다.

ticultural practice. Binghamton, NY: Haworth Maltreatment & Trauma Press.

Herman, J. L. (2022). *Trauma and recovery*. New York: Basic Books. (Original work published in 1992)(최현정 역. 트라우마: 가정 폭력에서 정치적 테러까지. 사람의집.)

Saakvitne, K. W., Gamble, S., Pearlman, L. A., & Lev, B. T. (2000). *Risking connection: A training curriculum for working with survi-vors of childhood abuse*. Baltimore: Sidran Press.

집단상담 및 치료

집단상담의 기초

- 집단상담의 치료적 요인
- 집단발달 단계
- 집단 역동
- 집단상담을 위해 내담자 준비시키기
- 집단상담에서의 변화과정

특별 고려사항

- 집단의 특성과 유형
- 시간제한적 집단상담의 특수한 이슈
- 트라우마 생존자 대상 집단치료

주요 참고문헌3)

Bernard, H. S., & Mackenzie, K. R. (Eds.). (1994). *Basics of group psychotherapy*. New York: Guilford Press.

Brown, D., Reyes, S., Brown, B., & Gonzenbach, M. (2013). The ef-

3) 역자 주. 일부 참고문헌의 경우, 원서와 달리 최근 Edition으로 수정해 기재하였다.

fectiveness of group treatment for female adult incest survivors. *Journal of Child Sexual Abuse: Research, Treatment, and Program Innovations for Victims, Survivors, and Offenders, 22,* 143-152.

DeLucia—Waack, J. L., Kalodner, C. R., & Riva, M. (Eds.). (2013). *Handbook of group counseling and psychotherapy* (2nd ed.). Thousand Oaks, CA: Sage.

Klein, R. H., & Schermer, V. L. (Eds.). (2000). *Group psychotherapy for psychological trauma.* New York: Guilford Press.

Mendelsohn, M., Herman, J. L., Schatzow, E., Coco, M., Kallivayalil, D., & Levitan, J. (2011). *The Trauma Recovery Group: A guide for practitioners.* New York: Guilford Press.

Mendelsohn, M., Zachary, R., & Harney, P. (2007). Group therapy as an ecological bridge to new community for trauma survivors. *Journal of Aggression, Maltreatment and Trauma,* 14(1-2), 227--243.

Rutan, J. S., Stone, W. N., & Shay, J. J. (2007). *Psychodynamic group psychotherapy (4th ed.).* New York: Guilford Press.

Valerio, P., & Lepper, G. (2010). Change and process in short and long—term groups for survivors of sexual abuse. *Group Analysis, 43(1),* 31-49.

Yalom, I. D., & Leszcz, M. (2020). *The theory and practice of group psychotherapy (6th ed.).* Basic Books.

제 6 장

TIG의 변형

제 6 장   TIG의 변형

"여기서부터 내가 어느 길로 가야 하는지 알려줄래?"
"그건 네가 어디로 가고 싶은지에 달렸지." 고양이가 대꾸했다.
"나는 어디라도 상관없는데ㅡ"
"그럼 어디로든 가면 되지" 고양이가 답했다.
ㅡ루이스 캐롤, 이상한 나라의 앨리스(2011)

앞서 언급한 바와 같이, TIG는 트라우마 생존자를 위한 지속 가능하고 변형 가능한 집단 모델임이 입증되었다. 이 장에서 우리는 TIG의 변형 사례들과 변형 자체의 과정을 더 자세히 살펴보고자 한다. 이상한 나라를 무작정 방황하는 앨리스와 달리, 집단 모델의 새로운 방향을 모색할 때는 어디로 가고 싶은지, 어떻게 가고 싶은지, 왜 가고 싶은 지, 그곳에 가서 무엇을 얻고 싶은지 아는 것이 중요하다.

변형은 필수적이며 유기체가 생존하기 위한 진화의 자연적인 과정의 일부이다. 이는 집단 모델도 마찬가지이다. 집단은 활력이 넘치는 살아있는 유기체이다. 집단의 목적, 구조, 철학적 토대 및 변화 이론을 유지하면서도 각 집단원이 트라우마 및 현재 삶의 맥락과 맺고 있는 관계의 가변성을 고려하기 위해서는 집단리더의 기술과 예술성이 요구된다. 이러한 이유로 치료집단은 매뉴얼화된 모델을 따르는 집단이라 할지라도 본질적으로 계속해서 미묘한 변형 및 교정 상태에 있다.

집단의 원래 구조가 특정 대상군에게 맞지 않거나, 현재 환경에서 집단을 운영할 수 없거나, 집단리더가 새로운 기술들을 집단에 공식적으로 적용하려는 경우, 보다 공식적으로 모델을 변형하는 것이 유용하다. 또한, 집단원들이 제시되는 정보가 자신의 경험을 반영하지 못한다고 생각하거나, 집단리더가 준비가 부족하여 트라우마 회복 진행 과정에 대해 깊게 이해하고 있다는 것을 보여주지 못한다면 집단은 효과적일 수 없다.

변형의 과정

앞서 우리는 집단 모델을 살아있는 유기체에 비유했지만, 집단 모델을 재설계하거나 변형하는 과정은 집을 재설계하는 것과 유사하다고 생각해 볼 수도 있다. 집은 비록 무생물이지만 우리의 변화하는 요구 사항과 끊임없이 상호작용한다. 삶에 대한 우리의 접근 방식이 그 안에 반영되어 있다. 집 수리나 개조를 해본 적이 있다면 우리가 바라는 변화를 집의 고유한 한계 내에서 이루려는 것이 얼마나 어려운지 잘 알 것이다. 예를 들면, 더 많은 채광을 원하는데, 채광을 얻기 위해 제거하고자 하는 벽이 전체적인 구조를 떠받치고 있는 내력벽이라면, 그것을 제거할 시 구조적으로 안전하지 않은 집이 될 것이다. 그러나 구조의 건전성이 유지되는 한 변경은 가능하다. 벽을 완전히 제거하는 것이 아니라 벽에 구멍을 뚫는다면, 이전보다 더 많은 자연 채광이 들어오고 우리가 추구하는 라이프스타일이 만들어질 수 있다. 건축가 또는 계약자와의 대화를 통해 비용, 구조적 결정요인들, 시간, 건축 법규 등과 같은 요소들과 우리의 미적 욕구 사이의 상호작용에 근거하는 설계가 만들어진다. 비슷하게, 우리는 집단 모델을 집단원을 위한 구조적으로 "안전한 장소"인 "본거지"의 기능을 제공하는 것으로 생각할 수 있다. 따라서 건축 및 디자인 분야에서 차용하여 생각해 볼 때, 우리는 집단 모델의 "뼈대"를 확인하여 "내력벽"을 유지해야 한다. 집단 모델의 경우 "뼈대와 내력벽"은 모델의 구조적 건전성을 유지하고 안전하고 유익한 집단 환경을 지원하는 주요 이론적 구성요소 및 원리들이다.

TIG의 원리 또는 "내력벽"

우리는 이전 장에서 TIG의 기반이 되는 트라우마 이론을 설명했으므로 여기서는 필수 원리들만 간단히 복습하면서 모델 구조의 건전성에 기여하는 "뼈와 내력벽"으로 재구성한다. 여기에는 다음 전제들이 포함된다.

1. 집단의 안전은 예측 가능성, 신뢰성 및 투명성을 기반으로 한다. 집단 과정의 모든 측면은 이러한 특성들을 반영해야 한다. 여기에는 구조적 틀(제한된 시간, 집단 지침 및 기대 준수)과 상담적 개입들이 포함된다.

2. 대인 폭력은 가족 및 사회정치적 맥락에서 발생하기 때문에 이러한 행위의 심리적 영향을 이해하기 위해서는 생태학적/맥락적 접근이 필요하다. 트라우마는 한 명의 사회적/관계적 구조를 파괴하기 때문에 회복은 관계적으로 이루어진다.

3. 관계적 회복은 부분적으로는 트라우마의 영향에 대한 교육과 트라우마 사건에 대한 예측 가능한 반응의 타당화 및 정상화를 통해 이루어진다.

4. 잘 기능하고 있는 영역을 인식하는 것은 집단원들에게 내재되어 있는 회복탄력성을 인정하고 증상들을 부적응적으로 될 수도 있는 기능상의 적응으로 재구성할 수 있도록 한다.

5. 각 개인의 고통의 경험은 독특하지만, 고통은 보편적인 현상이라는 인식은 자신과 타인에 대한 연민을 느끼도록 촉진한다.

6. 치료 과정과 집단 과정에 대한 주의를 기울이는 것은 존엄성과 존중의 가치를 증진한다.

집단 역동과 집단 과정에 대한 이해와 함께, 이러한 기본 원리, 즉 "내력벽"은 트라우마 경험과 관련된 상호작용에 대한 복잡하고 미묘한 이해를 제공하고 개입 방법을 결정한다.

필수 요소: TIG 구조의 "뼈"

TIG의 "뼈대"는 구조적인 틀에서 찾을 수 있다. 우리가 사용하고 있는 비유에서 말하는 이 틀은 "내력벽"에 의해 지지된다. 이 구조의 세 가지 주요 요소는 첫째, 정착 기간; 둘째, 주제에 대한 개관 및 촉진된 토론; 그리고 마지막으로 마무리이다. 각 요소 내에서 약간의 변동이 있을 수 있지만 집단 모델의 보전에 필수적이며 쉽게 바꿀 수 없는 부분이다.

집단 모델의 어떤 요소를 조정할 수 있는가?

집단의 구성요소들 중 좀 더 자연스럽게 변형할 수 있는 가변적인 요소를 파악하기 위해 Harvey(1996)가 개발한 생태학적 모델을 사용할 수 있다. 확인된 바로, 생태학적 모델은 트라우마 사건에 대한 반응에 영향을 미치는 세 가지 광범위한 범주인 사람, 사건 및 환경을 살펴본다(Harvey, 1996). 이러한 범주를 집단 맥락으로 바꾸면 "사람"을 집단의 구성(집단원 수, 트라우마 이력 관점에서 동질 vs. 이질 집단, 현재의 기능 수준, 문화적 배경, 성별, 나이, 언어 등)으로 볼 수 있다. "사건"은 집단의 매개변수(집단의 기간, 만남의 빈도, 회기의 길이, 회기 간 간격)로 볼 수 있다. 마지막으로 "환경"은 집단이 이뤄지는 환경(상담실, 사무실, 병원, 지역사회), 집단원이 거주하는 환경(도시, 농촌, 병원), 재정적 제약(보험, 비용, 인력 배치, 책임 문제), 그리고 트라우마가 발생하고 집단이 제공되는 사회정치적 맥락으로 볼 수 있다. 이들은 시간이 지남에 따라 변화하기 때문에 어떤 것을 조정해야 할지 알려주는 변수들이다.

이 모델을 조정하는 이유는 무엇인가?

이 장의 시작 부분에서 언급했듯이, TIG 모델의 구조가 서비

스 대상군에게 맞지 않거나, 현재 환경 맥락이 TIG 모델을 지지하
지 않거나, 집단리더가 자신의 전문적인 창의성을 표현하기 위해
모델에 통합하고 싶은 새로운 기술을 가지고 있을 때에는 모델을
조정하는 것이 유용하다. 집단 모델을 조정할 때 핵심 이론적 구
성, 원리 및 필수 요소와 같은 본질을 유지하면서 대상자 집단의
특성을 고려하는 것이 중요하다. 마찬가지로 또 다른 중요한 점은
모델이 변형된 이유를 명확히 설명하는 것이다. 여기에서 우리는
VOV 프로그램의 스태프나 VOV 스태프와 긴밀하게 협력한 다른
기관의 동료들이 개발한 TIG의 변형 사례들을 몇 가지 제공하고자
한다.

PASSAGEWAYS: 창의적 활동의 통합

몇 년 동안 Lois Glass와 TIG를 공동으로 진행한 Barbara
Hamm은 곧 자신의 아동 발달 및 놀이 치료 훈련의 영향을 받아
다른 집단 모델을 개발하기 시작했다. 이는 놀이와 창의적인 상호
작용의 요소를 집단 과정에 도입하는 식으로 진행되었다. 이러한
TIG의 변형은 시간 프레임과 구성요소(정착, 주제 및 마무리)와 같은
집단의 구조를 유지하고, 트라우마 회복을 위한 예측 가능성, 투명
성 및 신뢰성 요소들을 충실하게 포함하였다. 집단원들은 제시간
에 집단에 와서 끝까지 참여하고, 결석 시 집단리더에게 알려야 했
다. 이러한 규칙은 집단리더에게도 마찬가지로 적용되었다. 트라우
마의 사회정치적 맥락을 강조하고 증상을 적응으로 보는 심리교육
은 기본으로 제공되었다. 새로운 활동들은 TIG의 주제 및 기본 틀
에 맞추어 추가되었다.

변형은 Mildred Parten(Parten & Newhall, 1943)의 놀이 치료 단계를 따랐다. 즉, 단독 놀이, 방관자적 놀이, 평행 놀이, 연합 놀이 및 협동 놀이를 집단 과정에 도입했다. Parten은 어린이 놀이를 관찰한 초기 연구자였으며 어린이가 놀이를 할 때 다른 사람들과 상호작용하는 방법, 협력하는 방법, 공유하고 친구를 사귀는 방법을 배운다고 제안한 첫 번째 사람 중 하나였다. 어린 시절에 경험한 트라우마가 정상적인 아동기 발달 과제를 방해하기 때문에 아동기 트라우마 이력이 있는 성인들은 종종 이러한 상호작용 기술들이 결핍되어 있다. Parten은 발달상의 순서대로 놀이 단계를 확인하고, 최고 단계인 협동 놀이가 모든 이전 단계에서의 기술들을 결합하여 사회적 및 집단 상호작용에 대한 아동의 능력을 향상시킨다고 하였다(Parten & Newhall, 1943).

집단의 각 구성요소는 해당 주의 주제와 관련된 놀이활동을 포함시켰다. 또한 각 회기는 움직임과 신체적 상호작용을 포함하는 5단계 놀이의 과정을 통합했다. 집단이 원으로 둘러앉아 진행되는 경우, 사람들은 종종 매주 같은 자리를 선택한다. 집단원들은 리더나 "안전한" 집단원 옆에 앉으려고 할 수 있다. 항상 같은 자리에서 바라보는 시선은 똑같다. 이러한 배치는 회복의 필수 요소 중 하나인 예측 가능성을 제공하지만 집단원의 육체적 에너지가 억제되는 경우가 많고 에너지 배출 또는 방출을 위한 운동 기회가 거의 없다. 학습이 주로 언어적 및 청각적으로 진행될 때, 이러한 학습 양식에 쉽게 접근할 수 없는 집단원은 때때로 뒤처지게 되며, 해당 집단원에게 수치심을 주지 않으면서 참여를 촉진하기 위해서는 숙련된 리더가 필요하다.

따라서 집단원들에게 새로운 관점을 제공하고 다양한 방식으로 정보를 받아들이도록 장려하기 위해 각 회기에 움직이는 활동이 도입되었다. 움직임은 크레용이나 기타 미술 재료를 찾기 위해 테이블을 가로질러 손을 뻗거나 물건을 선택하기 위해 방을 이리 저리 움직이는 것과 같은 자연스러운 방식으로 도입되었다. 이러 한 방식의 움직임은 형식적으로 편성된 움직임보다 덜 자의식적인 노력을 일으키기 때문이다.

정 착

집단에 도착하면, 집단원들은 아코디언 스타일로 접힌 길고 좁은 종이를 받는다. 그 종이는 책처럼 연결된 10개의 개별적인 페이지들이 있다. 그림을 그릴 수 있는 재료들이 테이블 위에 놓여있고, 집단원들은 그날의 페이지에 그들 자신에 대한 무언가를 표현하게 된다. 또, 다 하고 나서는 무엇을 표현하였는지 설명하도록 요청받는다. "이것은 그냥 구불구불한 선입니다." 또는 "제가 어떤 기분인지 모르겠어요."와 같이 단순할 수도 있고, "이 초록색 색상은 바깥의 푸른색 풀을 나타냅니다." "이것들은 제가 어렸을 때 살던 집 옆에 있던 꽃들이에요. 꽃들이 피면 전 정말 행복했었어요." 또는 "이것은 저의 존재와 같은 깊고 어두운 우울 구름이에요."와 같이 매우 구체적일 수 있다.

집단이 1시간이라는 시간을 고려할 때, 이 정착 활동은 할당된 5－10분 내에 빠르게 완료되어야 한다. 강조해야 할 부분은 표현의 질이 아니라 그 순간의 표현에 있다. "이것이 지금의 저의 모습이고, 이 순간을 이렇게 해석하고 있습니다." 몇몇은, 그 페이지들을 서로 연관 지어 이야기를 들려주기도 한다. 또 다른 이들은, 그것들이 내적인 분열의 반영이기도 하다. 그럼에도 매주 그 표현들은 독특할 수밖에 없었다. 이전의 페이지에 있는 표현들과 비슷해 보이지만, 필압, 색상, 톤과 모양은 모두 달랐다. 토론에서는 시간이 흘러도 불변성을 나타내는 유사점과 시간에 따라 변화되는 감정상태를 반영하는 차이점이 인식되고 강조되었다.

접었을 때 완성된 책은 가정폭력 단체에서 자주 사용되는 개인 안전 카드의 크기였다. 그 크기는 신발이나 주머니에 들어갈 만큼 충분히 작았고 눈에 띄지 않게 들고 다닐 수 있었다. 집단의 마지막에 완성되는 이 책들은, 불변성, 변화, 창의적인 놀이 능력, 대인 간의 유대감을 상기시켜주는 것이었다.

이 정착 그리기 활동은 집단원들이 활동을 하다가 잠깐 멈추고 방관자가 될 수는 있지만 대체로 혼자 하는 평행 놀이의 형태였다. 다른 집단원의 활동 과정을 관찰하고 이야기를 나누는 것은 집단원들을 연합적이고 협력적인 협동 활동으로 이끌었다. 트라우마와 관련되지 않은 활동을 중심으로 일상적인 대화와 유대감이 생기기 시작했다. 그 어떠한 놀이활동도 트라우마에 초점을 두고 있지 않았고, 오히려 보다 일상적이고 실제적인 상호작용을 반영했다는 점이 중요하다. 예를 들어, 초기 회기에 한 집단원이 그가 좋아하는 노래를 언급했고 다른 집단원들이 자발적으로 후렴을 따라 부르기 시작했다. 그 집단원은 자신의 아이팟에서 해당 노래를 찾아서 재생했고 모든 이들이 노래를 따라 불렀다. 이로 인해 집단원들은 이후 몇 주 동안 음악을 틀어달라고 요청했고 집단은 매주 정착 활동 동안 배경음악으로 틀을 노래 목록을 함께 만들었다.

주제들

우리는 원래의 TIG 주제들을 고수하면서 마음챙김 움직임, 게임하기, 예술작품 만들기, 그리고 심지어 제빵과 같이 주제와 은유적으로 관련될 수 있는 활동들을 추가하였다. 예를 들어, 분노에 대한 논의 중에 우리의 활동은 빵 만들기였으며, 활동에서 그들은 짝을 지어 레시피를 읽고, 재료를 섞고, 반죽을 해야 했다. 함께 레시피를 읽는 것은 협력과 소통을 필요로 했다. 활동은 지저분했고 빵에 구조를 만드는 글루텐 가닥들을 강화하기 위해 손의 힘을 조절해야 했다. 논의는 "어수선한" 의사소통에 관한 것이었는데, 의사소통이 파괴적인 분노로 번질 수도 있지만, 해를 입히거나 통제하려는 의도 없이 접근한다면 오히려 관계를 강화해 줄 수 있다는 논제였다. 일단 반죽이 되면, 반죽을 일회용 팬에 놓고 집에 가져가 발효시킨 후 구웠다.

이 주제를 다루면서, 집단원들은 다른 사람이나 자신의 분노의 기억으로 인해 정서적으로 압도될까 봐 걱정과 불안을 표현하기도 했다. 빵 만들기 활동의 협동적이고 협력적인 측면들은 활동의 독특성과 결합되어 집단원들을 그러한 두려움으로부터 멀어질 수 있도록 했다. 머지않아 우리는 모두 밀가루를 뒤집어쓰고 손가락에서 끈적끈적한 반죽을 떼어내면서 함께 웃었다. 이런 상황에서 우리는 분노의 건설적이고 파괴적인 잠재력에 대해 토론하기 시작했다.

다음 집단 회기에서 집단원들은 아이들과 집에서 빵을 구우면서 함께 분노에 대한 이야기를 나누었다고 하기도 했고, 어릴 적 조부모님과 함께 요리를 하던 즐거운 추억이나 집 밥을 한 번도 먹어본 적이 없는 슬픈 추억을 공유하기도 했다. 이러한 연상은 기쁘기도 했고 슬프기도 했으며, 집단은 그것들을 모두 함께 보듬어줄 수 있었다. 그들의 삶의 이야기들은 질감과 음영이 뚜렷해지면서 집단을 시작했을 때보다 점점 더 생생해지고 있었다.

이렇게 주제에 맞는 활동이 추가되는 형식은 매주 반복되었다. 예를 들어, "신뢰"라는 주제는 신뢰 레시피를 만드는 활동이 추가되었다. 그 레시피에는 "약간의 호기심과 공정한 판단력"과 같은 재료들을 나열하는 것이 포함되었고, "다음 재료를 추가하기 전까지 감정이 수면 위로 떠오르는 시간을 허용하는" 준비와 요리 과정이 포함되었다. 관계에 대한 회기에서는 한 집단원이 실을 한쪽 잡은 채로 다른 집단원에게 실뭉치를 자발적으로 건네면서 실 그물을 만들었다. 실뭉치를 전달하는 집단원은 자신에 대한 한 가지를 나누면서 점점 집단과 더 깊은 "관계" 속으로 들어갔다. 신체상에 대한 주제를 다룰 땐 집단원들은 어린 자신들에게 편지를 작성했고, 그 활동은 연민, 균형 잡힌 관점 및 타당화를 제공해 주었다. 또, 수치심 주제에서는 헝겊 인형을 만들었다. 리더는 직접 실을 묶고, 털 철사를 비틀고, 충전재 주변에 재료를 감싸면서 쉽게 헝겊 인형을 만드는 법을 시연해주었다. 이 인형들은 집단원들에게 매우 큰 의미를 주었다. 인형을 만들면서 진행된 토론은 종종 기쁨과 슬픔을 모두 가지고 있었다. 집단원들이 자부심과 베푸는 마음으로 인형의 속을 채워 넣는 동안, 과거의 수치심에 대한 이야기들이 공유되었다.

　이와 같은 기능을 수행할 수 있는 활동들은 많으며 앞서 제시된 것들은 몇 가지의 예시에 불과하다. 우리는 지도 만들기, 보드게임 만들기, 작사하기(랩이 효과가 있었다)와 같은 활동들도 진행해왔다. 어떤 활동이 주제와 짝을 이루든 자료를 쉽게 준비하고 잘 정리하는 것이 중요하다. 지시사항들은 간단하고 명료해야 하며, 최종 작품보다 그 과정에 더 중점을 두어야 한다. 각 활동시간은 2-30분으로 제한을 두는 것이 자발성과 즐거움은 유지하고 자의식을 감소시킬 수 있다.

　각 회기의 마무리 시간에서는 우리 자신과, 서로와, 그리고 집

단으로서 다시 연결되기 위해 각자의 의자로 돌아갔다. 각 집단원
은 그 회기에서 자신과 함께 가져가고 싶은 것이 무엇인지 말할 기
회를 가졌다. 방에 두고 가고 싶은 것이 있다면 그것 또한 나눌 수
있도록 격려되었다.

마무리 시간은 한 공간에서 다른 공간으로의 전환을 나타내므
로 매우 중요하다. 이 시간의 목적을 분명히 하는 것은 집단원들이
스스로 전환을 준비할 수 있도록 도울 수 있다. 적어도 곧 일상생
활로의 전환이 일어날 것이므로 자기조절 기술에 신경 쓸 수 있도
록 도울 수 있다.

남성 생존자 집단

흔한 고정관념에 의한 우리의 초기 가정은 남성들은 여성과
달리 관계적 패러다임에 이끌리지 않을 수도 있다는 것이었다. 우
리는 남성 내담자들이 감정에 초점을 둔 토론 대신 남성 생존자들
과 관련된 특정 주제들에 초점을 맞추는, 보다 "비즈니스적인" 접
근에 더 잘 반응할 수 있다고 생각했다. 이러한 이유로, 초창기 남
성 생존자 집단들은 TIG의 관계적인 부분에 대한 초점보다 "교육
적인" 부분에 더 초점을 맞춰 진행되었다. 이 집단의 초기 변형 버
전은 두 명의 공동리더들이 모두 집단원들 사이에 앉아 진행하는
방식이 아니라, 한 명의 리더가 집단원들과 함께 앉고 다른 리더는
화이트보드 앞에 서서 강의를 하는 방식으로 진행되었다. 이 구조
는 집단에게 관계적인 집단 에너지보다는 "교실"과 같은 느낌을
더 주었다.

이 구조는 실험적이었기 때문에, 우리는 집단이 끝날 때 "종결

인터뷰"를 추가로 진행했다. 인터뷰 대화 중 집단 모델을 개선하기 위한 많은 제안들이 나왔다. 첫 피드백 중 하나는 화이트보드를 없애고 관계적 유대를 방해하는 "교실 접근 방식"을 중단하자는 것이었다. 남성들도 여성들만큼 관계에 대한 갈망이 있다는 것이 밝혀졌다.

또 다른 피드백은 현재 집단이 진행되는 방식인 남성 리더십 모델로 가자는 것이었다. 이 집단을 막 시작할 때, 우리는 여성 리더가 있는 것이 집단 내에서 동성애 혐오증을 줄이는 데 도움이 될 것이라고 생각했다. 그러나 시간이 지나면서 남성 리더는 여성 리더가 집단에 없을 때마다 남성 집단원들이 그간 꺼내지 않던 문제들을 이야기하는 것을 알아차리기 시작했다. 게다가, 종결 인터뷰 동안에 집단원들은 여성에 대한 반감 때문이 아니라 여성이 있는 상황에서 수치스러운 감정을 공유하는 것이 고통스러웠고, 그래서 남성들만 있는 집단이 진행되면 더 편안할 것이라고 말했다. 남성들은 여성 리더가 있으면 자의식, 수치심, 굴욕감이 고조되고 감정이 견디기 어려워지기 때문에 성기능 장애와 같은 자신에게 특히 불편하거나 난처한 문제를 다른 남성들과만 이야기를 나누는 것이 더 편할 것이라고 생각하였다. (하지만 우리 클리닉과는 다른 대상자들에게 서비스를 제공하는 보스턴 지역의 성폭력 위기 센터(Rape Crisis Center)는 남성과 여성 혼합 공동리더십으로 진행되는 남성 생존자를 위한 TIG 변형 모델을 성공적으로 운영하고 있다.)

집단원들이 제안한 또 다른 부분은 더 많은 토론을 할 수 있도록 회기의 횟수와 길이를 늘리자는 것이었다. 지난 몇 년간, 10주 동안 60분에서 12주 동안 75분으로, 16주 동안의 90분 집단으로 변화했는데, 이것이 현재 모델이 되었다. 이렇게 시간과 기간이 연장되면서 집단원들은 자신의 과거 트라우마가 현재의 삶에 어떻게 영향을 미치는지에 대해 더욱 충분히 이야기할 수 있는 기회를 얻게 되었다. 이것은 남성들 사이의 더 깊은 유대감을 증진시켰으며, 그렇게 향상된 관계 능력은 사회적 고립과 자기비난에 대한 강력한 해독제 역할을 했다. 이러한 변화로 인해 이 집단은 현재 "혼합된 모델"이라 불리고 있다. 이 변형된 집단은 단순히 심리교육, 안전, 자기돌봄에 초점을 맞추는 전형적인 1단계 집단을 넘어서서, 트라우마 이야기에 초점이 맞춰진 2단계 모델의 일부 특징들을 포함시켰기 때문이다. 더 정확히 말하자면, 집단은 "1.5 단계"로 묘사될 수 있다. 1단계 집단보다는 더 많은 나눔과 토의 시간을 허용하지만, 집단원들은 여전히 전형적인 2단계 집단에서만큼의 깊이와 세부사항들로 자신의 이야기를 나누는 것은 삼가도록 권장된다.

남성 생존자 집단을 위해 조정된 또 다른 부분은 사전심사 과정이다. 초기 전화 인터뷰에서, 예비 내담자들은 집단 참여 가능 여부를 판단하게 되는 기본 질문들을 받는다. 이때 약물 남용, 정신질환, 자살 사고, 최근 입원 이력, 불안정하거나 위험한 생활 환경에 대한 질문들 외에도, 남성 내담자들은 범죄행위에 대한 질문을 받는다. 우리는 아동학대의 남성 생존자들이 성폭력과 가정폭력을 저지를 위험이 높다는 점을 착안하여 이 질문을 포함시켰다. 일부 생존자들은 아동 또는 청소년 시기에 아마도 강압하에 이와 같은 폭력을 저질렀을 수도 있다. 생존자가 행동에 대하여 양심의 가책을 느끼고 더 이상 이러한 행동이 발생하고 있지 않음을 분명히 한다면, 제외 사유가 되지 않는다. 많은 남성 생존자들이 결국 자신은 가해자가 될 운명이라는 흔한 두려움을 가지고 있기 때문에 이 주제는 집단의 나눔에 중요한 부분이 될 수 있다(실제로 대다수가 가해자가 되지 않는다).

간단한 전화 사전심사 후에 집단리더와 예비 내담자가 집단이 적합하다고 생각되면, 내담자는 대면 인터뷰에 초대된다. 대면 인터뷰에서 내담자는 과거 트라우마와 그것이 오늘날 그의 삶에 계속해서 영향을 미치는 방식에 대해 많은 질문들을 받는다. 이러한 질문을 하는 이유 중 하나는 내담자가 자극되거나 압도되지 않은 상태로 트라우마에 대해 이야기할 수 있는지의 여부를 확인하고자 하는 것이다. 내담자는 비록 자신의 과거 트라우마에 대한 세부사항들이 노골적으로 공유되지 않을 것이지만 트라우마 경험을 확인하고 그들이 살아남은 것에 대한 타당화와 지지를 받는 것이 집단의 목표 중 하나임을 전달받는다. 예를 들어, 한 내담자는 인터뷰에서 자신이 10대였을 때 아버지가 저지른 근친상간의 생존자였다고 밝혔다. 그는 이 트라우마 경험으로 인한 강한 수치심과 죄책감 때문에 친밀한 관계를 맺을 수 없게 되었다고 하였다. 집단리더는 이 내담자에게 실제 근친상간의 행위에 대한 자세한 내용들은 다루지 않으면서 자신의 이야기를 집단에서 나누도록 격려했다.

이 집단은 매우 구조화된 특성에도 불구하고 강렬한 감정을 불러일으킬 수 있기 때문에 각 집단원은 집단이 진행되는 동안 추가적인 도움을 요청할 수 있는 사람을 지목하게 된다. 대부분 본인의 개인 상담자를 지목하지만 현재 상담을 받지 않고 있을 경우 집단리더는 도움을 요청할 수 있는 사회적 자원들을 함께 탐색해 준다. 내담자들은 일시적으로 이전에 만났던 리더에게 상담을 다시 요청하기도 하고, 참여하고 있는 자조모임에 더 자주 참여하거나 참여하는 모임의 수를 늘릴 수도 있다. 초창기에는 각 집단원이 이 집단과 동시에 개인 상담을 받는 것이 필수여야 한다고 생각되었지만, 시간이 지나면서 모든 생존자에게 개인 상담이 반드시 필요한 것은 아니라는 사실을 깨닫게 되었다. 집단에 참여하기 전에 수년간 개인 상담을 받은 일부 남성들은 개인 상담을 계속할 필요성을 느끼지 못했다. 사실상 그들은 남성 생존자 전체 집단의 지지를 받는 것을 더 선호했다.

현재 개인 상담을 받고 있는 내담자는 집단리더가 개인 상담자와 상의할 수 있도록 허락하는 동의서에 서명해야 한다. 동의를 받은 후, 집단리더는 개인 상담자에게 전화하여 내담자의 집단에 대한 준비상태에 대한 소견과 우려 사항에 대해 논의한다. 또한 리더는 내담자가 집단에서 달성할 수 있는 목표에 대한 아이디어를 상담자에게 요청할 수 있다.

사전심사 과정의 또 다른 중요한 부분은 남성 집단에게 의의가 있는 이슈인 동성애 혐오 문제를 다루는 것이다. 집단리더는 다양한 성적 지향성을 가진 남성들과 함께 집단에 참여하는 상황에 대해 예비 집단원이 어떤 마음이 드는지 물어본다. 집단에 동성애자, 이성애자 또는 트랜스젠더로 구별되는 남성들이 있을 수 있다고 설명한 후, 이러한 사람들과 함께 집단에 참여하는 것에 대해 어떻게 생각하는지 묻는다. 만약 이런 상황이 불편하다고 말한다면 리더는 해당 남성에게 이 집단 대신 다른 집단을 고려하도록 권유한다.

집단리더는 특정 집단원이 집단 내에서 유일한 특정 성적 지향자가 되는 것을 피하는 노력을 해야 한다. 즉, 각 집단에 공개적으로 이성애자인 사람이 한 명이거나 공개적으로 게이인 남성이 한 명만 있는 상황을 방지해야 한다. 역사적으로 보면, 인종과 민족성 측면에서 이 집단은 배타적이진 않았지만 대체로 서유럽 배경을 가진 남성으로 구성된 백인이 우세적이었다. 연령에 있어서는 19세의 젊은 사람부터 74세 연장자까지 다양성이 더 잘 유지되어 왔다.

사전심사 과정에서 각 남성은 집단에서 이루고 싶은 목표를

하나 이상 말해 보라는 요청을 받는데, 이것은 문자 그대로 기록이
된다. 대답들을 정리해 보면 정체성과 관계에 대한 문제가 그들의
주된 관심사임이 분명하게 나타났다. 최근 기록된 대답들 중 몇 가
지 예시는 다음과 같다.

> "저도 인간사회의 일원이라고 느끼고 싶어요."
> "늘 두려움을 많이 느끼는 편인데도 아닌 척, 남자다운 척 하는 것
> 을 그만두고 싶어요."
> "친구 사귀는 법을 배우고 싶어요."
> "외로움을 덜 느끼고 싶고 스스로에 대해 좀 더 긍정적으로 생각
> 하고 싶어요."
> "저한테 큰 결함이 있다는 생각을 버리고 싶어요."
> "제가 게이라서 성적 학대를 당했다는 생각을 그만하고 싶어요."
> "더 이상 제 자신을 미워하고 싶지 않아요."
> "더 좋은 아빠가 되고 싶어요."
> "제가 어떤 사람인지 알고 싶어요. 학대자가 저한테 제가 어떤 사
> 람인지 세뇌시킨 대로 생각하는 건 그만하고 싶어요."
> "멍청이로 살고 싶지 않아요."

목표 설정은 원래 TIG의 기본 요소는 아니다. 목표를 포함시
키는 것은 2단계 집단 모델에서 가져온 것이다. 많은 사람들이 제
한된 시간 동안에 이루기 어려운 목표를 설정하기 때문에, 집단리
더는 각 집단원과 협력하여 보다 측정 가능하고 달성 가능한 목표
를 구체화한다. 이러한 목표에는 이 집단에 참여하고 있음을 파트
너에게 공개하는 것, 모든 집단 회기에 참석하는 것, 매 회기에 자
료에 대한 최소한 하나의 반응을 집단과 나누는 것, 집단 회기 동
안 다른 집단원들과 눈을 마주치는 것, 각 집단 회기에 대한 반응

을 개인 상담자와 더 깊이 있게 탐색하는 것, 집단 기간 동안 새로운 자기돌봄 루틴을 추가하는 것 등이 포함될 수 있다.

지난 수년간 남성들이 자주 언급한 또 다른 목표는 "저는 다른 남성들과 한 방에 앉아서 제가 아동기 성적 학대 생존자임을 밝힐 수 있게 되면 좋겠어요." 또는 "저는 다른 남성들이 트라우마에 어떻게 대처해왔고 지금은 어떤지 듣고 배우고 싶어요."이다. 최근 한 집단원이 공유해 준 인상 깊었던 내용은 다음과 같다. "저는 어릴 때 성적 학대를 당한 다른 남성분들께 첫 경험에 대한 질문에 어떻게 대답하시는지 묻고 싶어요. 친구들이나 직장 동료들이 항상 이런 걸 물어보는데, 어떻게 말해야 할지 모르겠어요. 제가 '7살 때 친형한테 당했어요.'라고 말하는 게 맞을까요, 아니면 그건 숨기고 '20살때 첫 여자친구랑이요.'라고 대답해야 할까요?"

일반적으로 집단의 첫 몇 주 내로 남성들은 각자 이루고 싶은 목표들을 공유한다. 이런 목표 설정은 이미 초기 사전심사 과정에서 집단리더와 논의되었고, 집단리더가 집단이 진행되는 동안 쉽게 달성할 수 있는 구체적인 목표를 형성하는 데 도움을 주었기 때문에, 어떤 집단원이 목표를 이루기 위해 노력하고 있는 것이 보이면 집단원들은 이에 대해 공개적으로 언급할 수 있다. 앞의 예시를 이어나가자면, 해당 집단원이 자신의 첫 성경험이 언제였는지에 대해 스스로 결정할 수 있고, 그것이 처음으로 성적 학대를 당한 시점이 아니어도 괜찮을 것 같다고 할 때, 집단은 그를 응원해줄 수 있다. 집단은 성적 학대를 당하는 것은 성관계가 아니라 폭력이므로 그가 처음으로 합의하에 성관계를 한 시점이 그의 첫 경험이라는 것을 인식하는 데 도움을 줄 수 있다. 각 집단원의 목표를 모니터링하기 위해 집단 시간의 많은 부분을 할애하지는 않지만, 집단 회기가 진행되는 동안 공개적으로 언급되고 인정을 받게 된다.

마지막 회기에서 집단원들이 집단에서의 경험에 대해 이야기할 때, 목표 달성은 종종 집단이 성공적이었다고 느끼게 만드는 가장 중요한 요소가 된다.

남성 생존자 집단은 목표를 추가하는 것 이외에는 TIG의 기본 구조를 따른다. 집단의 시작은 정착하는 시간으로 여기는데, 이것은 때때로 깊은 심호흡이나 이완 훈련을 포함하지만, 대부분 침묵 속에서 진행된다. 시간이 지날수록 집단원들이 서로에게 점점 더 편안함을 느끼는 것을 발견할 수 있다. 집단은 항상 시작 체크인으로 시작한다. 남성들은 집단에 도착한 지금 어떤 느낌인지, 지난 집단 이후 한 주 동안 자주 떠오르거나 힘들게 했던 내용이 있는지 들어본다. 그런 다음 집단은 작업 과정이라고 부르는 단계로 넘어 간다. 이 단계에서 집단원들은 활동지를 읽으면서 해당 주에 지정된 주제의 맥락 내에서 트라우마 경험이 오늘날의 삶에 미치는 영향에 대해 토론한다. 그다음, 마무리 체크인으로 집단을 끝맺는다. 이때, 각 집단원은 집단을 떠나게 되는 지금 마음이 어떤지 이야기한다. 또 이 단계의 일부로, 집단원은 다음주 회기 전까지 실천해 볼 수 있는 자기돌봄 활동을 하나 말한다. 대부분의 주제는 일주일 이내에 논의가 마무리되지만 때로는 하나의 주제를 탐색하는 데 2주가 걸리기도 한다. 집단 응집력과 유대감을 더욱 강화시킬 수 있는 보다 감정적인 주제들은 항상 집단 후반부 회기를 위해 남겨두어야 한다.

때때로 집단은 어떤 특정 주제를 논하는 도중 특정 집단원에게 숙제를 내주기도 한다. 예를 들어, 분노에 관한 2주차 회기에서 집단은 한 집단원에게 집에 돌아가 아내에게 분노 감정을 느끼게 되는 이유를 찾아볼 것을 요청하였다. 즉, 아내와의 관계에서 어떤 일들이 일어나는지 기록을 하는 숙제였는데, 해당 집단원은 아내에게 느끼는 자신의 분노에 대해 집단이나 심지어 스스로에게 설명할 수 없는 상태였기 때문이었다. 그 남성은 다음 회기에 와서 숙제로 기록한 내용을 집단에게 읽어주었다. 이를 통해 그는 아내가 던진 무해한 말들을 비난이나 비하로 해석하면서 감정적으로 반응해온 점을 통찰하기 시작했다. 그 결과 그는 아내가 어린 시절 비판적인 언어로 정신적 폭력을 가한 자신의 어머니를 상기시킨다는 것 또한 알아차렸고, 이런 통찰을 가지고 분노에서 한 발짝 물러날 수 있었다.

다음의 간단한 예화처럼 일부 남성들은 정말 큰 용기를 내기도 한다. 성관계과 성적 취향에 대한 2주짜리 회기에서 션(가명)은 주제 토론 마지막에 매우 고통스러운 사실을 밝혔다. "인정하기 부끄럽지만 사촌에게 성폭행을 당했던 그 시절, 저는 그를 막을 수 있을 정도로 나이를 먹은 후에도 그를 몇 번이고 찾아갔었어요. 제 발로 찾아갔던 거죠." 안타깝게도 이 용감한 개방에 집단원들은 아무런 반응을 하지 않았다. 모두 무반응 상태로 조용히 앉아 있었다. 션은 침묵에 당황스러워했다. 그는 고개를 숙이고 어깨를 움츠린 채 앉아 있었고 시선은 바닥에 고정되어 있었다. 집단리더들은 션의 용기를 인정해주면서 집단원들의 반응을 끌어내려고 노력했지만 실패했다. 마무리 체크인을 하는 시간이 되자, 션은 자기 차례를 넘겨버렸다. 집단리더는 집단이 끝난 후 남아달라고 요청했지만 션은 괜찮다고 말하며, 그냥 집에 가고 싶다고 했다.

그다음 회기가 되자 다른 집단원 중 한 명인 샘이 말을 꺼냈다. 샘은 션에게 "지난주에 사촌과의 일을 개방했을 때 답변을 하지 못해 너무 미안했어요. 말을 하지 못한 이유는 제가 똑같이 행동을 했었기 때문이에요. 저 역시 잘못된 행동임을 알면서도 섹스를 위해 가해자를 다시 찾아가곤 했거든요. 지난주에는 이런 말을 할 용기가 나질 않았어요."

또 다른 집단원 저스틴은 다음과 같이 말했다. "지난주에 답변을 하지 못해서 저도 죄책감이 들었어요. 이전 집단에서 말했듯이 저는 아버지에게 성적 학대를 당했어요. 하지만 제가 여러분과 공유하지 않았던 부분은 제가 아버지를 막기엔 너무 어렸던 시절부터 학대가 시작되었었지만, 그를 막을 수 있는 힘이 생긴 이후로도 학대는 계속되었다는 거예요. 진실은 제가 학대가 지속되도록 내버려 두었다는 거예요. 아버지가 제 방에 들어오는 그 밤, 그 몇 분 동안은 아버지와 가깝게 느껴졌고, 심지어 사랑받는다고 느꼈어요. 낮이나 다른 시간에는 절대 그렇게 느낀 적이 없어요. 아버지의 사랑과 인정을 바라는 마음이 저 스스로를 더 미워하게 만들었다는 것을 이제야 깨달았어요."

이 예화에서 놀라운 것은 바로 그 전 주에는 이 남성들이 "라커룸 행위"라고 할 수 있는 일을 했었다는 것이다. 누군가가 음란물과 자위 행위를 문제 삼는 이야기를 했고, 그걸 들은 다른 남성들 사이에서는 엄청난 비웃음이 일어나는 반응이 있었다. 션이 가해자를 다시 찾아간 일을 개방했을 때, 그의 솔직함은 아무런 호응을 얻지 못했다. 그러나 그 다음주가 되어서는 모두 진정한 솔직함, 연민, 공감의 자리로 넘어갈 수 있었고, 그들은 그렇게 진솔하게 자신의 취약함을 드러내는 용기를 가짐으로써 진정한 유대감을 형성할 수 있었다. 엄청난 순간이었다.

관계를 주제로 한 회기에서 한 집단원은 이렇게 말했다. "제가 삶에서 부족한 게 뭔지 아세요? 진정한 친구요. 예전에는 두 남성이 함께 저녁을 먹거나 영화를 보는 걸 보면 그들이 틀림없이 게이일 거라고 생각했었어요. 사실 저는 어렸을 때부터 진정한 친구가 없었고, 이제는 친구야말로 제가 진짜로 갈망하는 것이고 어떤 면

에서는 제가 가장 그리워하는 것이라는 걸 깨달았어요." 이에 집단
원들은 우정의 의미에 대해 이야기를 나눴고, 일부는 동성애 혐오
에 대한 부담이 너무 커서 남성 친구를 사귀는 건 생각만 해도 두
려웠다고 나누기도 했다.

회복과 치유에 초점을 둔 회기에서 폴이라는 한 남성은 다음
과 같이 말했다. "저에게는 아들과 딸이 있는데 아이들과 전혀 친
하지 않아요. 마치 우리 사이에 보이지 않는 벽이 있는 것 같은데
어떻게 깨야 할지 모르겠어요." 집단은 그에게 아이들과 더 많이
시간을 보내면서 더 잘 알아갈 수 있는 방법을 찾아보라고 격려해
주었다. 폴은 이렇게 말했다. "제 아이들은 학대를 받은 적이 없어
요. 왜냐하면 제 아이들은 훌륭한 아이들이거든요. 제가 그 나이였
을 땐 엉망진창이었는데, 이 아이들은 전혀 그렇지 않아요. 여기에
대해서는 전 부인에게 고맙죠. 제가 세상에서 무엇이든 할 수 있다
면 아이들과 가까이 지내고 싶어요. 왜냐하면 아이들도 그걸 원하
는 게 보이니까요. 평소에 제 안에 항상 독이 가득하다고 느끼는
데, 그 독이, 저의 결함이 어떻게든 아이들에게 스며드는 건 아닌
가 하는 생각이 들어서 아이들 가까이 가는 것이 너무 두려웠어요.
가끔은 정말 제가 당한 일에 대해 제가 치러야 했던 대가가 얼마나
큰지, 믿을 수가 없어요."

또 다른 집단원 테렌스는 어렸을 때부터 자신이 게이라는 걸
알고 있었고, 동시에 가족들이 얼마나 동성애를 혐오하는지에 대
해서도 알고 있었다고 말했다. 그래서 1학년 때 선배들 패거리가
그를 궁지로 몰아 그를 대상으로 집단 성폭행을 행했을 때, 그는
"아웃팅" 당할까 봐 아무에게도 말하지 못했다. 강간당할 때 가장
고통스러웠던 부분 중 하나는 그가 겪었던 육체적 고통뿐만 아니
라 가해자들의 모욕적인 말로 인해 느낀 수치심과 굴욕감이었다.

폭행 후 몇 달 동안 가해자들은 복도나 화장실에서 그를 지나칠 때마다 굴욕적인 말들을 속삭였다. 특히 그 말들은 집에서 아버지가 했던 말과 똑같아서 더 상처가 컸다. 그는 아버지가 "너는 절대 남자다울 수 없어"라고 자주 말했던 것을 회상했다. 테렌스는 남성들만 있는 환경에서 항상 어려움을 느꼈다고 했고, 그래서 리더가 수년간 권고했음에도 불구하고 남성 생존자 집단에 합류하는 것이 얼마나 쉽지 않은 결정이었는지에 대해 이야기했다.

　또 다른 집단원인 맥스는 테렌스가 다른 집단원들을 항상 존중해 주고 따뜻한 반응을 보이는 모습을 보고 그가 진정한 남자라고 생각했다는 말을 해주었다. 또한 맥스는 테렌스가 그를 오랫동안 주저하게 만들었던 개인적인 이유들이 있었음에도 불구하고 위험을 무릅쓰고 남성으로만 이루어진 집단에 합류한 것에 대해 용기 있는 사람이라 느꼈다고 말했다. 또 그가 청소년일 때도 얼마나 용감했으면 학교와 집에서의 그런 해로운 분위기 속에서 살아남았을까 싶다고 말했다. 테렌스는 이 피드백에 눈에 띄게 감동했다. 그는 다른 그 누구도 그 자신에게 용기가 있다고 말해준 적이 없으며, 스스로 "겁쟁이"라고 생각해왔던 것과 매우 대조적이라고 말했다. 집단리더는 테렌스가 오랜 시간 동안 자신을 짓눌렀던 자기비하적 이름표들을 버리고 용감하고 따뜻한 사람이라는 새로운 이름표로 다시 출발하면 좋겠다고 덧붙였다. 또한 집단리더는 VOV 프로그램에 참여한 많은 생존자들이 언어적 학대는 거의 세포 수준에서 서서히 퍼지는 독처럼 느껴져서, 언어적 학대보다 신체적 학대와 성적 학대에서 회복하는 것이 더 쉬웠다는 말을 해왔다고 전했다. 태성은 잠시 동안 흐느꼈고, 곧 자신의 쾌락을 위해 다른 사람을 아프게 하는 것이 아니라 다른 사람의 치유와 회복에 힘써 주는 사람들이 모여있는 이곳에 있다는 것이 감사하다고 말했다.

비록 항상 이 회기는 회복과 다음 단계에 초점을 맞추지만, 집단의 마지막 주에는 때때로 활동지 대신 구조화된 활동을 하기도 한다. 다음 지침은 상당히 인기 있는 활동에 대한 것이다.

"3-2-1을 사용하여 여러분이 집단에서 얻은 것 중 가치 있다고 생각되는 *세 가지*와, 이 세상에서 여러분이 가지고 있는 *두 가지* 자원, 그리고 여러분의 회복의 여정에서 다음 단계로 취할 수 있는 행동 *한 가지*를 떠올려보세요."

집단이 끝난 후에 각 남성은 종결 인터뷰에 초대된다. 인터뷰 대화를 하는 동안 집단원은 집단 구조와 유인물의 내용 중 유용했다고 생각한 부분과 아쉬웠던 부분에 대해 질문을 받는다. 집단리더는 그의 피드백이 매우 소중하며, 앞서 집단에 참여해준 예전 집단원들의 피드백 덕분에 집단이 지금의 모습까지 발전해왔다고 말해준다. 남성들에게 집단에 대한 피드백을 요청하는 것 외에도 집단리더는 각 집단원이 실천하면 좋을 회복을 위한 다음 단계를 제안해 준다. 예를 들어, 집단리더는 집단원에게 다른 트라우마 집단에 참석하거나 다른 치료방식을 고려하거나 개인 상담을 통해 특정 이슈를 좀 더 다루어볼 것을 권유할 수 있다. 집단 시작 시와 마찬가지로 내담자에게 개인 상담자가 있는 경우 집단리더는 상담자와 의논하고 치료와 관련된 권장사항을 전달한다.

집단의 마지막 회기와 종결 인터뷰에서 남성들은 자신의 경험을 다음과 같이 요약했다.

"제가 완전히 치유되었다는 환상은 없지만, 적어도 희망은 좀 더 생겼습니다."

"예전에는 스스로 괴물처럼 느껴졌는데 적어도 지금은 조금 더 인간적으로 느껴져요."

"아직도 진정한 친구는 없지만, 이제는 언젠가는 진짜 친구를 만들 수 있지 않을까 싶어요."

"이 집단에서 제가 얻은 가장 중요한 것은 더 이상 혼자라고 느껴지지 않는다는 것과 내가 학대의 원인이라고 생각하지 않는다는 것입니다."

"여기서 한 대로 계속해서 노력한다면 최소한 남은 인생을 지킬 수 있을 것 같다는 생각이 들어요."

"그 세월 동안 성관계를 강요당하긴 했지만 그럼에도 불구하고 저를 학대한 그 사람은 제가 항상 생각했던 것처럼 저의 남성성을 앗아간 것은 아니었습니다."

"저는 학대가 제 잘못이라고 믿으며 인생의 첫 40년을 보냈지만, 이제 드디어 그것이 아니라는 것을 믿게 되었습니다."

"저는 지금까지 생각해왔던 것보다 훨씬 더 많은 것을 누릴 자격이 있고, 앞으로 그것들을 얻으려고 노력할 것입니다."

라틴계 이주민을 위한 집단

이번 TIG 모델의 변형은 뉴욕에서 임상사회복지사로 일하고 있는 Rosa Maria Bramble에 의해 개발되었다. Bramble은 Judith Herman과 Emily Schatzow가 공동으로 한 달에 한 번 진행하는 콘퍼런스 콜에 참여하여 트라우마 생존자를 위한 집단에 대해 자문을 받았다. 이 TIG 변형 모델을 개발하게 된 주된 이유는 라틴계 이주민에게 문화적으로 적합하게 각색을 하고, 회기의 내용을 라틴계 이주민 여성들이 가장 일반적으로 겪는 트라우마의 종류와

제6장 TIG의 변형 | 181

더 관련되게 만들 필요가 있었기 때문이다. Bramble은 이렇게 말했다. "이 모델의 묘미는 우리 문화에 트라우마라는 개념을 소개할 수 있게 해준다는 점입니다." (J. L. Herman과의 개인적 소통, 2016년 11월 7일)

　　Bramble은 라틴계 이주민들이 가정폭력 및 아동학대뿐만 아니라 정치적 또는 갱단 폭력에 노출되는 등 다양한 형태의 트라우마를 경험할 위험이 높다는 점에 대해 주목하였다. 많은 여성들은 이러한 폭력을 피해 목숨까지 걸고 국경을 넘는다. 이주하는 동안 성폭행, 납치, 인신매매 등의 폭력에 추가적으로 노출되는 경우가 많으며, 밀입국자인 경우가 많기 때문에 미국에 도착하면 여러 스트레스 요인에 직면할 수 있다. 불법체류 여성은 이주 후 학대적인 관계에 연루된다면, 학대자가 통제의 한 형태로 추방 위협을 사용할 수 있기 때문에 더욱 취약하다. 트라우마, PTSD 및 우울증의 비율이 더 높음에도 불구하고 라틴계 이주민들은 다른 민족 여성보다 정신건강 치료를 받을 가능성이 적다. 이주 트라우마 또는 불법체류와 관련된 수치심, 정신질환에 대한 문화적 낙인, loca(미친 사람)로 인식되는 것에 대한 두려움 등은 치료의 장벽이다. Bramble이 주목했듯이 라틴계 문화는 회복력을 중요시하며 사람들은 자신의 일을 스스로 처리할 수 있어야 한다고 생각한다.

　　Bramble은 다음과 같이 적었다.

나의 임상 경험으로는 다른 "동료"와 함께 어려움과 회복력에 대한 이야기를 공유할 때 생기는 소속감이 이들에게 큰 도움이 된다. 따라서 TIG와 같은 집단 모델은 트라우마 및 PTSD가 있는 라틴계 이주민의 다양한 요구를 해결하는 데 가장 효과적일 수 있다. 라틴계에 대한 TIG 변형은 문화적으로 적합하게 조정되었고,

이민 신분의 현실과 라틴계의 사회정치적 현실을 통합시킨다. (J. L. Herman과의 개인적 소통, 2016년 11월 7일)

Bramble은 성공적인 변형을 위해 다음과 같은 지침을 제공하였다.

1. "TIG"라는 이름은 사람들을 불안하게 하고 반감을 느끼게 한다. 따라서 회복력의 비전을 제시하는 이름인 "나의 내면의 정원: 나의 정서적 건강 향상시키기"로 이름을 변경했다. 이 전단지는 집단이 트라우마 생존자를 위한 것임을 분명히 한다.
2. 라틴계의 경우, 읽기능력 수준을 고려해서 선택권을 제공해야 한다. 활동지 읽기를 할 때, 차례대로 돌아가면서 읽는 것보다는 참가자들이 자발적으로 읽도록 한다.
3. 라틴계는 이질적인 집단이다. 안전한 집단을 만들기 위해 우리는 참가자들이 서로 다른 나라에서 왔다는 것을 인식하고 모두를 포용하고 환영한다. 그리고 나서 우리 모두가 트라우마의 영향을 받고 있다는 사실에 대해 논의하는 것으로 넘어가도록 한다.
4. 트라우마와 우울증을 구별하는 데 시간을 할애한다. 트라우마는 새롭다. 라틴계 사람들은 "저는 트라우마를 겪었어요."보다 "저는 우울해요."라고 더 쉽게 말한다. 트라우마를 설명하고 이해하기 위한 정확한 언어가 부족하다.
5. 라틴계 이주민에 대한 변형에서 우리는 다음과 같은 추가 핵심 주제와 활동지를 포함하는 것이 중요하다는 것을 깨달았다.

- 이주 트라우마
- 트라우마가 어린이와 가족에게 미치는 영향
- 불법체류 신분과 차별에 대한 트라우마

6. 라틴계 사람들에게 인기 있는 음악 유형인 Zumba는 문화적 맥락 속에서 긍정적인 자아상을 연결하는 데 사용된다. 집단원들은 리듬에 맞춰 움직이면서 호흡을 조절하는 법을 배운다.

7. 마지막 집단 회기는 음식과 음악을 함께 나누는 축하 행사로 진행된다.

또한, Bramble은 집단의 길이를 다양화하였다. 그는 두 개의 다른 기관에서 두 가지 변형을 개발했다. 한 집단은 6주 동안 지속되고 다른 집단은 9주 동안 지속되었다. 내담자가 일할 기회를 놓치지 않도록 저녁이나 토요일에 집단상담이 제공되었다. 집단은 스페인어로 번역된 활동지와 함께 스페인어로 진행되었다.

'나의 내면의 정원(변형된 집단)'에서는 집단 대상자, 한도 및 환경 설정의 세 가지 생태 변수 모두에서 조정이 이루어졌다. 그럼에도 불구하고 집단의 기본 구조 또는 "뼈대"는 유지되었다.

TIG 관찰 훈련 모델

이 집단 모델에 매력을 느껴 그 접근 방식을 통달하고, 트라우마 이론과 집단 과정에 대해 잘 통합된 이해를 가지고 있는 사람들은 이 매뉴얼을 가지고 실제 TIG 집단을 직접 관찰함으로써 풍부한 학습 경험을 얻을 수 있게 된다. VOV 프로그램에서 Lois Glass

는 리더 및 관련 서비스 제공자 교육을 위해 집단을 조정하였다. 이 TIG 관찰 모델에서 집단원들은 연민 어린 방식으로 자신의 경험을 의미 있는 틀로 구성하고 동료 집단원들의 웰빙을 향상시킬 뿐만 아니라, 동시에 서비스 제공자의 트라우마 민감성을 확장시켜주고 풍부하게 한다. 즉, 그들은 진정한 변화의 촉진자가 된다.

어떻게 이루어지는가

이 관찰 훈련 모델 안에서 TIG는 이 매뉴얼에 설명된 대로 수행되지만, 사전심사 과정과 첫 번째 및 마지막 집단 회기에 중요한 변경 사항이 있다. 또한 집단리더들은 매주 집단이 끝난 후 관찰자들을 위해 한 시간 동안 토론을 진행한다.

사전심사

사전심사 전화는 이 집단이 관찰될 것이라는 점과 그렇게 하는 근거 및 관찰 과정에 대한 실질적인 세부사항을 설명해주는 식으로 이루어진다. 예를 들어, 집단리더는 다음과 같이 말할 수 있다. "우리는 다른 사람들에게 트라우마 생존자들과 작업하는 방법을 가르치는 것을 중요하게 생각합니다. 이것을 하기 위한 한 가지 아주 유용한 방법은 관찰을 통해 가르친 후 관찰한 내용에 대해 토론할 기회를 주는 것입니다." 실제로 집단 관찰은 영상으로 녹화가 되거나 옆 방의 "일방향 거울(one-way mirror)"을 통해 이루어진다. 관찰자는 트라우마 사건이 사람들에게 어떤 영향을 미치는지를 배우고, 이러한 영향에 대한 민감성으로 가지고 사람들과 효과적으로 상호작용하는 방법을 알고 싶어 하는 리더 및 관련 건강 전문가들이다. 관찰자는 매주 참석하며 집단원들과 동일하게 비밀 유지 규칙을 준수해야 한다. 예를 들어, 관찰자가 특정 집단원과 친분이 있다면, 집단원이 이웃이나 지인에 의해 관찰되는 것에 대해 걱정할 필요가 없게 즉시 관찰을 중단하고 나가도록 요청받을 것이다.

또한 집단리더는 첫 번째 회기가 끝날 때 관찰자들을 집단에 초대하여 자기 소개를 할 시간을 몇 분 동안 줄 예정이며, 마지막 회기가 끝날 때에도 집단에게 피드백을 주기 위해 다시 초대될 것이라고 설명한다. 집단원들은 이 예정된 시간에 관찰자를 만날지 아니면 관찰자가 오기 전에 떠날지 스스로 선택할 수 있게 된다.

초반에 관찰자를 집단에게 소개하는 이유는 투명성을 확립하고 미지의 것에 대한 두려움이나 관음증의 느낌을 줄이기 위함이다. 또한, 이러한 만남은 두 집단(집단원과 관찰자) 간의 암묵적인 존중과 비밀서약을 체결해준다. (집단원들은 사전심사 때 명시적으로 관찰에 대한 동의서에 서명하기도 한다.) 이러한 계약들이 체결되면 집단원들은 당면한 작업, 즉 회복 과정에 집중할 수 있다. Lois는 한 주 정도가 지나면 집단원들은 옆 방에 다른 사람들이 있다는 사실을 감각적으로 느낄 수 있기는 하지만 방해가 될 정도는 아니라고 보고한다. 이 느낌은 관찰자가 늦게 오는 경우 잠시 빛이 거울에 반사되어 깜박일 때만 잠깐 고조된다고 한다. 하지만 간혹 집단원이 자신의 이야기를 하다가 수치심을 느낄 때 관찰자를 의식하면서 말하는 경우도 있다. 숙련된 집단리더는 수치심 회복에 도움이 될 수 있는 증인 역할에 관찰자를 포함시키면서 이 상황을 직접적으로 다룰 수 있다.

관찰자 집단

첫 번째 관찰자 집단은 이 매뉴얼의 흐름에 따라 TIG 관찰 모델에 대해 설명하는 것으로 시작된다. 즉, 집단 모델의 모든 측면을 개관한다. 그다음, 각 관찰자에 대해 간략하게 소개하는 시간을 갖는다. 남은 시간은 관찰자들의 질의에 대한 응답을 하기 위해 사용된다.

이후의 모든 토론 회기는 관찰자가 제기한 질문과 문제로 시작한 후 리더들이 선택한 교육 내용을 다루는 시간으로 넘어간다. 또한 토론은 관찰자의 특정 직업과 환경에 따라 조정될 수 있다. 예를 들어, 관찰자 중 중독 전문 리더가 있다면 리더는 중독과 트라우마 사이의 상호작용을 강조할 수 있다. 또한 개인 상담을 하고 있는 특정 내담자에게 이 생존자 집단을 추천하는 것이 좋을지, 또 이 집단 모델을 어떻게 내담자에게 가장 와닿게 설명할 수 있을지 등에 대해 논의할 수 있을 것이다.

관찰자는 보통 집단리더의 개입에 관심을 갖는다. 이는 집단 리더들이 집단을 운영하는 동안 어떤 사고 과정을 통해 개입을 선택하게 되는지에 대해 이야기할 기회를 준다. 그런 다음, 보통 이 주제에 대해 심화된 토론이 계속 이어지는데, 그 과정에서 집단리더들은 자신이 경험한 역전이 및 대리외상에 대해 투명하게 밝힐 수 있는 또 다른 기회를 갖는다. 관찰 집단이 가장 유용한 것 중 하나는 복잡한 집단 상호작용을 풀어내는 과정을 분명하게 해준다는 것이다. 집단리더가 "제가 좀 더 시야를 넓혀 좀 더 깊이 생각할 시간이 있었더라면 …라고 말했을지도 모르겠어요. 그런데 당시 너무 많은 일들이 일어났었죠. 때때로 집단리더로서 모든 것을 신경 쓸 수 없어요."라는 말을 해주면 관찰자들은 크게 안심이 된다. 특히 그다음 주에 해당 주제로 돌아와서 이러한 "잃어버린 기회"를 어떤 식으로 만회하는지 보여주면 더욱 그러하다. 정상화, 명료화 및 타당화는 상담 관계에서처럼 수련 관계에서도 필수적이다.

10주차: 마지막 집단 회기

마지막 집단 회기 말미에 관찰자들은 다시 한번 집단원들을 만나도록 초대된다. 관찰자들과 만나지 않는 것을 선호하는 집단원들은 먼저 자리를 떠나도 좋다. 이러한 모임은 적극적인 경청과 적극적인 관찰이 만들어내는 변화 잠재력을 예외 없이 깨닫게 해준다. 각 관찰자는 집단원들과 집단 과정으로부터 배운 것들에 대해 말할 기회가 주어진다. 이들의 피드백은 집단원들이 용감하게 드러낸 고통과 다른 사람에게 위안을 주었던 연민 어린 반응들에 경의를 표한다. 각 집단원의 참여는 모두의 회복 여정이 얼마나 비슷하면서도 독특한지를 생생하고 진실하게 드러낸다. 모두에게 공통적으로 적용될 수 있는 사실은, 누구나 트라우마를 인지한 지식, 연민, 그리고 존중으로 도움을 받을 때 회복의 여정이 한결 수월해진다는 것이다.

결 론

어떤 집단 모델을 매뉴얼화하는 것은 매뉴얼이 현실 세계에서의 경험보다 우선시될 정도로 문자 그대로 받아들여지고 준수될 수 있다는 점에서 위험하다. 이러한 TIG 변형 예시에서 볼 수 있듯

이 우리는 본 매뉴얼이 효과적으로 조정될 수 있는 구조적인 작업
틀로서 사용되길 바란다.

　우리는 집단 모델을 목적, 구조, 변화에 대한 이론, 참여자들
의 트라우마와 그들 삶의 문화적 맥락 사이에서 상호작용하는 역
동적으로 살아있는 유기체라고 생각한다. 우리는 또한 집단 모델
이 집단원들에게 "본거지"와 "안전한 공간"의 기능을 수행하는 것
으로 확인했고, 집단의 필수 요소를 집단 구조를 보전해 주는 "뼈
대와 내력벽"에 비유했다. 이는 집단 모델이 변형되더라도 유지되
어야 할 중요한 이론적 구성요인들이다.

　안전 개념은 트라우마 회복 이론의 필수적인 측면이며, TIG
가 대상자와 집단리더에 따라 변형되더라도 여전히 근본적인 이
론적 기초가 된다. '나의 내면의 정원' 집단에서는 트라우마를 집
단의 이름에 직접적으로 넣을 때 유발될 수 있는 불안감을 해소하
기 위해 집단 이름을 바꾸었고, 라틴계 대상자들의 경험에 맞추고
자 주제를 조정했으며, 문화적인 공감을 주기 위해 음악과 음식을
추가하였다. 이렇게 문화와 언어, 트라우마 경험에 주의를 기울이
는 것은 안전한 참여를 촉진하면서 집단 설계에 영향을 주었다.
Passageways 집단에서는 놀이활동과 자연스러운 움직임을 통한
전위(displacement)로 하여금 집단원들이 먼저 자신의 회복능력을
깨달은 후 트라우마의 영향에 대한 논의를 진행할 수 있게 하였다.
남성 생존자 집단에서는 남성 집단원들의 피드백에 따라 그들의
수치심을 완화시켜줄 수 있는 남성 리더 체계로 조정하여 집단 내
안전감을 강화하였다. 또한 집단원들의 고립감을 감소시키기 위해
각자 자기 주변환경에서 지지 자원을 찾아보도록 하였다.

　TIG 집단의 세 가지 구조적 요소인 시작(시작 활동)과 중간(주
제와 토론), 그리고 종결(마무리 활동)은 이번 장에서 서술된 모든

변형에서 유지되었다. 변형은 각 구조적 요소의 주제 내용과 치료적 접근(명상, 예술치료, 음악, 춤 등) 측면에서 이루어졌다. 또한 회기 길이나 회기 수, 집단 인원수와 같은 실질적인 요인에서도 조정이 이루어질 수 있다. 그러나 철학적 및 이론적 기초는 똑같이 유지된다.

앞 장들과 남성 생존자 집단에 대한 부분에서 더 자세하게 기술된 네 번째 요소는 사전심사 과정이다. 집단리더의 사전심사 방법은 많은 것에 의해 결정되는데 반드시 집단의 목적과 집단리더의 편안함 수준, 탐색 중인 트라우마 관련 자료의 양에 맞추어 조정되어야 한다. 예를 들어 놀이와 창의적인 활동을 포함하는 TIG는 오직 전화만으로 사전심사를 한다. 사전심사의 목적은 예비 집단원들에게 집단의 형식과 예상되는 일들에 대해 알려주고, 오해나 현실적이지 않은 기대를 바로잡는다. 이러한 초기 문제들이 논의되고 나서야 집단리더들은 예비 집단원에 대한 정보를 모으기 시작한다. 수집된 정보는 현재의 기능 수준, 관심사, 생활 환경, 그리고 아주 전반적인 트라우마 이력 정도로 제한된다. 트라우마와 관련한 자세한 내용은 집단에서 논의되지 않기 때문에 사전심사에서도 언급되지 않는다. 이것은 집단 참여를 위한 분위기를 조성해 준다. 관심사에 대한 질문은 회복력을 키우고 창의적이고 즐거운 활동을 하는 데 중점을 두는 집단과 지향점이 일치한다. 반면, 남성 생존자 집단은 트라우마 내용을 다루는 것이 허용되도록 설계되었기 때문에, 더 심층적인 트라우마 사전심사를 한다. 이러한 설계는(각 회기의 길이와 집단 지속기간 모두에서) 연장된 집단 기간과 목표 설정을 포함함으로써 트라우마 사건이 현재 삶에 미치는 영향을 논의하기 위한 구조와 목적을 제공한다.

모든 변형 모델은 핵심 주제들을 기본 틀로 사용하지만 각 접근마다 그 주제들을 다루는 방식은 다르다. Passageways 집단은 TIG의 주제 순서를 따르지만, 활동지를 토론에 도입하지는 않는다. 활동지는 자료로 간주되고 집에 가져가서 사용하거나 개인 상담 중에 사용될 목적으로 배포된다. '나의 내면의 정원' 집단은 문해력 수준에 민감하기 때문에 활동지는 읽기를 자원하는 집단원이 읽게 되고, 주제는 집단원의 언어와 문화적 경험에 맞도록 조정되어 있다. 남성 생존자 집단은 리더들이 화이트보드 앞에 서서 활동지를 검토하는 식의 교실 모델로 시작했지만, 점차 보다 상호적이고 협동적인 집단 과정으로 발전하였다. 이 과정에서 리더들과 집단원들은 활동지를 함께 읽고, 토의하고, 숙제를 정하기도 한다. TIG 모델의 변형은 미리 계획되기도 하지만 "현장"에서 즉흥적으로 발생하기도 한다.

집단리더의 개성 또한 또 다른 변수가 된다. 앞서 기술된 각 변형 모델에 대해 읽으면서 여러분은 아마도 집단리더의 개성이 반영된 것을 느낄 수 있었을 것이다. 집단리더들은 진정성을 가지고, 집단에서 활용되는 자료에 대한 철저한 이해를 바탕으로 분명하고 와닿게 말하며, 트라우마와 회복에 대한 원리에 관해서 박식하면서 집단 과정에 능숙해야 한다.

요약하자면, TIG 모델을 변형할 때 활용할 수 있는 질문은 "왜 이 변형이어야 하는가?", "TIG 모델을 지지하는 '뼈대와 내력벽'을 유지하고 있는가?", "나는 나의 역할이 편안한가?", "나는 어디로 가고 있으며 그 이유는 무엇인가?"이다. 이에 대한 답을 찾게 될 때 변형과정이 시작된다.

이상한 나라의 앨리스와 달리, 우리는 출발하기 전에 우리의 길을 정한다.

"내가 어디론가 갈 수만 있다면 말야." 앨리스가 설명을 덧붙였다.
"그럼, 당연히 그럴 수 있지," 고양이가 말했다. "계속 걷기만 한다
 면 말야."

─루이스 캐롤, 이상한 나라의 앨리스(2011)

부록 A.

TIG 일정

이 집단은 주제 중심으로 이루어지는 10개의 독립된 회기들로 구성되어 있으며, 집단원들에게 트라우마, 피해의 심리적 영향 및 회복 과정에 대한 이해를 증진하는 것을 목표로 합니다. 집단원들이 트라우마에 대해 이해할 수 있는 틀을 제공하여 자신의 치유 작업에 대해 어느 정도 숙달감을 가질 수 있도록 하는 것에 중점을 둘 것입니다. 집단에서 활용하게 되는 활동지와 유인물은 추후 개인 상담에서도 추가적인 탐색과 개인적인 작업을 위해 사용될 수 있습니다.

이 집단은 _____(시작일)부터 _____(종료일)까지 _____(요일)에 모이기로 합니다.

1회기	트라우마의 영향: 외상후 스트레스 반응들
2회기	안전과 자기돌봄
3회기	신뢰
4회기	기억하기
5회기	수치심과 자기비난
6회기	연민
7회기	분노
8회기	자아상/신체상
9회기	타인과의 관계 및 연결
10회기	과거에 의미 부여하기 및 회복 과정

부록 B.

TIG 지침

1. 집단원들은 모든 회기에 참석하도록 권장됩니다. 집단에 참석할 수 없는 경우 다른 집단원들이 걱정하지 않도록 사전에 알려주시기 바랍니다. 사전에 연락할 수 있는 방법: _____.

2. 집단 내 음식물은 반입 금지입니다. 음식은 집단의 주의를 산만하게 하고 집단원들에게 민감한 문제가 될 수 있습니다. 물이나 알코올이 들어가 있지 않은 음료 정도는 괜찮습니다.

3. 집단에서 비밀보장 원칙을 지키는 일은 매우 중요합니다. 가족이나 친구들과 집단에 대해 이야기할 때에는 대체적으로만 이야기하길 바랍니다. 특히 다른 집단원을 특정 짓지 않도록 주의해야 합니다.

4. 집단 밖에서 서로 아는 사이거나 따로 마주치게 된다면 집단에 대해서 이야기하거나 서로의 트라우마 과거에 대해 나누지 않습니다.

5. 이 집단에 계속 참여하기 위해서 집단원은 안전한 생활환경에서 안전 계획을 실천하며 술에 취하지 않은 상태를 유지해야 합니다. 만약 이러한 문제로 어려움을 겪고 있다면, 따로 여러분이 계속 집단에 참여하는 것이 바람직한지 평가하도록 하겠습니다.

6. 이 집단은 트라우마 경험이 여러분의 과거와 현재 삶에 어떤 영향을 주었는지 살펴보고, 그러한 영향에 어떻게 대처하고 회복할 수 있는지에 초점을 맞춥니다. 우리의 목표는 여러분이 고립감에서 벗어나 지지를 받을 수 있는 환경에서 여러분의 경험을 이해하기 위한 인지적 틀을 개발하도록 돕는 것입니다. 여러분의 트라우마 이력의 내용과 세세한 세부사항은 집단의 초점이 되지 않을 것입니다. 또한, 이 집단은 집단원들 사이의 반응에 초점을 맞추는 집단도 아닙니다. 이 집단의 초점이 되지 않는 이슈들은 개인 상담이나 다른 자원을 통해 다룰 것을 요청합니다.

부록 C.

TIG 유인물과 활동지

1회기. 트라우마의 영향: 외상후 스트레스 반응들

트라우마 사건이란 무엇인가?

트라우마 사건은 신체적, 정서적, 심리적 해를 야기하거나 야기할 가능성이 있는 사건을 말합니다. 여기에는 강간, 아동학대, 구타 등 누군가의 생명 또는 신체적이나 정서적으로 온전한 상태를 위태롭게 만드는 사건들이 포함됩니다. 자연재해, 사고, 테러, 전시 경험 등 또한 포함될 수 있지만, 이러한 사건들은 이 집단의 초점은 아닙니다.

트라우마 사건은 그것을 경험한 개인의 대처 능력을 압도하여 통제감을 잃게 하고 극심한 공포와 무력감을 경험하게 만듭니다. 트라우마 생존자들은 종종 자신이 경험한 사건을 이해하기 어려워하며, 무의미하다고 느낍니다.

일반적인(이해 가능하고 예상되는) 반응은 무엇인가?

사람들은 다양한 방식으로 트라우마 경험에 반응합니다. 동일한 트라우마 사건이라도 사람마다 다르게 반응할 수 있습니다. 일부는 즉각적인 반응을 보이는 반면, 다른 일부는 지연된 반응을 보일 수 있습니다. 지연된 반응은 원래 사건 이후 몇 년이 지난 후에도 나타날 수 있으며, 이는 초기에 사용했던 대처 방법(예: 회피하기, 열심을 다하기, 알코올 또는 약물 남용하기 등)이 더 이상 효과적이지 않거나, 새로운 상실 또는 신체적 부상으로 인해서 제지를 받게 될 때 발생합니다. 그럴 때 사람들은 그동안 밀린 트라우마의 영향이 뒤늦게 몰려오는 듯 느끼게 됩니다.

트라우마를 직접적으로 경험한 사람만이 트라우마의 영향을 받는 것은 아닙니다. 끔찍한 폭력, 이해할 수 없는 폭력을 목격했거나 그에 대해 전해 들은 사람들(예: 목격자, 피해자와 가까웠던 사람, 보호자) 또한 영향을 받을 수 있습니다.

비록 사람마다 성격, 과거 경험, 사건과의 연관 정도, 다른 사람들의 반응 및 사건에 부여된 의미 등에 따라 다르게 반응하지만, 사람들이 충격적이거나 폭력적인 사건에 연루되거나 그것을 목격한 후에 자주 겪는 감정들과 반응들이 존재합니다.

사람들은 트라우마 사건에 어떻게 반응하는가?

트라우마를 경험하는 것은 한 사람의 사고, 감정, 몸 상태, 행동, 다른 사람들과의 관계, 세상과 사람들에 대한 신념이나 영적인 믿음 등 삶의 거의 모든 측면에 영향을 미칠 수 있습니다. 다음 표는 일반적인 반응 목록입니다. 이러한 반응 또는 유사한 반응들은 트라우마 사건에 대한 "정상적인" 반응으로 간주될 수 있습니다.

사고	행동	신념 또는 영성
• 기억 장애 • 결정 장애 • 혼란스러움 • 시간 왜곡 • 한 번에 너무 많은 생각 • 느려진 생각 • 세상이 안전하지 않다는 느낌 • 죽는 것에 대한 생각 • 플래시백—사건 재경험 • 침투적 이미지—사건 재생 • 미래가 단축된 것 같은 느낌	• 마약, 술, 약물 남용 • 다른 사람으로부터 철회 • 성급함 • 짜증 냄 • 허우적댐 • 작은 변화에도 강렬한 반응 • 타인에게 매달림 • 원래 쉽게 해냈던 일도 잘 해내지 못함 • 일상 루틴 무너짐	• 신앙의 상실 • 영적 의심 • 종교 공동체로부터 철회 • 오랫동안 가지고 있었던 신념에 대해 의문을 갖기 시작함 • 세상이 바뀌었다는 느낌 • 절망 • 삶이 무의미하다고 느껴짐
감정	몸 상태	다른 사람들과의 관계
• 무력감, 절망감 • 슬픔	• 피로감 • 수면의 변화	• 타인을 신뢰하기 어려움

• 멍함 • 두려움/공포감/안전에 　대한 걱정 • 죄책감 • 취약해진/의존적인 느낌 • 화/분노 • 감정적으로 심한 기복 • 악몽 • 무가치감 • 혼자라고 느낌 • 나의 삶에 대한 통제감이 　없다고 느낌 • 스스로 불결하다고 느낌 • 다른 사람이 어떻게 생각 　할까 두려움 • 피해가 계속될까 두려움	• 식이/식욕 문제 • 위장병 • 구토/설사 • 땀/빠른 맥박 • 가슴의 통증 • 어지러움/두통 • 감기에 쉽게 걸림/자주 　아픔 • 요통/경부통	• 너무 빨리, 과도하게 신 　뢰함 • 성적 활동의 변화 • 타인에 대한 왜곡된 일 　반화 • 관계에 대한 의심 • 통제적이거나 폭력적이거 　나 트라우마 역동을 재연 　하는 파트너를 선택함 • 다른 사람에게 비판적임 • 이해하지 못하는 가족/친 　구와 소원해짐 • 혼자라는 느낌/"인간이 아 　닌" 느낌 • 피해가 계속될까 두려움

사람들은 트라우마로부터 어떻게 회복하는가?

트라우마로부터 회복하는 것은 시간이 걸리는 복잡한 과정입니다. 이 집단에서 우리는 회복의 다양한 측면을 살펴볼 것입니다. 여러분이 이 집단에 참여하면서 여러분의 감정을 잘 통제할 수 있다고 느끼는 순간도 있겠지만, 통제하기 어렵다고 느끼는 순간도 있을 거라는 점을 기억하세요. 자신을 잘 보살피면서 회복이 힘든 작업이라는 것을 인식하는 것이 중요합니다.

여러분의 신체적, 정신적, 감정적인 필요에 주의를 기울이는 것은 여러분이 삶을 더 잘 통제하고 회복에 관련된 스트레스를 줄이도록 도와줄 수 있습니다. 다음에는 일상생활의 기본적인 영역들이 나열되어 있는데, 여기에 집중해볼 것을 권장합니다. 각각의 항목에 대해 실천해볼 수 있는 자기돌봄 전략을 적어보시길 바랍니다.

식사

스트레스 상황에서 사람들은 종종 힘을 얻기 위해 단 것이나 카페인을 더 많이 섭취합니다. 이러한 대처 방법들은 처음에는 에너지를 주는 것처럼 보이지만, 실제로 전반적인 스트레스 수준을 증가시키는 결과를 가져옵니다. 알코올과 약물 사용은 사용 시 특정 감정들을 마비시킬 수 있지만 시간이 지남에 따라 감정을 악화시킵니다. 여러분의 식습관을 돌아보고, 그것이 여러분의 스트레스 수준에 어떤 영향을 미치고 있을지 생각해보세요.

_____

_____

_____

_____

_____

신체 활동

스트레스를 줄이는 가장 좋은 방법 중 하나는 운동하는 것입니다. 운동은 즐길 수 있는 활동이기도 하지만, 스트레스와 불안한 감정에 대처하는 매우 효과적인 방법이기도 합니다. 여러분 일상의 루틴을 생각해보고, 그 안에 어떻게 규칙적인 운동을 일상에 포함시킬 수 있는지 생각해 보세요.

_____

_____

_____

_____

_____
_____
_____

휴식과 이완

스트레스에 대응하기 위한 다른 대안은 여러분 자신을 진정시키는 방법을 찾고, 조용히 휴식을 취하는 것을 배우는 것입니다. 많은 사람들은 깊은 심호흡 연습, 다양한 형태의 명상, 조용한 산책 등을 하며 스스로를 진정시킵니다. 당신은 어떻게 스스로를 진정시키나요?

_____
_____
_____
_____
_____
_____

사회적 접촉 및 지지체계

트라우마의 흔한 영향 중 하나는 고립입니다. 때때로 사람들은 강렬하거나 고통스러운 감정을 표현하는 것이 다른 사람들과 멀어지게 만들까 봐 두려운 나머지 혼자 있기로 합니다. 이유가 무엇이든, 고립은 보통 이러한 감정을 고조시킵니다. 여러분이 어떤 기분인지 경청해주고, 여러분이 겪은 일을 이해해주는 다른 사람들을 찾는 것은 큰 도움이 될 수 있습니다. 당신은 누구에게 당신의 기분에 대해 말할 수 있나요?

_____

2회기. 안전과 자기돌봄

트라우마 경험을 한 많은 사람들에게, 자신을 안전하게 지키고 자신을 더 잘 돌보는 방법을 찾는 것은 회복의 첫 번째 단계가 됩니다. 이 활동지는 트라우마가 개인이 이 세상에서 느끼는 안전감에 어떤 영향을 미치고, 어떻게 자기돌봄을 방해할 수 있는지에 대해 살펴보게 됩니다. 우리의 목표는 트라우마 생존자들이 어떻게 안전감을 형성하고 자신을 돌보는 새로운 방법을 배울 수 있는지에 초점을 맞추는 것입니다.

안전

우리 세상에서 안전감을 느끼는 것은 상당히 복잡한 과제입니다. 어떤 측면에서 세상은 실제로 안전하지 않은 곳이기도 하고, 또 특정 사람 또는 장소가 다른 사람이나 장소들보다 더 안전하기도 합니다. 하지만 우리를 둘러싼 불확실성에도 불구하고, 우리는 모두 즉각적인 위험이나 신체적인 피해에 대한 두려움에서 벗어나 주어진 일상을 헤쳐 나갈 필요가 있습니다.

안전감은 보살핌을 받고 해로운 것으로부터 보호받는 느낌을 받는 경험입니다. 어린아이들은 주변의 세상 사람들이 그들의 필요에 주의를 기울이고, 그들이 무서울 때 그들을 위로하고, 그들 자신을 보호할 수 있는 여러 방법들에 대해 가르쳐줄 때 안전감을 발달시킬 가능성이 가장 높습니다. 어린 시절부터 이러한 보살핌을 받는다면, 아이들은 도움을 요청할 줄 알고, 위험한 상황을 피할 줄 알고, 다른 사람들을 신뢰할 수 있는지 판단할 줄 아는 어른으로 성장할 가능성이 더 커집니다. 이러한 사람들을 보고 우리는 세상에 대한 근본적인 안정감을 가지고 있다고 말할 수 있습니다.

트라우마 경험은 우리의 안전감에 엄청난 영향을 미칩니다. 이는 어린 시절에 트라우마를 겪었던 생존자와 어른이 되어 트라우마를 겪은 사람들 모두에게 마찬가지입니다. 어린 시절 트라우마를 겪은 생존자들은 성인이 되어 신뢰 문제가 핵심 이슈가 됩니다. 충분히 이해가 되는 일이죠 ─ 어린아이가 자신을 보호하고 양육했어야 할 사람들을 신뢰할 수 없고, 오히려 그들로 인해 반복적인 위험에 노출되었다면, 아이는 사람들은 신뢰할 수 없는 대상이라고 배우게 됩니다. 또한, 보호받지 못한 아이들은 자신의 안전이 중요하지 않다는 것을 배웁니다. 자신이 보살핌을 받을 만큼 충분히 중요하지 않다고 생각하게 되지요.

만약 아이가 살면서 만난 어른들이 예측 가능하게 행동하는 사람들이 아니라, 어떤 때는 사랑을 주고 어떤 때는 상처를 주거나 방치한다면, 아이는 혼란스러워질 수 있습니다. 그렇게 "뜨겁다가 차가워지는" 감정적 환경에서는 안전감, 두려움, 외로움, 패닉의 감정들이 모두 뒤엉켜 느껴졌을 수 있습니다. 이 아이는 자라면서 안전이나 신뢰라는 단어가 자신에게 잘 와닿지 않는다고 느끼게 됩니다. 모든 관계는 인생 초기에 경험했던 혼란스럽고 고통스러운 감정의 소용돌이를 되살아나게 할 수 있습니다.

어떤 생존자들은 "무감각"해지거나 "해리"함으로써 고통스러운 감정으로부터 스스로를 보호하는 법을 배웁니다. 이러한 생존 패턴이 성인이 되어서도 계속된다면, 생존자는 단절된 상태로 남아 있겠지요. 그런 경우, 내면이 공허하거나 스스로 불완전하다고 느낄 수 있습니다. 특정 감정(예: 분노)을 마땅히 느껴야 할 때조차도 전혀 느끼지 못할 수도 있습니다. 인생은 이해 불가능한 것이 되어버립니다.

또 어떤 생존자들은 알코올, 마약, 위험한 성적 접촉 또는 다른 형태의 자해를 통해 자신의 의식을 변화시키는 방법을 찾음으로써 고통스러운 감정으로부터 스스로를 보호하기도 합니다. 이러한 대처 방법들을 통해 생존자들은 자신에게 일어나는 일을 스스로 더 잘 통제하고 있다고 느끼기도 합니다. 그들은 스스로에게 벌을 주기 위해 해로운 것들을 추구할 수도 있습니다. 결국 관계에서 상처를 받을 것이라 지레짐작하면서 이별 시점에 대한 통제력을 갖기 위해 좋게 유지될 수 있는 관계를 섣불리 끝내버리기도 합니다. 또는 위험할 수 있는 상황에서 "무감각"해지거나 위험에 대한 생각을 아예 하지 않는 등 어린 시절 사용했던 대처 기술을 사용하기도 합니다. 이러한 모든 방법은 어렸을 때 개발하였던 자기보호 수단으로, 생존자들이 현재의 삶에서 안전으로부터 멀어지게 만들 수 있습니다.

성인이 되어 트라우마를 겪은 생존자들에게도 안전과 자기돌봄 문제가 두드러질 수 있습니다. 많은 성폭력 생존자들은 더 안전하다고 느끼기 위해 외부 세계와의 접촉을 제한하고, 그 결과 매우 제한된 삶을 삽니다. 가정폭력을 당한 여성들은 고립되는 것이 가장 안전하다고 생각하면서 두려움이나 수치심을 느끼며 다른 사람들로부터 스스로를 단절시키기도 합니다. 하지만 사람들은 고립된 상태에서 치유될 수 없습니다. 사회적 활동을 하는 것은 매우 중요합니다. 문제는 그것을 하기 위한 안전한 방법을 찾는 것입니다.

안전을 확립하는 것은 여러분이 스스로에게 해를 끼치거나 다른 사람들로부터 피해를 입을 가능성을 최소화하는 생활 방식을 만드는 것을 의미합니다.

예를 들어, 생존자로서 당신은 다음과 같은 행동으로 안전을 위태롭게 만들 수 있습니다.

- 안전하지 않은 거주 공간에서 살기
- 약물과 알코올 남용하기
- 학대적인 관계 시작하기
- 병원에 가야 할 때 가지 않기
- 과소비하기

자기돌봄

자아감을 침해당하고 신뢰를 배신당한 아이들은 자신의 감정을 숨기고 필요를 거부하는 법을 배웁니다. 어쩌면 자신이 돌봄을 받을 자격이 없다고 느낄지도 모릅니다. 이러한 행동은 성인이 될 때까지 계속될 수 있습니다. 추운 겨울에 스웨터만 입고 다닐지도 모릅니다. 혼자 있을 때만 식사를 하거나, 아예 먹는 것을 잊거나, 군것질만 할 수도 있습니다. 하루에 3시간만 자거나, 반대로 내리 14시간 동안 잠을 자기도 합니다. 자신을 학대하는 사람과 함께 살거나, 감당할 수 있는 수준을 넘어서는 집세를 내야 하는 아파트를 얻을 수도 있습니다. 이러한 모든 상황은 정서적으로나 신체적으로나 안전하지 않습니다.

많은 생존자들에게 자기돌봄의 개념은 안전의 개념만큼이나 낯설게 느껴집니다. 자기돌봄은 여러분의 기본적인 필요에 주의를 기울이고, 그러한 필요를 여러분의 권리라고 생각하면서 존중하는 것을 의미합니다. 자기돌봄은 여러분의 몸에서 시작됩니다. 여러분의 삶에서 잠자고, 먹고, 활동하는 것을 예측 가능한 리듬으로 구조화하는 것을 의미합니다. 아프면 의사를 찾아가고 치료를 받는 것, 약물 남용이 문제라면 금주를 하는 것, 성적으로 활동적이라면 안전한 성관계를 하는 것을 의미합니다. 또한 자기돌봄은 여러분의 주변 환경과 대인관계를 돌보는 것도 포함합니다. 생존에 필요한 것들을 잘 갖추는 것, 생활 여건이 안전한 것, 현재 맺고 있는 관계에서 위협이나 착취를 당하지 않는 것을 의미합니다.

자기돌봄을 실천하면 자존감과 자신감이 향상됩니다. 여러분이 스스로 보살핌을 받을 권리가 있다고 느끼기 시작하면, 상호지지와 존중을 바탕으로 새로운 관계를 발전시키는 것이 더 쉬워집니다. 일단 여러분이 자기돌봄을 시작하고 나면 여러분은 사회적 지지를 활용하고 다른 사람들에게 다가가는 방법을 배우기 시작하면서 회복 과정에 도움을 받을 수 있습니다.

때때로, 여러분이 최선을 다해 노력하더라도, 자신을 돌볼 방법을 생각해내는 게 어려울 수 있습니다. 아마도 여러분의 정서적 고통이 너무 커서 약물에 의존하거나, 술을 마시거나, 자해를 하거나, 다른 사람들로부터 멀어지는 것이 여러분이 가진 유일한 선택인 것처럼 느껴지기도 할 테지요. 하지만 이러한 해결책들은 단기적으로는 안도감을 줄지 몰라도 장기적으로는 여러분을 더욱 고립시킵니다. 다른 선택지들이 있다는 것을 기억하는 것이 중요합니다. 신뢰할 수 있는 사람들과 더욱 자주 접촉하고, 위안을 주는 비파괴적인 방법들을 실천할 때, 여러분의 자해적인 활동에 대한 의존은 서서히 줄어들게 되고, 언젠가는 완전히 사라질 겁니다.

일단 여러분이 현재 삶에서 안전과 자기돌봄을 확립하는 것을 배우고 나면 과거를 이해하는 작업이 시작될 수 있습니다.

안전과 자기돌봄 일지

이 일지는 집에서 작성하고, 도움이 될 것 같으면 개인 상담에도 가져가세요.

내가 나를 돌보지 않을 때	내가 나를 돌보지 않는 방식	내가 나를 잘 돌볼 때	내가 나를 잘 돌보는 방식	내가 가지고 있는 자원	나를 돌볼 수 있는 새로운 방식
(예시) 부모님 집에 가 있을 때	스스로 고립시키기	친구들과 이야기할 때	운동하기	내 절친	치료집단에 참여하기

다음 질문과 진술은 여러분의 삶에서 안전을 증진하고 여러분 자신을 돌보는 방법을 생각하는 데 도움을 줄 수 있습니다.

1. 안전하다고 느낀 적이 있나요? 언제였나요?

_____

_____

_____

_____
_____
_____
_____

2. 내가 안전하다고 느끼는 모습을 상상해본다면 어떤 것이 떠오르
   나요?

_____
_____
_____
_____
_____
_____

3. 내가 지금 나 자신을 돌보는 방법으로는 어떤 것들이 있나요?

_____
_____
_____
_____
_____
_____

4. 내가 지금 나 자신을 충분히 돌보지 않는 행동을 하고 있다면
   어떤 것들이 있나요?

_____

_____

_____

_____

_____

_____

5. 나는 어떤 기분이 들 때 나 자신을 더 잘 돌보나요?

_____

_____

_____

_____

_____

_____

6. 나는 어떤 기분이 들 때 나 자신을 돌보지 못하나요?

_____

_____

_____

_____

_____

_____

7. 내가 안전하다고 느끼고, 나의 지지라고 생각하는 사람들은 누구인가요?

_____

_____

_____

_____

_____

_____

8. 그 사람들 중 한 명에게 지지를 해달라고 요청을 한다면 어떻게 요청할까요?

_____

_____

_____

_____

_____

_____

3회기. 신뢰

　이 활동지에서는 트라우마 경험이 생존자가 자신, 다른 사람들 및 주변 세상을 신뢰하는 능력에 어떠한 영향을 미치는지를 다룹니다. 또, 신뢰와 자기비난 간의 관계를 논하고, 회복에서 신뢰의 역할에 대해서도 나눌 것입니다.

　신뢰는 인간의 기본적인 감정입니다. 우리는 태어난 날부터 다른 사람들을 의지하고 신뢰하면서 성장합니다. 유아기에는 모든 기본적인 필요를 충족시키기 위해서 다른 사람들에게 전적으로 의존하지요. 유아와 어린이들은 정기적으로 일관되게 보살핌을 받으면서 자신과 세상에 대한 신뢰감을 발달시킵니다. 그러면서 세상에 예측 가능성과 안전성이 있다고 느끼게 되지요. 양육자가 충분한 시간 동안 아이들에게 이러한 느낌을 줄 때, 안정된 자아와 세계관을 위한 기반이 마련됩니다. 나이가 더 들고 더 유능해지면서 우리는 스스로를 위해 여러 일들을 하기 시작합니다. 주변 세상에서 이미 경험한 일관성과 안정성은 우리 자신과 다른 사람들에 대한 신뢰감을 높여주는 기반을 제공합니다.

　신뢰감은 폭력이나 잔인함을 마주하게 될 때 무너집니다. 특히 나에게 해를 끼치는 사람이 내가 보살핌과 보호를 위해 의지했던 사람들이라면 더욱 그렇습니다. 만약 여러분이 어렸을 때부터 학대를 경험했다면, 신뢰 문제는 깊게 자리 잡고 있어 다루기 매우 어려울 수 있습니다. 인생에서 중요한 사람들이 여러분을 위해서 행동하지 않을 수 있고, 그래서 그들에게 의존할 수 없다는 것을 깨달았을지도 모릅니다. "너는 이보다 더 나은 대우를 받을 자격이 없어", "사랑하니까 이러는 거야", "너 때문에 이런 일이 일어나는 거야"와 같은 말을 들었을 수도 있습니다. 이러한 메시지는 다른 사람과 자신을 신뢰하는 능력을 약화시킵니다.

폭력 경험 당시 성인이었다면, 여러분의 안정감과 신뢰감, 그리고 다른 사람들이 안전하다는 핵심 신념이 산산조각 날 수 있습니다. 새로운 사람들이나 친구들을 만나는 것이 더 이상 안전하지 않다고 느낄 수 있습니다. 반대로, 혼자 있는 것이 감당하기 어렵고 무섭기 때문에 다른 사람을 쉽게 믿고 조급하게 관계를 발전시키는 경우도 있을 수 있습니다. 너무 쉽게 신뢰하는 것은 다시 상처받을 위험을 증가시킵니다.

많은 생존자들에게 판단과 자기비난은 유용성이 있습니다. 성폭력 피해를 입은 여성이라면, 자책은 어떤 식으로든 여러분이 더 통제력을 느끼도록 돕고, 미래에 다시 강간당하는 것을 막을 수 있다는 환상을 줄 수 있습니다. 어렸을 때 학대를 받았다면, 스스로를 비난하는 것은 여러분이 의지했던 사람들과 계속 관계를 유지하고, 여러분이 다르게 행동함으로써 학대당하는 것을 막을 수 있다고 생각하게 만들었을 수 있습니다. 이런 식으로 자신을 탓하는 것은 일시적으로 도움이 될 수 있어요. 하지만 시간이 지남에 따라, 자책은 여러분이 스스로에 대해 나쁜 사람이라 느끼게 만들고, 자신을 신뢰하는 능력을 약화시킵니다.

적절한 방법으로 상황을 판단하고 자신과 타인을 신뢰하는 것을 배우는 것은 치유 과정의 핵심적인 부분입니다. 하지만 쉽지 않은 일이죠. 종종 생존자들은 자신에게 다른 사람을 신뢰하고 싶어 하는 측면도 있지만, 남을 신뢰하는 것을 극도로 두려워하는 부분도 있다고 말합니다. 다른 사람들을 신뢰하겠다는 것은 실망하거나 상처받을 수 있는 가능성을 받아들이는 것을 의미합니다. 다른 사람을 나의 삶에 들어오게 하는 것은 여러분이 인생 초기에 마땅히 경험했어야 할 신뢰 관계를 갖지 못했다는 것을 상기시켜주는 것일지도 모릅니다. 여러분은 지금까지 이것을 스스로 인정한 적이 없을 수도 있어요. 슬픈 현실이고 받아들이기 매우 어렵습니다. 다른 사람들로부터 반복적으로 배신을 당했다면, 남을 신뢰하는 위험을 어떻게 다시 감수할 수 있을까요? 누군가를 믿을 수 있는지 어떻게 알 수 있을까요?

다른 사람들과 신뢰를 쌓기 위해서는 시간을 들여 관계를 발전시키면서 그 과정에서 자신 또한 돌보는 것이 중요합니다. 예를 들어, 만약 만난 지 얼마 되지 않은 친구에게 여러분 자신에 대해 좀 더 나누고 싶은 마음이 든다면, 처음부터 세세한 디테일을 나누기보다는 "나는 힘든 어린 시절을 보냈어. 그 경험이 가끔 지금의 나에게도 영향을 끼치기도 해."라고 말해볼 수 있지요. 그러면서 친구의 반응을 살펴보세요. 지지를 받는 느낌이었나요, 아니면 무시당하는 느낌이었나요? 이해받는 느낌이었나요, 묵살당하는 느낌이었나요? 친구의 반응을 보고 안전하다고 느껴졌나요, 아니면 더 취약해진 기분이 들었나요? 충분한 시간을 가지고 다른 사람이 당신에게 어떻게 반응하는지 생각해보세요. 그러면 그 사람을 얼마나 신뢰할 수 있는지 가늠할 수 있습니다. 그런 다음 앞으로도 그 사람을 얼마나 신뢰하고 싶은지 결정할 수 있어요.

대체로 심리치료는 생존자들에게 다른 사람을 신뢰하는 방법을 배울 수 있는 안전한 공간을 제공해 줍니다. 집단치료는 신뢰를 형성하는 데 특히 도움이 될 수 있어요. 아마도 이러한 부분 때문에 여러분도 이 자리에 모인 것이겠지요. 여러분은 서서히 상담자에게 여러분의 삶의 복잡한 세부사항들을 더 편안히 나눌 수 있게 될 수 있습니다. 왜 여러분 스스로를 믿지 못하는 순간들이 있는지에 대해 좀 더 깊고 연민 어린 이해를 하게 될 수 있어요. 다시 사

람들과의 관계를 만들어나가고, 점차 다른 사람들과 여러분 자신
에 대해 더 큰 신뢰를 쌓는 작업을 상담자와 함께 할 수 있을 거예
요. 계속해서 신뢰라는 주제에 대해서 생각해보면서 아래에 나와
있는 질문들을 던져보세요. 혼자 집에서 해봐도 좋고, 상담자와 함
께 해도 좋습니다.

1. 내가 좋은 결정을 내릴 수 있는 능력이 있다고 스스로 믿을 수
   있는 순간은? (예: 내가 나의 필요에 귀를 기울일 때, 대안들을 충분히
   다 고려했을 때 등)

_____

_____

_____

_____

_____

_____

2. 1번과 같은 상황에서 내가 나 스스로를 신뢰할 수 있는 이유는?

_____

_____

_____

_____

_____

_____

3. 내가 좋지 않은 결정을 내릴 때는?

_____

_____

_____

_____

_____

_____

4. 내가 나를 좀 더 신뢰할 수 있게 되기 위해 나에게 하고 싶은
   말은? (예: 천천히 하자, 현실을 객관적으로 보자 등)

_____

_____

_____

_____

_____

_____

5. 다른 사람들을 더 신뢰하기 위해 내가 해야 하는 것은?

_____

_____

_____

_____

_____

_____

6. 이번 주에 나 스스로를 더 잘 보살피기 위해 노력할 수 있는 것은?

4회기. 기억하기

　　이 활동지에서는 트라우마 경험이 기억에 저장되는 방식과 회복 과정에서 기억의 역할에 대해 살펴봅니다. 트라우마 사건을 기억할 때의 경험은 사람마다 달라서 이 활동지를 하는 것이 여러분에게 약간의 불안감을 느끼게 할 수 있습니다. 이 주제가 어려운 이유는 트라우마 경험을 기억하는 것은 외상후 스트레스 증상을 증가시키는 경향이 있기 때문입니다. 만약 이러한 증상들이 촉발된다면, '내가 미쳐가나 봐'라고 생각하지 않기를 바랍니다. 오늘 이 활동지의 목적 중 하나는 기억을 하는 행위가 증상을 증가시키는 현상과 어떻게 관련이 있는지를 이해하는 것입니다.

　　기억은 여러 다른 방식으로 저장됩니다. 아직 언어를 사용하지 못하는 어린아이는 후각, 촉각, 시각 및 청각을 통해 기억을 저장합니다. 그렇기 때문에 어른이 되어서도 우리는 과거와 막연하게 연관되어 있는 육체적인 감각만을 가진 채, 어린 시절의 기억을 구체적인 단어로 설명하지 못할 수도 있습니다. 아이가 언어를 발달시키면 감각적인 기억은 언어에 내장되어 단어로 저장되고 표현됩니다. 어른이 된 우리는 기억을 떠올리고 이야기로 풀어냅니다. 정상적인 기억은 사건의 사실(facts), 사건과 관련된 감정, 그리고 그 사건이 그 사람의 전반적인 인생 이야기에 어떻게 들어맞는지에 대한 것들을 모두 통합시킵니다. 일상적인 기억은 시간과 함께 진화합니다. 이 세상에서 내가 어떤 사람인지에 대한 감각이 성장하고 변화함에 따라 우리는 과거의 다른 측면을 기억할 수도 있고, 우리의 경험을 이해하는 방식도 성장하고 변화할 수 있습니다.

　트라우마 사건은 정상적인 기억을 방해합니다. 공포를 경험하는 순간, 사람들은 다양한 의식 상태를 경험할 수 있으며, 이는 사건이 어떻게 인식되고 기억되는지에 영향을 미칩니다. 트라우마 기억과 이 기억이 생존자들에게 미치는 영향을 이해하는 데 중요한 두 가지 심리학적 개념이 있습니다. 바로 플래시백(flashback)과 해리(dissociation)입니다. 어떤 사람들은 자연스레 "싸움 또는 도주(fight or flight)" 상태로 들어가는 반면, 다른 사람들은 "해리"라고 알려진 무감각 상태로 들어갑니다. 만약 당신이 트라우마 경험 중 심장이 뛰고 근육이 긴장되어 싸우거나 도망칠 준비가 되어 있는 것을 느꼈었다면, 지금도 그 사건을 기억할 때 그러한 반응이 다시 일어나는 것처럼 느낄 수 있습니다. 소리, 냄새, 또는 이미지를 기억하는 강도가 과거에 실제로 트라우마를 경험했을 때와 비슷할 수 있습니다. 이러한 기억 유형을 플래시백이라고 부릅니다. 때때로 멈출 수 없는 녹화 또는 녹음 파일이 재생되는 것처럼 느껴질 수 있습니다.

　반면, 무감각해지거나 멍한 상태로 빠지는 식으로 트라우마에 반응을 했었다면, 당신은 마치 그 일을 직접 경험하지 않은 것처럼 아무런 감정 없이 사건의 세부사항들을 떠올릴지도 모릅니다. 아니면 해리성 기억상실증처럼 사건의 일부나 전부를 기억하지 못할 수도 있습니다. 어떤 이들에게는 이러한 경험이 더 많이 일어납니다.

　해리된 기억들은 추후 조각조각으로 상기될 수 있습니다. 트라우마 경험의 기억들은 원 사건을 떠올리게 하는 어떠한 단서로 인해 갑작스럽게 "트리거"될 수 있습니다. 때로는 왜 그 특정 기억이 되살아났는지 금방 이해할 수 있습니다. 예컨대, 트라우마 경험과 명백히 관련된 냄새, 장소, 또는 사람에 노출되었을 수도 있지요. 당신은 분명히 충격적인 경험과 관련된 무언가를 노출시킬 수 있습니다. 하지만 때로는 촉발요인이 그다지 명확하지 않을 수 있습니다. 당신의 삶이 전반적으로 모두 잘 풀리고 있는 것처럼 보이다가 불쑥 기억들이 돌아올 수 있어요. 사실 새로운 관계나 새로운 직장 등 "잘 풀리는 것들"이 나타나는 시기는 트라우마 생존자에게는 위태로운 시기가 될 수 있습니다. 무의식적으로 자신이 틀림없이 다시 상처받을 거라는 예상을 할 수 있어요.

트라우마 경험을 기억하는 과정은 종종 혼란스러움 또는 미친 사람이 된 듯한 느낌을 수반합니다. 생존자들은 과거를 기억하는 것이 마치 퍼즐을 맞추는 것과 비슷하다고 말합니다. 개별 퍼즐조각들은 그다지 의미가 없지만, 점차 조각들이 맞춰지면서 그림의 의미가 이해되기 시작합니다. 기억할 때 느껴지는 감정들은 과거의 경험 속에서와 비슷하게 고통스러울 수 있습니다. 트라우마 시기에 경험한 똑같은 감정을 압도적인 강도로 느낄 수 있습니다. 사건 당시에 존재했던 다양한 감정들이 다시 경험될 수 있습니다. 여기에는 무력함, 무능함, 분노, 슬픔, 수치심 및 슬픔 등이 포함될 수 있지요. 반면에, 외상 경험을 아무런 감정 없이도 상세히 기억하는 생존자들도 있습니다. 이러한 경험 또한 큰 혼란을 야기할 수 있으며, 트라우마 경험의 일부 또는 전체를 기억하지 못하는 것은 불안을 야기할 수 있습니다.

여러분 중에는 트라우마를 기억하는 것이 현재 삶 속에 혼란을 가져왔을 수도 있습니다. 트라우마 사건에 대한 기억은 때때로 예상치 못한 순간에 떠오르며, 직장생활, 양육, 인간관계와 같이 현재 해야 할 일들을 효과적으로 감당하기 어렵게 만들 수 있습니다. 감정은 현재의 실제 상황과 비교해 지나치게 과장된 것처럼 느껴질 수 있습니다. 기억하는 과정 속에 있을 때 이 과정이 결국 지나갈 것이라고 스스로 상기시키는 것이 중요합니다. 결국 이 과정은 현재의 삶에 새로운 의미를 부여할 수 있는 기회가 될 수도 있으며, 이것이 바로 당신이 애초에 집단에 참여한 이유이기도 합니다.

　기억하는 과정을 더 잘 통제하기 위한 방법을 새롭게 배우는 것이 중요합니다. 플래시백을 예로 들어봅시다. 플래시백은 과거에서 현재로 침투한 당신의 역사의 일부분임을 상기시키는 것이 도움이 될 수 있습니다. 플래시백이 일어나는 동안 당신은 무력함을 줄여줄 수 있는 일들을 하는 것이 도움이 될 수 있습니다. 이제는 혼자가 아니라는 것을 상기하고, 이야기를 나누거나 함께 있을 수 있는 누군가에게 연락하는 것이 도움이 될 수 있습니다. 지금은 당신이 안전하다는 것을 상기하십시오. 당신은 현재에 있으며 과거에 있지 않습니다. 현재의 주변 환경을 소리 내어 묘사해보세요. 바닥에 닿아있는 발을 더욱 바닥 쪽으로 눌러보거나, 안정감을 주는 무언가를 잡아보십시오. 주먹이나 다른 근육을 조인 후에 다시 풀어보고, 호흡에 집중해보세요. 깊게 세 번 숨을 들이마십니다. 당신은 몸을 통제할 수 있으며 그 감각을 바꿀 수 있습니다. 일어서십시오. 불을 켜십시오. 산책을 가십시오. 따뜻한 차 한 잔을 마십시오. 누군가와 당신의 이야기를 할 수 있을 때까지 그 기억을 그냥 그대로 내버려두세요. 그 누군가는 당신의 가까운 친구, 애인 또는 상담자일 수 있습니다. 기억을 나눌 수 있는 순간이 올 때, 그 기억의 무게를 홀로 지고 있는 듯한 느낌을 덜 느낄 것이며 기억들을 더 잘 이해하려고 노력할 수 있게 될 것입니다.

　기억은 계속되는 과정입니다. 과거를 돌아보고 자신의 삶의 조각들을 연결 짓는 것, 이미 알고 있는 것을 다른 방식으로 바라보는 것, 그리고 과거의 감정과 이미지를 자신만의 언어로 풀어내는 것을 수반합니다. 치유를 위해 모든 것을 기억해야 하는 것이 아닙니다. 가장 중요한 것은 트라우마의 일반적인 본질과 영향을 이해하는 것과 더불어 당신이 개별적으로 어떻게 대처해왔는지를 이해하는 것입니다. 지금껏 생존을 위해 잊힌 것들도 포함하여 좋고 나쁜 기억들을 다시 기억해내기 위해서는 먼저 안전한 환경과 새로운 대처 기술이 필요합니다. 기억하는 과정을 통해, 당신은 더욱 응집되고 의미 있는 삶의 내러티브를 개발하게 될 것입니다. 아래는 집에서 해볼 수 있는 활동지이며, 원한다면 개인 상담자에게도 공유할 수 있습니다.

1. 스트레스를 받거나 압도되는 느낌을 받을 때 나는 어떻게 되는 경향이 있나요? (예: 혼란스러워지는, 무감각해지는, 화가 나는)

_____

_____

_____

_____

_____

_____

2. 사람들이 나에게 나 자신이나 과거에 대해 물어볼 때, 나의 기억은 몇 세부터 시작되나요? 기억이 잘 나지 않는 기억 구간은 어느 시기인가요?

_____

_____

_____

_____

_____

_____

_____

3. 나를 불편하게 만드는 특정 상황이나 상호작용은 어떤 것이 있
   나요?

_____

_____

_____

_____

_____

_____

이 불편함의 본질을 이해할 때까지, 나는 이러한 상황에 참여하는
것을 최소화하거나 다른 사람들로부터 지원을 받겠습니다.

4. 내가 가장 편하게 느낄 때는 내가 어떤 모습일 때인가요?

_____

_____

_____

_____

_____

_____

5. 플래시백을 경험하게 된다면 나는 나 스스로를 어떻게 도울 수
   있나요? (예: 이것이 기억이라는 것을 스스로에게 상기시키기, 현재의
   나의 주변을 인식하고 그 안에 있는 나를 인식하기, 근육을 긴장시키고
   이완시키면서 나의 몸을 조절하기)

_____

_____

_____

_____

_____

_____

6. 새로운 기억이 떠오를 때 바로 그것에 대해 나눌 사람이 없다
   면, 나는 무엇을 할 수 있나요?

_____

_____

_____

_____

_____

_____

5회기. 수치심과 자기비난

　수치심은 인간이 느끼는 정상적인 감정입니다. 우리는 모두 어떤 특정 순간 수치심을 느낄 때가 있습니다. 우리는 모두 스스로가 의식이 되면서 바보 같다고 느끼거나 갑작스럽게 부끄러워지는 순간들을 겪을 때가 있었을 겁니다. 보통의 수치심은 삶의 정상적인 부분입니다. 때때로 우리는 심한 수치심을 느끼기도 하지만, 우리를 돌봐주고 존중해주는 사람들이 있다는 사실을 알기 때문에 이를 극복할 수 있다는 것도 배웁니다. 우리가 정상적인 수치심을 느낄 때, 그것은 일시적인 감정으로, 우리가 바보 같거나 까발려졌음에도 불구하고 여전히 좋은 사람이 될 수 있다는 느낌을 함께 갖게 됩니다.

　수치심은 죄책감과는 다른 감정입니다. 죄책감은 어떤 행동과 관련되어 있습니다. 우리는 무언가를 잘못했을 때 죄책감을 느낍니다. 죄책감을 덜기 위한 방법은 교정적인 행동을 하는 것이죠. 죄책감을 해소하는 방법은 시정적인 조치를 취하는 것입니다. 사과하고 보상을 하는 거지요. 하지만 수치심은 우리가 어떤 존재인지와 관련이 있습니다. 수치심은 우리의 몸을 비롯해서 존재 전체가 틀렸다는 육감입니다. 수치심은 어떤 관계에서 문제가 있다는 신호입니다. 수치심은 들추어지거나, 조롱당하거나, 존중받지 못하거나, 배제되었을 때 올라옵니다. 이 강렬한 감정은 어디론가 숨고 싶게 만들며, "땅 밑으로 꺼져 사라지고 싶다" 또는 "구멍에 기어 들어가 죽고 싶다"는 생각을 들게 합니다. 수치심을 해소하는 가장 좋은 방법은 숨고 싶은 충동을 뿌리치고 대신 나에게 친절한 사람들과 만나는 것입니다. 자연스럽게 함께 나누는 웃음은 수치심에 대한 최상의 해독제가 됩니다. 그럴 때 우리는 내 모습 있는 그대로 받아들여진다고 느끼고 소속감을 느낍니다.

수치심이라는 감정을 어떻게 발달시키고 관리하는지는 우리가 어떻게 성장했는지에 따라 영향을 받습니다. 아이가 잘못된 행동을 했을 때 어른들이 아이 자체에 대해 비난하지 않고 행동만을 지적한다면, 그 아이는 자존감을 상실하지 않으면서 올바른 행동을 배울 수 있게 됩니다. 하지만 돌봄과 존중이 부족한 환경에서 자란다면, 파괴적인 수치심을 갖게 될 수 있습니다. 어른들이 아이들을 함부로 대하면, 아이들은 내면에 자신이 "나쁜 사람"이라는 느낌을 갖기 시작할 수 있습니다. 이것은 일시적인 수치심이나 창피함이 아니라 만성적인 자기혐오감으로 이어질 수 있습니다. 자신이 더럽고, 수치스럽고, 더렵혀졌다는 느낌을 갖게 됩니다.

또, 학대나 방치를 당한 아동들은 가해자의 행동에 대해 자신에게 책임이 있다고 느끼게 되면서 자기비난을 시작합니다. 학대받은 아동은 스스로 "나는 나빠. 그러니까 부모님이 날 아프게 하는 걸 거야"라는 생각을 종종 합니다. 아동이 이런 신념을 갖게 되는 여러 이유가 있습니다. 때로는 부모가 "이건 네 잘못이야"라고 말하며 실제로 아이를 직접적으로 비난합니다. 때로는 비난이 조금 더 미묘하고 비언어적인 방식으로 암시될 수도 있고요. 자기비난은 달리 이해하기 힘들거나 불가능한 상황을 애써 이해해 보려는 시도이기도 합니다. 예를 들어, "부모님은 도대체 왜 이렇게 화를 내고 통제를 잃는 걸까?"라고 의문을 품는 것보다 "내가 이렇게까지 나쁘지 않았다면 부모님은 이 정도로 화를 내면서 날 아프게 하지 않으셨을 거야"라고 생각하는 게 쉽습니다.

책임을 지는 것은 통제감을 갖게 되는 것처럼 느껴지기도 하지만, 사실 그 통제는 환상에 불과합니다. 용서할 수 없는 다른 사람들의 행동에 대해 자신을 비난하는 것은 수치심을 심화시킵니다. 이러한 감정은 대체로 성인이 될 때까지 오래 지속됩니다.

상처를 주는 행동을 아동 자신이 자극했거나 참여했다고 믿을 때에도 파괴적 수치심이 생길 수 있습니다. 비록 자신이 상처를 받거나 폭력을 당하고 있었더라도 아이는 학대하는 성인에게 특별한 유대감을 느낄 수 있습니다. 평소에 무시당하거나 혼나는 것에 익숙한 아이는, 학대적인 상호작용이 긍정적인 관심처럼 느껴지는 유일한 순간이었을 수도 있습니다. 어쩌면 학대자가 자신의 신체를 자신을 만졌을 때 아이는 자신의 몸이 생리적으로 반응하는 것을 경험했을 수도 있습니다. 때때로 아이는 일어나고 있는 일이 잘못되었다는 것을 깨닫기도 전에 반복적으로 학대를 당합니다.

성인이 되어 성폭력 피해를 입은 사람들 또한 파괴적인 수치심과 자책감에 빠질 수 있습니다. 특히 자신이 중요하게 여기는 사람들로부터 외면을 당하고 창피를 당할 때 그렇습니다. 성폭력을 당한 그날 입었던 옷이나 술을 마셨기 때문에 "헤픈 사람"으로 여겨지기도 합니다. 전쟁 시대의 강간 피해자조차도 때로는 자신의 공동체로부터 배척당하고 "더러운" 또는 "손상된 상품"으로 여겨지며, 강간을 허용했다거나 충분히 대항하지 않았다는 혐의를 받기도 합니다. 이런 경우 피해자 자신도 "더럽다"고 느끼기 쉽습니다.

상황이 어떠했든, 피해자가 다치거나 침해당한 것은 결코 그의 잘못이 아닙니다. 자책감을 버릴 때 비로소 생존자들은 건강한 자존감을 발전시키는 데 꼭 필요한 애도 과정을 시작할 수 있게 됩니다. 이 애도 과정을 통해 생존자들은 피해상황을 다시 체험하는 듯 아파하거나 아예 그것을 부정해버리는 것이 아니라 자신의 삶에서 당연히 느껴야 할 슬픔을 느낄 수 있게 됩니다. 슬픔과 상처를 자신의 과거의 일부로 받아들이게 되면, 더 이상 자기비난의 치명적인 영향으로부터 자신을 보호할 필요가 없어집니다.

당신은 해로운 수치심을 내려놓을 수 있습니다. 수치심이 올라올 때 알아차리고, 어떻게 스스로를 보호할지 배우세요. 믿을 수 있는 누군가를 찾아서 지지를 받으세요. 그 상대는 가족, 친구, 파트너 또는 상담자가 될 수 있습니다. 여기서 중요한 점은 그 사람이 당신을 아끼고 존중한다는 점을 당신이 신뢰하게 되었다는 것입니다. 당신이 부끄럽다고 생각하는 부분에 대해 이야기하는 것은 당연히 조심스러울 수 있어요. 이야기를 털어놓는 상대가 당신을 싫어하거나 덜 소중하게 여기거나 심지어 버릴 수도 있다는 두려움이 있을 수 있습니다. 하지만 사람들에게 더 많은 이야기를 공유하면서 그런 일이 일어나지 않는다는 것을 깨닫게 되면, 당신은 놀랍게도 기분이 훨씬 나아질 거예요.

수치심과 자책감에 대해 이야기하는 것에는 많은 이점이 있습니다. 당신이 사람들로부터 분리되어있다는 느낌을 줄일 수 있고, 대인관계가 개선되며, 자기 자신에게도 더 따뜻하게 대할 수 있게 됩니다. 때때로 생존자들은 아무도 모르는 자신의 "내면의 나쁨"을 가해자만이 알고 있다고 생각하는데, 이에 대해 다른 사람들과 이야기함으로써 가해자와의 그러한 수치스러운 "유대감"을 줄일 수 있습니다(Cloitre et al., 2006). 당신의 부끄러운 비밀들을 모두 알고도 당신을 있는 그대로 받아들여 줄 수 있는 믿을만한 사람을 찾을 수 있어요. 개인 상담자나 당신을 지속적으로 신뢰하고 지지해준 다른 사람과 이러한 나눔의 작업을 시작할 수 있습니다. 자신에게 연민을 갖고 따뜻하게 대하세요. 수치심이라는 짐을 내려놓기로 한 당신의 용기 있는 다짐을 기억하세요.

이 활동지를 집에서 작성해보세요. 개인 상담 시 상담자와 함께 나눠도 좋습니다.

1. 당신이 경험한 수치심을 떠올려보세요. 그중 어떤 경험이 일반적인 수치심(↑)을 반영하고, 어떤 경험이 파괴적인 수치심(↓)을 반영하는지 생각해보세요.

2. 파괴적인 수치심을 느낄 때, 우리는 우리보다 더 힘이 있는 사람들의 행동을 우리 자신의 잘못으로 판단하고 탓하는 경향이 있습니다. 왼쪽 열에는 과거에 당신 자신을 비난하고 탓하는 데 사용한 말들을 적어보세요. 오른쪽에는 과거에 당신에게 일어난 일을 새롭게 이해하는 방식을 적어보세요.

3. 파괴적인 수치심이라는 감정으로부터 나를 보호하기 위해 시도
   할 수 있는 방법에는 어떤 것이 있을까요?

_____

_____

_____

_____

_____

_____

4. 자신에 대한 부정적인 판단을 좀 더 친절한 생각으로 대체하는
   것이 도움이 됩니다. 자신을 묘사할 수 있는 긍정적인 단어들을
   적어보세요.

   _____

   _____

   _____

   _____

   _____

   _____

   _____

6회기. 연민

이 집단에 참여한 이후로 여러분은 자신의 복잡한 감정들과 특정 상황에서 올라오는 이해하기 힘든 특정 감정들에 집중해보았습니다. 특히 여러분이 수치심과 자책감을 느끼는 부분에서 얼마나 비슷한 정서 경험을 하는지에 중점을 두었습니다. 집단 과정 동안 여러분은 다른 집단원에 대한 연민을 표현하고 그들에게 지지와 격려를 제공했습니다. 그러면서도 여러분 자신에게는 그 비슷한 연민의 감정을 느끼는 것이 얼마나 어려운지 깨닫기도 했습니다.

연민이라는 단어는 고통이라는 라틴어 단어에서 유래했습니다. 이는 "다른 사람이나 자신의 고통에 대한 깊은 인식과 그것을 덜어주고 싶은 욕망"을 의미합니다. 다른 사람에게 연민을 느낄 때 우리는 상대방의 고통에 대한 관심과 공감을 경험합니다. 이 연민 어린 시선을 가지고 자신을 바라보는 것은 생각보다 쉽지 않을 수 있습니다. 하지만 나 자신에게 연민을 느끼는 것은 다른 사람에게 연민을 느끼는 것과 별반 다르지 않습니다. 나 자신에게 연민을 느낄 수 있다면 수치심의 감정이 완화되면서 서서히 나 자신에 대한 친절함으로 탈바꿈할 수 있습니다. 자기자비(self-compassion)는 우리 모두가 인간이라는 것을 상기시키며 우리의 결함에 대해 덜 판단적인 태도를 가질 수 있도록 돕습니다.

누군가가 고통을 겪고 있을 때, 보통 우리는 그에게 완벽해질 것을 요구하거나 비난을 함으로써 더 고통스럽게 만들지 않습니다. 그렇다면 왜 우리는 남에게 베푸는 그러한 관용과 이해를 스스로에게는 줄 수 없다고 믿을까요? 스스로 완벽해야 한다고 믿는다면 자기 자신에게 연민을 갖기 어렵습니다. 학대적인 환경에서 자란 사람들은 자신이 결함이 있고 사랑받을 가치가 없으며 학대를 받아 마땅하다고 느끼는 경우가 흔합니다. 만약 내가 더 나은 사람이었다면 사랑과 돌봄을 받았을지도 모른다고 상상하면서 불가능한 완벽이라는 기준에 미치지 못했다고 자책합니다. 입버릇처럼 "난 정말 멍청이 같아" 또는 "그렇게 하면 안 됐었는데!"와 같은 말을 달고 삽니다. 자존감을 향상시키고 우리 자신에 대한 연민을 높이는 한 가지 방법은 이러한 부정적인 자기대화에 주목하고 더 균형 잡힌 시각으로 대체해 보는 것입니다. 나는 그저 인간이라는 사실을 받아들이면서, 내가 가진 강점은 자랑스럽게 여기고 약점을 용서하는 것이지요. 이렇게 함으로써 우리는 완벽함이라는 충족 불가능한 기대에서 벗어나 우리 자신을 수용하는 방향으로 나아갈 수 있을 것입니다.

생존자들은 무력함을 느낄 때 "뭔가를 해야 한다"고 생각하며 자신을 채찍질하기도 합니다. 그 행동이 건강하든 그렇지 않든 행동을 하는 것 자체로 만족감을 얻기도 합니다. 때로는 행동하는 것이 생산적인 방식으로 고통을 덜어줄 수도 있습니다. 예를 들어, 산책과 같은 간단한 행동이 불안을 진정시키고 더 안정된 느낌을 회복하는 데 도움이 되기도 합니다. 하지만 어떤 다른 행동들은 초기에는 진정감을 제공할 수 있어도 점차 해로울 수 있습니다. 약물남용과 자해행동 등이 그런 예입니다. 한편, 생존자들은 다른 사람들을 위해 "뭔가를 하고 싶다"고 생각하기도 합니다. 그런 경우, 자신을 "타인을 기쁘게 하려는 사람들"로 묘사하며 다른 이들의 상황을 개선해주려는 노력을 합니다. 연민은 때로는 행동을 수반할 수 있지만 반드시 그럴 필요는 없습니다. 연민은 주로 그저 함께 있음을 의미합니다. 함께 앉아 있고, 상대방의 말에 귀 기울이며, 상대방의 고통을 어찌하려고 하기보다 받아들이는 것이지요. 다른 이들에게 연민을 표현할 때 그저 함께 있는 것만으로도 도움을 줄 수 있다는 것을 알게 될 것입니다. 이와 비슷하게 자기자비 또한 나 자신과 나의 고통을 받아들이는 태도를 필요로 합니다. 가혹한 입장은 누구에게도 성장과 치유를 주지 않습니다. 연민 어린 관점을 가지는 것은 치유와 회복의 중요한 부분입니다.

집단에 있으면서 여러분은 서로를 알아가고 서로에 대한 존중과 연민을 느꼈습니다. 이러한 연민을 자신에게도 표현할 수 있을까요?

대안 활동으로, 개인의 권리나 자신에게 허용되는 일들을 정리해보는 것도 도움이 됩니다. 예컨대, 여러분은 다음에 대한 권리가 있습니다.

1. 실수할 권리
2. 마음을 바꿀 권리
3. 부정적 및 긍정적 감정 모두 표현할 권리
4. "이해할 수 없다" 또는 "모르겠다"라고 말할 권리
5. 내가 원하는 방식으로 시간을 보낼 권리
6. 스스로를 설명하지 않아도 될 권리
7. 귀 기울여질 권리
8. 스스로 판단할 권리
9. 소신 있게 행동할 권리(Be your own champion.)
10. 평화롭게 지낼 권리

연민 숙제 활동

1. 나 자신에 대해 비판적이고 비난하고 싶은 마음이 들 때, 내가
   나 자신에게 하는 말은…

   _____

   _____

   _____

   _____

   _____

   _____

2. 다른 사람들에 대해 연민의 마음이 들 때, 내가 그들에게 하는
   말은…

   _____

   _____

   _____

   _____

   _____

   _____

3. 나도 다른 사람들처럼 동일한 연민과 친절함으로 대해질 자격이 있는가? 그렇지 않다면, 왜 그런가? 이러한 신념들은 어디로부터 나온 걸까?

_____

_____

_____

_____

_____

_____

4. 나 자신에게 연민을 느끼는 상상을 한다면, 내가 나에게 해줄 수 있는 말은 무엇일까?

_____

_____

_____

_____

_____

_____

7회기. 분노

우리는 분노를 부정적인 감정으로 여기는 경우가 많습니다. 특히 여성들은 분노와 분노 표현을 멀리해야 한다고 배웁니다. 여성으로서, 우리는 분노가 "매력적이지 않은" 것이며 "여성스럽지 않은" 것이라고 배웠습니다. 하지만 때로 어떤 불의는 우리 모두를 분노하게 만듭니다. 우리는 분노를 유용한 감정, 그리고 때로는 긍정적인 감정으로 여길 필요가 있습니다.

피해를 입고 학대를 당했을 때 분노는 자연스러운 반응입니다. 만약 당신이 자신의 분노를 알아차리는 것을 스스로 허용하지 않는다면, 그 분노는 자신 안으로 향하거나 다른 사람에게 잘못 향하게 될 수 있습니다. 자신 안으로 향한 분노는 우울증, 약물 남용, 자해행동, 자기혐오, 심지어 신체적 질병과 같은 여러 건강하지 못한 방식으로 나타날 수 있습니다. 외부로 향한 분노는 진정한 고통의 근원이 아닌 다른 사람에게 강한 또는 잘못 향한 분노로 표현될 수 있습니다. 어떤 생존자들은 자신에게 안전하고 사랑스러운 사람들이 자신의 분노를 받게 된다고 슬퍼하며 고백하기도 합니다. 또 어떤 생존자들은 자신에게 분노를 켜고 끄는 스위치만 있을 뿐 "강도 조절 리모컨"이 없다고 설명하기도 합니다. 즉, 그들은 분노를 느낄 때 상황과 관계없이 항상 동일한 강도로 느낀다고 보고합니다.

많은 트라우마 생존자들은 자신의 분노를 인식하고 탐색하는 것을 두려워합니다. 마치 판도라의 상자를 여는 격이 될 수 있다고 생각하는 경우가 흔합니다. 어떤 이들은 분노를 느끼게 되면 자신을 학대한 사람들과 똑같이 나쁘게 될 것이라고 두려워합니다. 생존자들은 건강한 분노 표현을 본 적이 없다고 얘기하기도 합니다.

분노라는 감정을 덜 두렵게 만들 수 있는 한 가지 방법은 분노가 그저 감정일 뿐이며 그 감정으로 인해 반드시 어떤 행동이 취해져야 하는 것은 아니라는 것을 기억하는 것입니다. 분노를 어떻게 표현할지 상상하는 것은 말 그대로 그저 상상에 불과하며 실제 행동 계획이 아닙니다. 여러분에게 해를 입힌 사람들에게 복수를 하기 위해 그들을 죽이거나 다치게 하거나 폭로하는 것을 상상했다면, 이것은 단순히 생각일 뿐 격분한 행동이 아닙니다. 이러한 생각을 허용할 때 당신은 분노를 당신 자신이 아니라 공격자에게 마땅히 향할 수 있도록 할 수 있습니다.

또한 무력한 분노와 정당한 노여움 간에는 큰 차이가 있다는 것을 인식하는 것이 중요합니다. 분노는 자신을 폭력과 지배로부터 보호할 능력이 없을 때 느끼는 감정입니다. 정당한 노여움은 나 자신과 다른 이들을 보호하기 위한 긍정적인 행동의 원천이 될 수 있습니다. 이것은 무력한 분노라는 고통에 대한 강력한 해독제가 될 수 있습니다.

자신의 분노를 탐색하기 위해서는 자신감이 필요합니다. 분노를 느끼는 것은 자신이 소중한 사람이고, 그러한 대우를 받아서는 안 됐다는 것을 인식한다는 것을 의미합니다. 이는 학대를 한 사람이 학대 행동에 책임을 져야 하며, 당신은 자기혐오와 자기비난의 구속으로부터 벗어날 수 있게 해줍니다. 분노를 느끼는 것은 비슷한 고통을 겪는 다른 이들을 돕고 싶다는 마음을 갖게 하기도 합니다. 불의에 저항하고 상황을 바로잡기 위해 다른 사람들과 연대를 하면, 더 나은 세상을 만들기 위해 노력하는 공동체의 일원이 됩니다. 우리는 이것을 "생존자의 미션"이라고 부릅니다.

분노와 관련된 개념 중 하나는 용서입니다. 불의를 당한 피해

자들은 가해자를 용서하기 위해 분노를 "내려놓아야 한다"는 충고
를 듣기도 합니다. 그러나 그렇게 하는 것이 모든 생존자들에게 도
움이 된다는 근거는 어디에도 없습니다. 당신을 아프게 한 사람을
용서하는 것은 치유의 필수 조건이 아닙니다.

용서는 가해자가 자신이 행한 해를 인정하고 진심으로 뉘우치
면서 피해에 대한 보상을 하려는 의사를 표현할 때 자발적으로 일
어나기도 합니다. 하지만 이런 아름다운 결말은 불행히도 드물게
발생합니다. 진심 어린 사과가 없다면 생존자들은 정당한 분노를
넘어서기가 어렵습니다.

치유 과정에서 필요한 유일한 용서는 자신에 대한 용서입니
다. 자신에게 학대에 대한 책임이 있다고 잘못 생각한 순간들에 대
한 용서입니다. 우리는 우리의 분노를 더 잘 인식하고 탐색할 수
있을 때 우리 자신에 대한 연민을 가질 수 있게 됩니다.

분노 숙제 활동

1. 나를 화나게 만드는 것들은…

_____

_____

_____

_____

_____

_____

2. 화가 날 때 나는…

_____

_____

_____

_____

_____

_____

3. 나의 분노를 표현하는 건강하지 않은 방식은…

_____

_____

_____

_____

_____

_____

_____

4. 나의 분노를 다른 방식으로 표현하는 것을 상상해본다면…

_____

_____

_____

_____

_____

_____

_____

8회기. 자아상/신체상

신생아는 끊임없이 움직입니다. 아기들은 신체적 움직임을 통해 세상을 탐색하고 첫 감정들을 표현합니다. 달래주는 사람과의 신체적 접촉을 통해, 아기들은 흥분이나 두려움 상태에서 평온한 상태로 가는 법을 배웁니다. 아이는 점차 자라면서 자신의 신체적 건강과 더불어 가족 및 자신이 속한 사회에서 얻은 경험에 따라 신체상을 발전시킵니다.

우리 사회는 외모에 많은 관심을 기울입니다. TV 광고와 잡지들은 특정한 이상적 기준에 부합한 완벽한 헤어스타일, 매끈한 피부, 날씬하고 아름다운 체형의 여성들의 모습을 보여줍니다. 남성들은 파워풀한 근육과 힘을 강조하는 이미지들로 구성된 제품 광고에 끊임없이 노출됩니다. 이러한 이상적인 외모 특성을 갖추고 있는지에 따라 자기존중감이 좌우된다면, 많은 사람들은 스스로 부족함을 느끼고, 타인의 시선에 민감해지면서 불안해질 수 있습니다. 우리 문화 속에 존재하는 이러한 메시지에 대응할 수 있는 해결책은, 어릴 때부터 아이들이 자기 존재 자체에 대한 일관된 애정과 감사 표현을 받을 수 있도록 하는 것입니다. 이렇게 자란 아이들은 자신의 자존감의 원천을 외모에 두지 않을 수 있게 됩니다.

한편, 자신의 몸이 침범당하거나 위험에 노출되었거나 성적으로 이용당한 경험이 있었다면, 아이들은 자신의 신체를 두려움이나 혐오의 대상으로 여기게 될 수 있습니다. 생존자들은 자신의 몸이 나쁘거나 더럽다고 느끼는 경우가 있습니다. 어떤 이들은 자신의 몸을 무시하려고 할 수도 있고, 어떤 이들은 자신 내부에서 느껴지는 몸의 감각에 집착할 수도 있습니다. 어떤 생존자들은 필요한 치과 또는 의료 도움을 받지 않으려고 하며, 어떤 이들은 의학적 설명이 없는 증상을 호소하며 끊임없이 병원을 찾아가기도 합니다. 자신을 무성적(asexual)이라고 느끼고, 자신의 성 정체성을 최소화하려고 몸매가 최대한 가려질 수 있는 옷을 입는 생존자들도 있습니다. 이들은 신체적 친밀감을 수반하는 대인관계를 피하기도 합니다. 한편, 이와 상반되는 반응을 보이는 이들도 있지요. 어떤 생존자들은 자신이 힘이 있다는 기분을 느끼기 위해서 유혹적이거나 도발적으로 행동하며 심지어 성적으로 방탕해집니다. 또 어떤 이들은 외로움과 사랑받지 못하는 느낌으로부터 잠시 벗어나기 위해 성관계를 맺기도 합니다.

생존자들은 몸이 자신을 배신했다고 느끼기도 하는데, 그럴 경우 자신의 몸에 대한 통제를 갖기 위해 엄청난 노력을 기울이기도 합니다. 예컨대, 외모를 치장하는 데 지나치게 시간과 에너지를 씁니다. 엄격한 다이어트를 하거나 폭식 후 구토를 하는 등 자신의 몸속에 들어오고 나가는 것을 완전히 통제하는 느낌을 가질 때 비로소 안전하다고 느끼는 사람도 있습니다. 또 어떤 이들은 긋기(cutting)와 같이 일부러 자신의 몸에 통증을 주는 방식으로 자신의 기분과 감정을 더 잘 통제할 수 있게 된다고 생각하기도 합니다.

자신의 몸과 관련된 두려움은 건강, 다른 사람들과의 관계, 자존감 및 자신감에 영향을 미칩니다. 많은 성폭행 생존자들이 자신의 몸을 싫어하거나 혐오하며 섭식장애와 싸우고 있다고 알려져 있습니다. 이러한 문제들은 의학적으로 관리가 필요한 증상들을 유발하기도 하지만, 많은 이들은 도움받기를 꺼려 합니다. 한편, 일부 생존자들은 다른 사람이 자신을 만지거나 자신의 몸을 보는 것을 허용하는 것이 어렵다는 점을 의사에게 알리는 것이 도움이 되었다고 말합니다.

자신의 몸과 관련된 두려움은 임신, 출산, 육아에 대한 감정으로도 확장될 수 있습니다. 임신 기간 동안 겪게 되는 신체 변화는 자신의 몸을 스스로 통제할 수 없다는 강한 두려움을 불러일으킬 수 있습니다. 아이를 돌보는 것은 자신의 어린 시절에 대한 강력한 정서적이고 육체적인 기억을 불러일으킬 수 있습니다. 자아상과 신체상에 대한 트라우마의 영향에 대해 안전하게 이야기할 수 있는 공간을 찾는 것이 중요합니다.

치유 과정에서 해야 할 중요한 작업 중 하나는 자신의 신체에 대한 긍정적인 관점을 형성하는 것입니다. 다음은 어린 시절 나의 몸과 관련해서 받았던 메시지를 확인하고, 성인으로서 나의 몸과 치유적인 관계를 맺기 시작할 수 있도록 돕는 문장들과 질문들입니다.

1. 나는 어렸을 때 다음과 같은 신체 활동을 즐기곤 했다.

_____

_____

_____

_____

_____

_____

2. 어렸을 때, 내 몸에 대해 들었던 메시지들은 다음과 같다.

_____

_____

_____

_____

_____
_____
_____

3. 내가 나의 몸을 돌보는 방식은…

_____
_____
_____
_____
_____

4. 내가 나 자신을 더 잘 돌볼 수 있으려면 나는…

_____
_____
_____
_____
_____
_____

5. 의사에게 묻고 싶은 질문들은 다음과 같다.

_____
_____
_____

9회기. 타인과의 관계 및 연결

　　우리는 혼자서도 괜찮다고 믿고 싶을 수 있지만, 사실 삶의 모든 측면에서 타인에게 의존합니다. 우리는 태어날 때부터 사회적인 존재입니다. 영유아기에 우리는 우리를 돌보는 사람에게 전적으로 의존합니다. 만약 그 돌보는 사람들이 예측 가능하고 신뢰할수 있고 애정 어린 보살핌으로 우리를 대했다면, 우리는 심리학자들이 말하는 안정 애착이라는 것을 형성합니다. 그런 양육자는 점차 우리가 더 큰 세상을 탐색할 수 있는 "안전 기지"를 제공합니다. 어린 시절 형성된 안정 애착은 성인이 되어서도 상호신뢰할 수있는 만족스러운 관계를 만들어나갈 수 있도록 하는 기반이 됩니다.

　　반면, 관계 내 신뢰가 반복적으로 무너지는 경험을 한 사람들에게 타인과의 관계란 꽤 어렵고 복잡할 수 있습니다. 성인이 된학대 생존자들은 어린 시절 경험한 가장 초기 관계에서 갖게 된 타인에 대한 기대를, 현재의 일상적인 사회적 상호작용에서 동일하게 적용하는 경향이 있습니다. 예컨대, 누군가가 자신을 괴롭힐 거라고 예상하고, 과거에 일어났던 일들이 현재에서도 똑같이 일어나고 있는 것처럼 반응할 수 있습니다. 때로는 과거의 누군가와 조금이라도 유사한 목소리 톤, 냄새, 습관 등이 감지되면 그러한 반응이 일어날 수 있습니다.

　　우리는 모두 살면서 타당화, 지지, 그리고 우정을 주고받을 수있는 사람이 필요합니다. 다른 사람과 관계를 맺는 것은 결코 단순하지 않고, 실망감과 마음고생을 느끼게 될 가능성을 열어두게 되지만, 그렇다고 다른 사람들로부터 완전히 단절하는 것을 선택하더라도 고통스럽기는 마찬가지입니다. 자라면서 남에게 말하지 못할 끔찍한 비밀을 가지게 되었다면, 누군가에게 자신을 보여주는 것을 두려워하며 성인이 되어서도 관계적으로 위축된 생활을 할 수 있습니다. 과거 집단에 참여했던 많은 생존자들은 자신의 트라우마 역사의 가장 고통스러운 영향 중 하나로 외로움을 꼽았습니다. 그들은 다른 사람들에게 자신을 보여주는 것이 매우 두렵다고 하였습니다. 그럼에도 불구하고 자신을 보여주었다가 관계에서 실망을 경험했다면, 생존자들은 대체로 자신을 비난했습니다.

어린 시절, 개인적인 경계가 명확하게 정의되지 않았거나 자주 침해당했다면, 성인이 되어 자신의 감정을 다른 사람들의 감정과 분리하는 것을 어려워할 수 있습니다. 예를 들어 어떤 부모는 자신의 배우자(아이의 다른 부모)에 대한 감정적인 어려움이나 재정적인 문제를 자식에게 부적절한 방식으로 털어놓기도 합니다. 보호자가 이런 곤란에 처해있다는 점을 알게 된 아이는 혼란스러워지면서 자신이 보호자에게 돌봄을 주려고 노력해야만 자기도 돌봄을 받을 수 있다는 생각을 가질 수 있습니다. 아이가 어른에게 주는 '돌봄'에 성적 접촉이 포함되었을 수도 있습니다. 성인이 되어서도 정서적 지지나 성관계를 제공해주고 그 대가로 보호받는 느낌이나 안정감을 제공받는 패턴은 계속될 수 있습니다. 사실은 생존자가 파트너와 함께 있는 것을 원치 않거나 그 파트너에게 학대를 받고 있더라도 말이죠.

자신이 학대받고 있다는 점을 다른 사람들이 알아보지 못한다면 아이들은 자신의 학대경험을 최소화하거나 부정하거나 혼란스럽게 여길 수 있습니다. 여기에 너무 길들여진 나머지 나중에 실제로 안전한 관계를 만나더라도 자신의 진솔한 감정을 위협적으로 느낄 수 있습니다.

아동학대를 겪은 생존자들은 계속해서 학대하는 파트너들을 만나는 경우가 많은데, 그 이유는 다양합니다. 하나는 생존자들이 잠재적 파트너가 안전한지 아닌지 판단하는 기술을 배우지를 못했기 때문입니다. 일부 생존자들은 다른 사람들이 어떻게 자신의 취약성을 감지해내는지 의아해합니다. 또 다른 생존자들은 자신을 통제하거나 아프게 하는 관계만이 자신이 가질 수 있는 유일한 유형의 관계가 아닐지 의심합니다.

당신이 트라우마를 겪은 적이 있다면, 무엇이 안전하고 무엇이 당신의 시간과 관심을 들일 가치가 있는지를 식별하는 법을 배우는 것이 중요합니다. 이것은 관계를 맺게 된 상대방에게 **질문하고 그의 의도를 명확하게 이해함으로써** 이루어질 수 있습니다. 예를 들어, 모호하다고 느껴진 상대방의 표정이나 제스처, 또는 발언의 의미를 알아내는 것입니다. 이렇게 하는 것이 처음에는 어색하거나 무서울 수 있습니다. 특히 자신에게 질문을 할 수 있는 권한이 있다는 것이 생존자들에게는 생소하게 느껴질 수 있습니다. 그러나 바로 이러한 직접적인 의사소통을 통해 우리는 견고한 관계를 만들어나가고 때로는 건강하지 않은 관계를 피할 수 있게 됩니다. 그렇게 했을 때 우리는 우리 앞에 현재 놓인 상황이 정말 새로운 상황이라는 것을 기억하고, 과거가 반드시 되풀이되는 것은 아니라는 것을 기억하면서 상황을 살필 수 있게 됩니다.

다음 질문은 당신이 다른 사람과 맺고 있는 관계에 대해 생각해보고, 그 관계 안에서 자신이 더욱 안전감을 느낄 수 있는 방법에 대해 생각해 볼 수 있도록 고안되었습니다.

1. 내 삶에서 가장 연결된 느낌을 주는 사람들은 누구인가요?

_____

_____

_____

_____

_____

_____

2. 사회적으로 가장 편안한 상황은 어떤 것인가요? (일대일, 그룹, 익
   명으로 만나는 모임 등)

_____

_____

_____

_____

_____

_____

3. 내가 불편감을 느끼는 관계들을 떠올려봤을 때 반복되는 패턴이
   있나요? 이러한 패턴을 나의 과거와 연결 지을 수 있나요?

_____

_____

_____

_____

_____

_____

4. 누군가가 내 경계나 감정을 존중하지 않을 때 어떻게 행동할 수
   있을까요?

_____

_____

_____

_____

_____

_____

10회기. 과거에 의미 부여하기 및 회복 과정

트라우마를 겪은 사람들은 과거 경험으로 인해 일상생활에서 안전하지 않다고 느낄 가능성이 높습니다. 집단을 진행하면서 확인한 것처럼, 생존자들이 이에 대처하기 위해 사용하는 일부 행동들(회피 행동, 타인에게 매달리기, 다양한 종류의 위험 감수, 자해, 알코올 및 약물 사용, 섭식장애)이나 두려움, 무감각, 해리, 폭발적인 분노와 같은 감정적 반응들은 당혹스러운 결과를 가져올 수 있으며, 그로 인해 스스로 비정상적이거나 통제력을 잃은 것처럼 느낄 수 있습니다.

앞서 논의했듯이, 회복 과정에서의 첫 번째 우선순위는 안전감과 통제감을 회복하는 것입니다. 여러분의 일상생활을 면밀히 살펴보고 개인적으로나 감정적으로나 안전하지 않은 상황에 노출되어 있는지 주의를 기울여보세요. 과거의 트라우마에 대해 너무 깊게 생각하기 전에 현재의 안전을 먼저 확립해야 합니다. 감정을 조절하기 위해 약물이나 알코올을 사용하고 있다면, 먼저 맑은 정신을 회복하고 자기파괴적이지 않은 방법으로 대처하는 법을 배울 필요가 있습니다. 자해(예: 긋기, 화상 입히기 등), 난폭 운전, 해로운 식습관, 폭식 또는 구토, 신체적이거나 감정적인 위험에 노출되는 관계를 유지하는 경우 또한 마찬가지입니다. 수면과 운동을 통해 신체 기능을 건강하게 조절하는 것도 중요합니다. 금전적인 안정과 주거 안전도 무시해서는 안 됩니다. 많은 생존자들은 지지 집단, 12단계 프로그램,4) 집단 및 개인 심리상담이 도움이 된다고 보고합니다.

---

4) 역자 주. 12단계 프로그램은 물질 및 행동 중독으로부터 회복하는 12단계적 과정을 거쳐 치료하는 프로그램임. 단주모임(Alcoholics Anonymous)에서 처음 사용된 1935년 이후 회복사역에서 사용되고 있는 입증된 회복 과정이며, 중독을 인정하는 1단계부터 시작하여 다른 사람 앞에서 자신의 문제를 고백하고, 치료를 통

당신의 마음을 편안하게 하고 정리할 수 있도록 돕는 건강한 대처 전략을 찾는 것은 회복 과정의 중요한 부분입니다. 이러한 전략에는 현재 순간에서 하나 이상의 감각에 집중하기, 깊이 호흡하기, 시각화하기, 명상하기 등이 포함될 수 있습니다. 때로는 적절히 처방된 정신과 약물도 증상들에 대한 내적 통제력을 회복하는 데 큰 도움이 될 수 있습니다.

안전을 확립하는 데 중점을 둔다는 것은 치료 관계뿐만 아니라 외부 관계에서도 신뢰를 쌓을 시간을 허용한다는 의미입니다. 이 시간 동안 당신은 자신의 효능감, 숙련감, 자존감을 새롭게 발전시킬 수 있습니다. 자신에 대해서 더 자연스럽게 이야기하고, 감정을 조절하며, '모 아니면 도'와 같이 극단적인 상태가 아닌 중간 범위에서 감정을 경험하는 것을 연습할 수 있습니다.

현재 삶의 문제에 더욱 건강하게 대처하고 해결하는 전략이 안정적으로 발휘되기 시작했다면, 이제 과거의 트라우마 경험에 대한 이야기를 하는 것을 시도해볼 수 있습니다. 물론 다시 트라우마를 경험하지 않도록 안전한 속도로 진행해야 하지요. 이런 식으로 생존자들은 자신의 감정을 사건과 다시 연결 짓고, 더 큰 맥락 안에서 감정의 의미를 부여할 수 있게 됩니다.

신뢰할 수 있는 관계 안에서 생존자들은 오랫동안 침묵해 왔던 비밀을 나눌 수 있게 됩니다. 많은 사람들은 이때 처음으로 감정에 압도되거나 감정을 억누르지 않은 상태에서 자신의 트라우마 경험을 나누는 경험을 하게 됩니다. 우리는 우리의 역사를 다른 사람들과 나누면서 과거를 더욱 온전하게 이해하게 됩니다. 이해가 깊어지고, 그것을 겪어낸 자신을 인정하게 됨에 따라 깊은 슬픔이 뒤따를 수 있습니다. 과거를 바꿀 수는 없지만, 현재의 삶은 변화

___

해 사회로 복귀하게 되기까지의 12단계 과정을 포함함.

가능하며 당신이 더 주도적으로 살 수 있는 능력을 가지고 있다는 것을 깨닫는 과정에서 성장이 이루어집니다. 그러면서 점차 과거의 영향은 약화될 것입니다. 시간이 지날수록 트라우마가 현재 삶에 미치는 영향은 감소되고, 트라우마는 더 이상 당신의 삶의 중심이 아니게 됩니다.

이런 이해와 함께 미래를 생각하고 계획을 세우고 야망을 실현시키는 능력이 찾아옵니다. 당신은 당신이 다른 사람들의 삶에 기여할 부분이 있다는 것을 깨닫게 되면서 다시 다른 사람들을 만나기 시작합니다. 많은 생존자들은 12단계 프로그램을 후원하거나, 정치적으로 활동하거나, 불운한 상황에 있는 사람들을 위한 봉사를 하는 등의 선택을 합니다. 물론 덜 눈에 띄는 방식으로 의미 있는 기여를 하는 사람들도 있습니다. 앞서 우리는 생존자들이 트라우마 영향으로 인해 세상을 명확하게 보지 못하는 여러 경우에 대해서 논하였지만, 어떤 측면에서 생존자들은 특별히 기민하고 쉽게 속지 않는 경향도 있습니다. 이는 부당한 일을 당하고도 생존한 사람만의 독특한 강점이기도 합니다.

과거에 의미 부여하기

트라우마 경험에 의미를 부여하는 것은 매우 복잡하고 도전적인 과제이며, 상당한 시간이 소요되는 일입니다. 우리는 우리 자신과 세상을 바라보는 관점에 기반하여 우리 삶에서 일어나는 사건에 의미를 부여하면서 그것을 이해하고자 노력합니다. 우리가 살고 있는 이 세상은 선한 사람들에게 나쁜 일이 일어날 수 있는 세상인가요? 아니면 나쁜 일이 일어날 때에는 그런 일을 당할만해서 일어나는 것인가요? 당신은 신을 믿거나 신앙을 가지고 있나요? 사건들 사이에 어떤 큰 연결고리가 있을까요? 아니면 각 사건은 별개

이며 다른 사건과 우연한 관련이 있게 된 걸까요? 당신이 어떤 종교나 신념 체계가 있든, 그것은 당신의 삶을 이해하는 맥락을 제공합니다.

우리의 신념 체계와 우리가 이러한 질문에 어떻게 답하는가는 대개 우리가 자란 환경의 신념 체계와 큰 관련이 있습니다. 우리는 과거에서 배운 것을 계속해서 짊어지고 가며, 과거와 다르게 보이는 새로운 상황에서도 동일한 종류의 사건들과 관계들을 무의식적으로 기대합니다. 때로는 이러한 기대로 인해 오래된 패턴이 되풀이되는 경향이 있습니다.

회복과 의미 부여하기는 시간이 흐름에 따라 발전합니다. 과거에 의미를 부여하는 것은 어린이의 세계를 새로운 시각에서 이해하는 것을 수반합니다. 즉, 학대 상황 밖에서 성인으로서 바라보는 시각이 필요합니다. 이때, 실제로 발생한 과거 사건뿐만 아니라 당신이 그토록 바랐던 과거를 상실한 점에 대해 애도를 하는 과정이 포함됩니다. 과거와 현재의 나에 대한 연민을 갖게 되면서 성장이 이루어집니다. 이 경험이 모든 집단원에게 도움이 되어서, 모두 자신과 자신이 대처해온 방식에 대해 더욱 따뜻하고 자기 돌봄적인 감사하는 마음, 인정하는 마음을 갖게 되길 바랍니다. 이 집단을 완료한 것은 당신의 성취이자 회복 과정에서 한 단계 더 나아간 것입니다. 당신이 이뤄낸 것에 감사해하면서, 당신이 이 중요하고 긍정적인 작업을 계속해나갈 힘과 탄력성을 가지고 있다는 점을 기억하길 바랍니다.

1. 나 스스로를 다치지 않게 보호하려고 시도한 방법은 무엇인가요?

_____

_____

_____

_____

_____

_____

2. 사실상 해롭거나 나를 더 큰 위험에 빠뜨릴 수 있는 자기보호
   법은 무엇인가요?

_____

_____

_____

_____

_____

_____

3. 내가 더 다양한 감정을 표현하기 시작할 수 있는 방법은 무엇인
   가요?

_____

_____

_____

_____

_____

_____

4. 상황을 더 나은 방향으로 변화시키기 위해 내가 취할 수 있는
   방법은 무엇인가요?

_____

_____

_____

_____

_____

_____

저자 소개

Judith Lewis Herman 박사는 Harvard 의대 정신의학 교수이다. 은퇴할 때까지 미국 매사추세츠주 케임브리지시에 있는 케임브리지 보건 동맹(Cambridge Health Alliance; CHA)의 폭력 피해자 프로그램(Victims of Violence Program; VOV) 수련감독자(Director of Training)를 30년 동안 역임하였다. 두 권의 수상 도서 *근친 성폭력, 감춰진 진실(Father−Daughter Incest)*과 *트라우마: 가정폭력에서 정치적 테러까지(Trauma and Recovery)*의 저자이자 *외상 회복 집단: 실무자를 위한 가이드(The Trauma Recovery Group: A Guide for Practitioners)*의 공동 저자이다. Herman 박사는 국제 외상 스트레스 연구 협회(International Society for Traumatic Stress Studies)로부터 평생 공로상, 미국 의학 여성 협회(American Medical Women's Association)로부터 여성 과학자상, 미국 심리학회(American Psychological Association)의 외상심리 분과에서 평생공로상을 받았으며, 미국 정신의학회(American Psychiatric Association)의 평생특별회원(Distinguished Life Fellow)이다.

Diya Kallivayalil 박사는 CHA의 VOV 프로그램의 심리학자이자 정신의학과의 외상 컨설턴트이다. 또한, Harvard 의과대학 정신의학과 조교수이자 세계 보건 및 인권 세미나 교원이다. Kallivayalil 박사의 임상 전공은 외상 관련 질환의 치료이다. 그녀는 복합외상, 젠더 기반 폭력, 살인 사별, 난민 건강 등의 분야에서 글을 썼으며 *트라우마: 가정폭력에서 정치적 테러까지*의 공동 저자이다.

폭력 피해자 프로그램 구성원

Lois Glass, MSW, LICSW는 개업 치료자이며 CHA의 VOV 프로그램의 선임 컨설턴트이다. 또, 보스턴 지역 성폭력 위기 센터의 대리외상 프로젝트 책임자이자 미국 법무부가 후원하는 전국 대리외상 도구 키트 프로젝트의 멤버이다. Glass는 집단치료와 트라우마 치료 전문가이며, 여러 곳에서 강의를 하며 *우리 몸, 우리 자신*을 포함한 다수의 출판물에 기고하였다.

Barbara Hamm, PyD는 자문 심리학자이자 공중보건 옹호 연구소(Public Health Advocacy Institute)/Northeastern 대학 법대의 폭력 변혁을 위한 피해자 지원 서비스 과제(Victim Service Initiatives for Violence Transformed)의 공동 책임자이다. 미국 매사추세츠주 케임브리지시에서 임상심리학자로서 개인 진료 및 상담 서비스를 하고 있으며, CHA의 VOV 프로그램의 전 책임자였다. Hamm 박사는 복합 외상을 치료하기 위한 여러 집단치료 모델을 개발하여 평생 동안 미국을 비롯하여 세계 곳곳에서 트라우마 경험의 영향에 대해 강연하였으며, 법 집행관들을 위한 마음챙김 훈련 프로그램을 개척하고, 난민들이나 자연재해 및 인재 피해자를 지원하는 기관들 대상으로 트라우마 교육을 널리 제공하였다. CHA의 마음챙김 및 연민 센터와 쿠르디스탄(Kurdistan)에 있는 SEED Foundation의 기술 자문 위원회에 소속되어 있다.

Tal Astrachan, PyD는 미국 매사추세츠주 케임브리지와 서머빌에서 개업 중인 임상 심리학자이다. 심리적 트라우마의 평가와 치료 전문가로 CHA의 VOV 프로그램에서 2년간의 박사 후 펠로우십을 마쳤으며, 경험적 역동심리 치료(accelerated experiential dynamic psychotherapy)와 정서중심 치료(emotion-focused therapy)에 대한 임상 수련을 받았다.

Phillip Murray Brown, MS, LICSW는 CHA의 VOV 프로그램의 집단 코디네이터로서 폭력 범죄의 생존자들을 위한 개인 심리치료, 집단 심리치료 및 위기 상담을 제공하고 있다. 또, CHA 정신의학과의 사회복지 수련 책임자 겸 사회복지국장(Chief of Social Work)으로서 외래병동의 일반 정신과 임상팀을 이끌고 있다. Harvard 의과대학에서 교수직을 맡고 있고, Tufts 대학의 겸임교원으로서 성폭력과 가정폭력 관련 학부 교과목을 가르치고 있으며, 매사추세츠주 케임브리지시에서 개인 진료도 하고 있다.

역자 소개

남지은(JeeEun Karin Nam, Ph.D.)

　미국 Wellesley College에서 심리학 학사학위를 받았으며, 서울대학교에서 교육학(교육상담) 석사 및 박사학위를 취득하였다. 현재 경희대학교 교육대학원 조교수이며, 한국아동청소년상담학회 부회장과 한국상담학회 자격검정 부위원장으로 활동하고 있다. 연구와 상담실무를 통해 문화적 소수자, 장애를 가진 개인 등을 포함한 소수 집단의 심리적 건강과 회복력 향상에 전념하고 있다. 상담심리 분야 내 문화 간 교류의 열렬한 지지자로서, 상담심리 분야의 주요 작품들을 번역하는 역할을 즐기며 다수의 책과 논문 번역에 기여하고 있다.

남지혜(J. Sophia Nam, Ph.D.)

　유럽과 북미 사이를 오가며 자라온 교차문화인으로서 미국 Wellesley College에서 심리학 학사학위를, Harvard University에서 상담학 석사학위를, Boston College에서 상담심리학 박사학위를 받았다. 초－중－고등학교, 지역사회 보건센터, 정신병원 및 종합병원에서 상담실무 경험을 하였고, 외국인, 피난민, 그리고 이민자를 위한 다문화적 상담을 해왔다. 일, 건강, 다문화의 접점에 관심을 두고 연구하며 현재 유럽과 중동에 기반을 두고 임상심리전문가 및 교육－진로 컨설턴트로 활약하고 있다.

트라우마 치료 초기 단계에서의 집단상담: 안전과 자기돌봄을 위하여

초판발행   2024년 4월 5일

지은이   Judith Lewis Herman · Diya Kallivayalil
옮긴이   남지은 · 남지혜
펴낸이   노 현

편 집   김다혜
표지디자인   Ben Story
제 작   고철민 · 조영환

펴낸곳   ㈜ 피와이메이트
               서울특별시 금천구 가산디지털2로 53, 한라시그마밸리 210호(가산동)
               등록 2014. 2. 12. 제2018-000080호
전 화   02)733-6771
f a x   02)736-4818
e-mail   pys@pybook.co.kr
homepage   www.pybook.co.kr
ISBN   979-11-6519-375-1   93180

* 파본은 구입하신 곳에서 교환해 드립니다. 본서의 무단복제행위를 금합니다.

정 가   18,000원

박영스토리는 박영사와 함께하는 브랜드입니다.